LA
DÉMOGRAPHIE FIGURÉE
DE L'ALGÉRIE

ÉTUDE STATISTIQUE

DES POPULATIONS EUROPÉENNES QUI HABITENT L'ALGÉRIE

AVEC

DOUZE TABLEAUX GRAPHIQUES

traduisant les principales conclusions

PAR

LE DOCTEUR RENÉ RICOUX

Médecin traitant à l'Hôpital civil de Philippeville
Membre titulaire de la Société d'Anthropologie de Paris
Membre correspondant et Lauréat de la Société de Climatologie d'Alger
Mention honorable au prix Montyon de Statistique
(Académie des Sciences, 1875)

PRÉFACE DE M. LE PROFESSEUR BERTILLON

PARIS
G. MASSON, ÉDITEUR
LIBRAIRE DE L'ACADÉMIE DE MÉDECINE
120, BOULEVARD SAINT-GERMAIN, 120

1880

LA

DÉMOGRAPHIE FIGURÉE

DE L'ALGÉRIE

LA
DÉMOGRAPHIE FIGURÉE
DE L'ALGÉRIE

ÉTUDE STATISTIQUE

DES POPULATIONS EUROPÉENNES QUI HABITENT L'ALGÉRIE

AVEC

DOUZE TABLEAUX GRAPHIQUES

traduisant les principales conclusions

PAR

Le Docteur René RICOUX

Médecin traitant à l'Hôpital civil de Philippeville
Membre titulaire de la Société d'Anthropologie de Paris
Membre correspondant et Lauréat de la Société de Climatologie d'Alger
Mention honorable au prix Montyon de Statistique
(Académie des Sciences, 1875)

Préface de M. le Professeur BERTILLON

PARIS

G. MASSON, ÉDITEUR
LIBRAIRE DE L'ACADÉMIE DE MÉDECINE
120, BOULEVARD SAINT-GERMAIN, 120

1880

Philippeville. — Imp. B. Feuille

A MONSIEUR
ALBERT GRÉVY

DÉPUTÉ

GOUVERNEUR GÉNÉRAL CIVIL DE L'ALGÉRIE

En acceptant de voir votre nom sur cette première page, vous avez voulu sans doute donner à l'auteur une marque d'encouragement; votre pensée a été surtout de montrer que rien ne vous est indifférent des études dont l'Algérie est l'objet, de montrer aussi en quelle estime, législateur, administrateur, vous tenez la science qui interroge les mouvements des peuples pour en déduire leurs conditions d'existence matérielle et morale.

L'ouvrage achevé, veuillez en agréer l'hommage respectueux : expression de la reconnaissance personnelle du travailleur, témoignage des sentiments unanimes des Algériens envers l'homme politique éminent qui a accepté la mission pleine de labeur, mais si glorieuse, de relever notre cher pays, d'en faire une colonie puissante et prospère, orgueil de la France républicaine.

$\qquad\qquad\qquad\qquad\qquad$ Dr R. R.

PRÉFACE

———

Avant de livrer cet ouvrage à la publicité, nous avons tenu à en communiquer les épreuves à M. le professeur Bertillon. Ce témoignage de notre respectueuse estime lui était dû pour deux motifs : ce sont ses travaux qui ont éveillé dans notre esprit l'amour des recherches statistiques, c'est la lecture de ses écrits qui nous a fait sentir toute l'importance de la Démographie et comprendre son utilité dans un pays nouveau ; et quelle critique plus autorisée que la sienne, quels conseils plus précieux, quels encouragements plus enviables ?

Si l'œuvre et l'esprit méthodique du professeur de Paris ont été nos guides et nos soutiens durant la période de recherches et de travail, son approbation sera l'égide sous laquelle nous oserons, avec moins de timidité, affronter le grand jour de la publicité et de la discussion.

Je viens, mon cher Ricoux, de lire votre livre, et, selon votre désir, je vous fais part de mes impressions.

L'amour de votre double patrie, la France et

l'Algérie, vous fait oser beaucoup et vous a poussé à de grandes hardiesses : avec des documents insuffisants et au-dessous du médiocre, vous vous attaquez aux plus graves, aux plus difficiles questions de la Démographie! Quelles sont les chances d'acclimatement des races européennes sur le sol africain? Quelles sont les qualités des types croisés? Quelle opportunité y a-t-il d'en stimuler le développement, et enfin quel est l'avenir de notre colonie algérienne au point de vue du développement de la population européenne, car en vérité toutes les autres prospérités sont subordonnées à celle-là.

Il s'agit de savoir si ce puissant soleil d'Afrique qui sème presque en pure perte tant de forces vives sur les landes algériennes pourra enfin bénéficier aux hommes de l'Europe, à ceux de la France, autrement experts dans l'art de détourner à leur profit les forces de la nature. Les grands et forts Romains d'autrefois l'ont tenté, ils ont été vaincus! Eux qui, partout où ils ont mis le pied en Europe, y ont implanté à jamais leur langue, leur loi, leur administration, n'ont rien laissé sur la terre africaine que les restes inanimés de leurs constructions, vains fossiles d'une prospérité qui a péri dès qu'elle a cessé d'être ravitaillée par la mère-patrie, car ce ne sont pas les faibles indigènes non plus que les torrents éphémères des conquérants qui l'ont détruite; l'on n'anéantit pas ainsi le sang romain; mais c'est le soleil africain qui l'a desséché! Et ainsi ont péri tous les peuples conquérants indo-européens, et ils sont nombreux (Persans, Grecs, Romains, Vandales, Français, Anglais, etc., etc.), qui, depuis les temps historiques, ont été attirés par les richesses africaines.

Ne semble-t-il pas que ce soit témérité que de recommencer une expérience si souvent tentée en vain? Voilà, quant au présent, les graves objections que, il y a un quart de siècle, je me suis refusé à regarder, comme levées, ou plus exactement comme non avenues, car elles sont de l'histoire et la plus authentique. Quant au présent (d'il y a vingt-cinq ans), les documents absolument mauvais que nous livrait la colonie ne permettait pas d'autres conclusions que le doute et qu'un doute fort pessimiste. Mais vous, mon cher Ricoux, vous êtes Algérien, né sur la terre d'Afrique, et vous avez pu fouiller vos archives communales de Philippeville si particulièrement instructives. Après avoir constaté comme moi la pauvreté et la mauvaise qualité de la statistique officielle, vous avez pu, avec un labeur et une persévérance extrêmes, y suppléer par vos propres recherches, vous êtes arrivé, sinon à une démonstration rigoureuse, au moins à montrer qu'armé de ressources de la science moderne, nous pourrons espérer obtenir ce que les Romains eux-mêmes n'ont pu conquérir — une acclimatation des hommes *du midi* de l'Europe sur la terre algérienne; et j'avoue qu'en vous étudiant on se laisse aller avec vous à cette espérance. Mais avec quelle raison vous réclamez des enquêtes statistiques sérieuses qui permettent de préciser, de suivre ce grand fait.

Quoi qu'il en soit, c'est surtout par ces recherches originales que votre livre restera toujours parmi les plus précieuses archives de l'Algérie.

Lors même que, dans un avenir, peu éloigné, il faut l'espérer, le gouvernement républicain aura reconnu que la bonne tenue des livres sociaux, que la Démographie ou science des collectivités est un élément primordial pour la bonne administration des peuples, et que, conséquemment il aura organisé sérieusement un bureau de statistique de l'Algérie, on interrogera toujours avec fruit ce modeste petit livre, seul témoin d'un passé évanoui, comme nous le faisons ici pour notre ancienne France avec Messance ou avec Moheau !

Vous avez montré les colons algériens plus instruits que leurs concitoyens du continent, et les Franco-Algériens seront toujours fiers de cette origine meilleure.

Vous avez mis en lumière ce fait d'une grande importance sociale et morale qu'en Algérie l'illégitimité n'accroît nullement la proportion des mort-nés, alors qu'en France elle la double ! Quelle démonstration plus nette peut-on exiger de ce que nous avançons depuis longtemps : que ce n'est pas en vertu de causes physiologiques que les filles mères produisent chez nous un nombre si formidable de prétendus mort-nés ! Ce ne sont pas des mort-nés de par la nature, mais par le fait de nos mœurs hypocrites qui aboutissent à ce résultat déplorable de pousser à l'assassinat de malheureuses filles affolées par les dévotes pruderies! Louez-vous hautement d'être affranchi de ces hypocrisies homicides!

Mais je vois bien que je dois renoncer à la simple énumération des faits démographiques intéressants que vous avez mis en lumière, car j'allongerais indéfiniment cette lettre. Cependant je ne puis passer sous silence cet autre fait démographique fort imprévu et peut-être gros de conséquences et d'indications pratiques concernant l'acclimatation : chez nos colons français, c'est surtout nos françaises qui supportent bien le climat algérien, ce sont elles dont les naissances dépassent décidément les décès et dont la population s'accroît, tandis que c'est l'inverse pour le sexe masculin.

Je dis que ce fait, si nettement élucidé par vos recherches, me paraît fort important; il semblerait, par exemple, rendre très désirables les alliances de nos Françaises avec des Espagnols ou des Italiens qui prospèrent merveilleusement sur la terre algérienne. En effet, ces nouvelles générations puiseraient d'une part, dans cette double consanguinité une force de résistance certaine contre le climat africain, et de l'autre, dans les influences maternelles, la langue et les mœurs françaises, c'est-à-dire tout ce qui détermine la nationalité; elles seraient donc françaises, mais françaises acclimatées! Cependant en dehors de ces procédés scientifiques, y a-t-il acclimatement possible, probable??

Même après la lecture de votre livre j'en doute encore, car enfin quelle résistance offret-elle une race dont un seul sexe s'accroît, tandis que, pour l'autre sexe, les décès surpassent toujours les naissances. Ce sexe masculin, toujours déclinant, ne peut donc se soutenir que s'il est incessamment ravitaillé par la mère-patrie? Dans des conditions aussi précaires, pouvons-nous le dire acclimaté? Je sais bien que l'on peut fonder quelque espérance sur la sélection qui, à la longue, assurant la prédominance aux mâles issus des meilleurs croisements, formera enfin un type adapté au sol africain. Mais combien de siècles et de douleurs pour atteindre un tel résultat qu'un peu de science et d'art abrégerait (1)!

---

(1) Ces appréciations paraîtront sans doute empreintes d'un pessimisme excessif, mais le devoir du savant est de dire ce qu'il croit être la vérité, de signaler le danger sans se préoccuper s'il heurte ou non, la croyance vulgaire.

Il nous semble cependant que M. Bertillon a tiré de nos chiffres des conséquences un peu exagérées. Sans anticiper sur la question dont les éléments figurent plus loin (page 190 et suivantes), il nous paraît indispensable de la résumer dès à présent, en quelques mots.

L'accroissement de la population européenne en Algérie emprunte, il est vrai, sa meilleure part au sexe féminin et cela non-seulement dans les premières années, mais dans la période contemporaine elle-même. Ainsi de 1873 à 1876, *sur 1,000 naissances de chaque sexe*, le sexe masculin compte 621 décès et le sexe féminin 399 seulement. L'excédant plus considérable des naissances féminines sur les décès homonymes est indiscutable, il n'est pas moins évident que le sexe masculin pour être moins favorisé, compense cependant et au-delà, le nombre de ses décès. En temps de calamités, il est vrai (1867-1872), la compensation ne se fait plus, car pour 1,000 naissances masculines, il se produit 1,106 décès.

Mais ces chiffres, faut-il s'empresser d'ajouter, intéressent la population européenne totale (Français et Etrangers confondus), et ils n'autorisent pas à conclure que, parmi les Français, les Françaises sont seules à prospérer.

Quoi qu'il en soit de ces vues que l'on peut trouver hasardées, combien de problèmes intéressants soulève votre livre que l'on voudrait voir d'abord résolus, puisque de leur solution dépend l'avenir de notre colonie, et surtout la direction qu'il convient d'imprimer à nos efforts pour sa plus grande prospérité.

Aussi suivant moi, la vraie conclusion de vos travaux, ce serait la création d'un bureau de statistique humaine procédant aux enquêtes et à la mise en œuvre des documents selon les méthodes de la science actuelle, et adoptées aujourd'hui par tous les pays civilisés. Combien une telle institution nous éclairerait-elle sûre-

---

Les documents officiels font défaut, ils sont trop imparfaits, même dans les années les plus récentes, pour permettre de calculer comment les Français, pris en particulier, se comportent; une telle recherche, on le verra ci-après, a été, par exception, possible pour les années 1853-1856.

Mais cette période est bien ancienne, elle a été affligée par le choléra, et rien ne prouve que les décès militaires ne figurent pas mêlés à ceux de la population civile; — nous démontrerons même que la confusion a été faite dans les statistiques officielles.

Malgré ces réserves, il subsiste un fait démographique imprévu : la résistance plus facile des femmes au climat africain. Exagérer la portée de ce résultat est inutile, en méconnaître les conséquences serait dangereux.

Aussi, tout en considérant comme provisoires les conclusions que M. Bertillon semble accepter comme définitives, nous accueillons sans hésitation et sans réserve aucune, toutes les déductions qu'il en tire pour recommander les alliances avec les filles étrangères.

Dans les chapitres qui traitent de la fusion des races, nous nous sommes d'ailleurs suffisamment étendu sur les avant ages de ces alliances internationales. Il serait superflu d'insister ici plus longuement.

ment sur ce que nous avons à craindre et à espérer, et dès lors, dirigerait nos efforts pour faire tourner l'avenir à notre profit.

Je vous souhaite bien vivement, mon cher Ricoux, qu'il vous soit donné de voir ces jours où la science sera enfin la Directrice des conditions de la vie des nations comme elle l'est déjà des choses industrielles; — ce sera pour vous et pour moi une joie profonde que la conscience d'avoir préparé cet avenir!

Paris, 15 février 1880.

Dʳ BERTILLON,

Professeur de Démographie à l'école d'Anthropologie,
Chef des travaux de la Statistique municipale
de la ville de Paris.

INTRODUCTION

La statistique appliquée à l'étude des phénomènes physiologiques et sociaux dont les collectivités humaines sont le sujet, trouve en Algérie un vaste champ de recherches.

La population algérienne se compose de deux éléments : l'un indigène, l'autre implanté. Ce dernier groupe, originaire d'Europe, est un composé de races et de nationalités très dissemblables, offrant, par cela même, une matière féconde à qui veut étudier comment se comportent ces nationalités appelées à vivre sous un climat nouveau.

Et comme, malgré cette diversité ethnique, la colonie implantée au nord de l'Afrique est l'œuvre de la France, sa possession coloniale la plus importante et la plus rapprochée, le problème scientifique se double aussitôt d'une question politique de premier ordre.

Il n'est donc pas surprenant que l'Algérie ait, depuis longtemps déjà, sollicité les investigations des savants : Perrier, Boudin, Martin et Folley, pour citer les noms les plus connus, — car l'énumération serait longue, — et plus récemment MM. Bertillon et Vallin, ont compulsé les statistiques algériennes dans le but d'élucider les nombreux problèmes que soulèvent l'établissement et la conservation des races implantées.

De tant de travaux remarquables, les uns déjà anciens se rapportent à une période où les faits constatés et les résultats acquis étaient forcément incomplets ou bien devaient prêter à des conclusions peu favorables à la colonie naissante, les autres n'envisagent qu'une période limitée, ou citent l'Algérie comme un cas intéressant sans doute, mais particulier, de la question de l'acclimatement en général.

Une étude d'ensemble, complète autant que peuvent

le permettre et les documents et la durée de l'occupation, embrassant tous les phénomènes sociaux que révèle la population algérienne, dans son état et dans ses mouvements, une étude aussi vaste, aussi complexe, n'a pas encore été entreprise.

Et comment s'en étonner?

Tous ceux qui se sont adonnés à des recherches statistiques sur l'Algérie ont dû faire la laborieuse expérience de compulser les documents si défectueux de source officielle.

Ces documents ramassés sans méthode, noyés dans des publications massives, publiées sans régularité, sont incomplets, fourmillent d'erreurs et de fautes de calcul qui fatiguent l'attention et lassent l'esprit le plus exercé à lire dans les chiffres.

Si l'on veut remédier à ce que les documents administratifs ont de défectueux et d'incomplet, il est nécessaire d'avoir par devers soi, des renseignements particuliers. Mais, pour les recueillir, on se heurte à de nouvelles difficultés : les municipalités ont leurs archives généralement mal tenues, plus mal conservées encore. Il faut donc fouiller à même dans les registres de l'état civil, en parcourir les actes un à un, se livrer à un travail long et fastidieux de pointage, vu l'absence de cadres ou de tableaux récapitulatifs bien conçus et utilisables.

Ce labeur mesquin n'est guère propre à éveiller les idées et favoriser les conceptions d'ensemble.

Il est d'ailleurs indispensable d'habiter l'Algérie, car il faut compulser soi-même, et pour se reconnaître dans un ensemble de populations si différentes en réalité, mais dont les caractères communs de noms, de mœurs, sont fréquents, il faut avoir vécu au milieu d'elles, les avoir pratiquées longtemps d'une façon intime.

Comment concilier de pareilles exigences? Nos savants, nos statisticiens habitent la France; et ce n'est pas un séjour passager et accidentel en Algérie qui les mettrait à même de recueillir les renseignement nécessaires pour leurs travaux.

En Algérie, il est bien peu d'hommes ayant, nous ne disons pas le goût ou le savoir, mais des loisirs suffisants pour se livrer à de telles investigations toujours longues à poursuivre et mener à bonne fin.

Des recherches limitées à certaines questions, des monographies, des études locales, telles sont en somme les seules productions scientifiques auxquelles puissent se consacrer les travailleurs algériens, les seules qu'on puisse véritablement exiger de leur savoir, de leur persévérance.

C'est parce que ces difficultés nous étaient connues, en ayant fait l'expérience personnelle, que nous avions limité notre ambition à la publication d'une étude locale destinée à contribuer, pour une part modeste. à la solution du problème *de l'Acclimatement des Français en Algérie* (1).

L'accueil bienveillant fait à cette étude, la mention dont elle a été honorée par le premier corps savant de la France et enfin l'approbation si enviable et si précieuse de notre démographe français, le professeur Bertillon, tous ces encouragements n'auraient pas suffi à nous détourner du champ restreint que nous avions fixé à nos efforts, surtout pour entreprendre un travail de longue haleine, et tenter une œuvre d'ensemble sur la démographie algérienne.

Dans les mois qui précédèrent l'Exposition universelle de 1878, la Société d'Anthropologie de Paris fit appel à ses membres de la capitale, de la province, de l'étranger, les invitant à contribuer de leurs collections, de leurs travaux, à l'exposition qu'elle préparait.

M. Bertillon, appelé naturellement à organiser la section de démographie, se souvint d'un travailleur vivant isolé sur la terre algérienne. Il l'engagea en termes pressants et trop flatteurs, à dresser des tableaux traduisant par les procédés graphiques les mieux appropriés et surtout les plus facilement saisissables à distance, les phénomènes démographiques particuliers à l'Algérie.

Ces tableaux, en grandes dimensions, devaient figurer dans les galeries que la Société d'Anthropologie se proposait d'ouvrir aux visiteurs du monde entier.

L'invitation était séduisante : apporter sa modeste collaboration à une manifestation scientifique aussi considérable, répondre aux vœux d'un maître vénéré,

----

(1) *Contribution à l'étude de l'acclimatement des Français en Algérie.* — Paris; MASSON. 1874.

et enfin attirer l'attention sur un pays malheureusement trop peu connu, n'était-ce pas assez pour éveiller l'ardeur et exciter l'émulation?

Mais les meilleures intentions se sentaient aussitôt paralysées à la perspective de difficultés matérielles peut-être insurmontables, de loisirs trop mesurés, et enfin par le sentiment bien justifié d'une insuffisance réelle.

Malgré tant de motifs légitimes d'hésitation, une série de douze tableaux graphiques traduisant les principaux mouvements de la population européenne en Algérie, depuis la conquète jusqu'en 1876, fut achevée assez à temps pour trouver place dans le pavillon des Sciences Anthropologiques.

Ces tableaux si imparfaits, si incomplets qu'ils fussent, avaient nécessité bien des recherches; ils étaient l'expression résumée d'un ensemble de matériaux recueillis non sans peine. L'idée d'utiliser ces renseignements, d'en montrer la valeur, d'en faire ressortir les conséquence set les conclusions, devait, par un enchaînement naturel, s'imposer à l'esprit et à la secrète ambition du chercheur.

Ainsi s'explique comment les tableaux réduits à de moindres proportions sont devenus la cause première, puis le complément du livre consacré à l'exposition développée des faits recueillis.

La rédaction de ce travail et sa publication ont tenu aux incidents qui viennent d'être relatés.

L'auteur a-t-il trop présumé de ses forces, s'est-il engagé dans une tentative au-dessus de ses moyens? Il aura du moins une excuse à faire valoir, c'est la pente fatale où il s'est trouvé, malgré lui, entraîné.

Son excuse la meilleure, sera l'amour de son pays.

C'est ce sentiment qui avec le plus de force l'a incité à entreprendre une œuvre qui, mauvaise ou passable, rappellera à la France qu'elle possède ici, à deux pas de ses rives méditerranéennes, une terre admirable de richesses, française de cœur, et des fils dont l'orgueil serait de prouver la vitalité physique et intellectuelle de la race française sur le sol africain.

DÉFINITION ET DIVISIONS

La Démographie est la science qui applique les procédés statistiques à l'étude des collectivités humaines, qui déduit des faits recueillis en grand nombre et méthodiquement ordonnés, les conditions d'existence des populations, leur fonctionnement physique, intellectuel et moral.

Les résultats numériques obtenus par l'investigation démographique peuvent être exprimés et traduits au moyen de figurations qui parlent aux yeux, soulagent l'attention et fixent le souvenir. Tels sont les tracés qu'on trouvera intercalés dans l'ouvrage ; ils en traduisent les faits les plus saillants, les conclusions principales et justifient l'épithète de *figurée* appliquée à la Démographie de la population algérienne, objet des recherches et des études qui vont suivre.

M. le professeur Bertillon a publié la première partie (celle relative à la mortalité) d'un ouvrage important sur la démographie figurée de la France. L'Algérie est une terre française ; la race française est celle dont les conditions d'existence, les chances de prospérité devaient par-dessus tout, nous préoccuper ; notre ouvrage est donc, par un point, le complément de celui de M. Bertillon.

Il s'en rapproche d'ailleurs par le même esprit philosophique et par la méthode scientifique qui, répudiant les idées préconçues et les conclusions *a priori*, estime « que les lois naturelles qui règlent le cours des choses et le sort des individus, règlent avec autant de force, et il semble avec plus de constance, les collectivités humaines. »

Quant au plan à adopter, il s'imposait par la nature même du sujet.

Si, par une comparaison exacte et très saisissante empruntée à M. Bertillon, l'on assimile la société à un vaste chantier de travail, de production ou de commerce, la statistique sociale, ou Démographie, en sera la comptabilité.

Or, toute comptabilité bien tenue doit inscrire à chaque compte respectif les entrées et les sorties quotidiennes : ce sont les mouvements de populations ; les naissances expriment les entrées, les décès les sorties, toutes deux influencées et légalement qualifiées par le mariage.

A côté de cette inscription des mouvements, la comptabilité exige des inventaires qui constatent l'état et la situation à jour donné. Les dénombrements généraux de la population sont précisément les inventaires périodiques, car ils renseignent sur l'état de la population, dont ils énumèrent les nombres par âges, sexes et groupes sociaux.

Pour satisfaire à cette double exigence, il fallait au préalable recueillir le plus grand nombre de faits et de chiffres, les soumettre à un contrôle minutieux, à une critique sévère ; puis, les ayant groupés suivant l'ordre des phénomènes dont ils expriment la valeur, il restait à les rapprocher ou les opposer, pour en faire ressortir l'importance et en dégager la signification, enfin les comparer avec les faits analogues tels qu'ils se manifestent en Europe.

Ce travail préalable, long, rebutant en raison de la pénurie et de l'imperfection des documents, fait l'objet du premier livre.

Dans le second livre, seront exposées les déductions pratiques et les conclusions qui découlent des renseignements numériques contrôlés, discutés et comparés.

Le premier livre se divise naturellement en deux parties, suivant qu'on envisage la population :

1° A *l'état statique*, pour énumérer par périodes, le nombre absolu des vivants, les nombres absolus et relatifs des divers groupes naturels ou sociaux (par sexes, état civil, nationalités, etc., etc.) ;

2° A *l'état dynamique*, ou étude de la population dans ses mouvements (mariages, naissances, décès), avec les rapports indiquant la part que prennent à ces mouvements les divers groupes distingués dans la première partie.

La population d'origine européenne seule a étudiée à ces deux points de vue *statique* et *dynamique*. Sou-

mettre à une étude analogue les populations indigènes eût été un complément naturel et peut-être nécessaire; mais les documents officiels signalés comme si
défectueux à l'égard des Européens, n'ont plus de
valeur quand il s'agit des Indigènes.

Il est, sans doute, difficile d'établir des dénombrements au sein de populations disséminées et nomades,
de calculer les phénomènes sociaux de peuples sans
état civil et sans noms patronymiques, chez qui la
famille est si mal constituée, mais l'administration
dans ses tentatives de statistique indigène, a été bien
mal inspirée. A ses yeux, les Indigènes musulmans
semblent constituer une race unique, car jamais on
n'établit une distinction entre les Kabyles et les Arabes,
si dissemblables pourtant à tous les points de vue.

Cette confusion continuelle, quand elle n'est pas encore aggravée par le mélange des Indigènes avec les
Européens, les réserves à faire sur les chiffres, mille
autres erreurs grossières que nous aurons trop souvent
à signaler, nous ont déterminé à négliger les éléments
indigènes de la population algérienne.

La méthode scientifique qui fait la base de la Démographie et lui donne sa valeur, s'accommode mal de
documents dont la rigueur n'est pas indiscutable.

Dans les considérations qui feront l'objet du second
livre, nous aurons sans doute à tenir compte de l'élément indigène, d'apprécier comment il se comporte au
contact de civilisations plus avancées.

Quant aux recherches statistiques proprement dites,
aux faits, aux chiffres, nous avons été obligé, par suite
des considérations ci-dessus développées, de les limiter
aux seules populations d'origine européenne.

TABLE DES MATIÈRES

Préface de M. le professeur Bertillon.
Introduction.
Définition et Divisions.

LIVRE PREMIER.

PREMIÈRE PARTIE.

État Statique de la population.

CHAPITRE Ier.

DENSITÉ DE LA POPULATION.

LIVRE SECOND.

PLANCHES

—

LA
DÉMOGRAPHIE FIGURÉE
DE L'ALGÉRIE

LIVRE PREMIER

PREMIÈRE PARTIE
ÉTAT STATIQUE DE LA POPULATION

CHAPITRE I
DENSITÉ DE LA POPULATION

§ 1
DENSITÉ GÉNÉRALE

L'importance d'un pays peut se présumer par l'étendue de son territoire. C'est surtout le chiffre de sa population, ou mieux encore, c'est le rapport entre le nombre des habitants et la superficie qu'ils occupent qui donne une idée véritable de la grandeur et de la force de ce pays.

Le résultat de cette comparaison exprime la densité de la population. Dans un pays en voie de formation, dont la conquête date d'un demi-siècle à peine, la densité ainsi obtenue n'a pas une valeur bien réelle, et encore cette valeur absolue est-elle fort difficile à calculer, car les limites extrêmes du territoire sont, pour ainsi dire, virtuelles. En Algérie, par exemple, le peuplement est loin de s'étendre jusqu'à l'extrême frontière Sud, bien loin même est-il de pouvoir se réaliser sur tous les points intermédiaires.

La conquête a d'ailleurs fait varier, surtout au début, et l'étendue et les limites de la colonie, le peuplement ne se faisait pas du jour au lendemain sur le point conquis par les armes, toutes circonstances qui rendraient illusoires les recherches et les calculs sur la densité successivement accusée par la population.

Aujourd'hui la conquête semble avoir fini son œuvre, l'occupation ne saurait s'étendre au-delà, le peuplement est depuis dix années en grand progrès. Il est loin cependant d'avoir fait son dernier effort, aussi la densité calculée par la comparaison du territoire soumis à la domination française avec le nombre d'habitants européens ou indigènes qui l'occupent, ne donnerait pas une idée exacte de cette population.

Dans nos pays d'Europe, il y a dans un même État des différences souvent très grandes d'une région, d'une province à l'autre; en pourrait-il être autrement dans une colonie? Ici la configuration du sol, sa nature, la proximité de la mère patrie, d'autres conditions économiques, permettent à une population très dense de vivre et se développer. Ailleurs des conditions toutes différentes, un système d'administration plus ou moins justifié par l'éloignement de la métropole et le voisinage de la race conquise, expliquent la population clairsemée. Ce sont comme deux pays différents, aussi le chiffre exprimant la densité absolue donnerait une moyenne générale sans valeur et sans signification.

Il y a là des particularités dont il faut tenir compte : d'une part une région occupée par une population dense presque exclusivement européenne ou du moins bien supérieure en nombre aux éléments indigènes; d'autre part de vastes espaces où les Européens se comptent, *rari nantes,* au milieu d'une nombreuse population indigène.

Avant de faire la part de chacun de ces deux territoires si différents au point de vue de la densité de la population européenne, déterminons cependant la densité absolue de la population en Algérie sans distinction de peuples et de territoires.

Dans une brochure officielle : *État actuel de l'Algérie,* publiée en 1878, l'administration algérienne évalue la superficie de la colonie à 43 millions d'hectares. Jules Duval et Warnier et, d'après eux, O. Reclus proposent le chiffre de 66 millions. Ces différences s'expliquent par la difficulté de fixer l'exacte limite de l'Algérie au Sud. Nous adopterons le chiffre donné par l'administration, en faisant remarquer avec M. Fillias, chef du bureau de la statistique, que : « notre frontière dans le Sud ne peut être poussée au-delà des points où l'autorité de la France est effectivement reconnue ». L'Algérie serait donc comprise entre le 37° et le 32° de latitude *Nord* et entre le 4° longitude *Ouest* et le 6° longitude *Est.* Dans cet espace est disséminée une population de 2,867,626 habitants (recensement de 1876) desquels il faut retrancher l'effectif de l'armée, soit 51,051 hommes et la population en bloc évaluée à 8,890 âmes. Il reste donc 2,807,685 habitants, soit 6,50 par kilomètre carré.

Cette densité est loin d'être comparable à celle de la vieille Europe dont les États principaux se classent dans l'ordre suivant : la Belgique, 181 habitants par kilomètre carré ; l'Italie, 93 ; l'Allemagne, 76 ; la France, 70 ; la Russie, 13. En Amérique, les États-Unis ne comptent que 4 habitants par kilomètre carré ; le Brésil, 1,50. Ces derniers chiffres se rapprochent de la densité de la population algérienne ; ils sont même inférieurs. Ces pays ont, comme le nôtre, des immensités non peuplées, et le chiffre absolu, ne laisse pas pressentir les différences qui existent entre divers points du territoire. Et il est cependant indispensable, comme nous le disions plus haut, de faire connaître les détails.

L'Algérie est divisée administrativement en deux territoires : l'un appelé *civil*, c'est-à-dire administré par l'autorité civile, où le peuplement et la colonisation sont de date ancienne, et l'autre dit *militaire* ou de *commandement,* placé sous l'autorité des officiers de l'armée et dans lequel la population générale est plus clair-semée et l'élément européen plus rare.

Pour établir par province l'étendue de chacun de ces deux territoires, nous devons recourir au dernier volume de statistique générale paru (1873-75). Ce volume donne la superficie du territoire, et le chiffre de la population indigène et européenne tel qu'il a été arrêté par les préfets et les généraux divisionnaires au

1ᵉʳ octobre 1875. Mais, par une divergence qu'on aura peine à expliquer, tandis qu'en 1878 l'administration adopte le chiffre rond de 43 millions d'hectares, le relevé de 1875 n'évalue qu'à 31,833,412 hectares, la superficie de la colonie entière. Nous devons retenir cette évaluation, l'administration ayant parallèlement donné par départements et par territoires, les chiffres de populations.

Nous avons donc tous les éléments de calculs se rapportant à la même période, et nous pourrons successivement calculer :

1° la densité de la population totale par province et par territoire ;

2° la densité de chaque nationalité en territoire civil et en territoire de commandement ;

3° la densité spéciale de la population agricole européenne et indigène.

§ II

DENSITÉ DE LA POPULATION TOTALE PAR PROVINCES ET PAR TERRITOIRES

D'après le recensement fait en 1875, lequel, nous venons de le dire, assigne à la superficie un chiffre notablement inférieur à celui de 43,000,000 d'hectares, la densité de la population totale en Algérie serait de 7,7 habitants par kilomètre carré. En effet la population est fixée à 2,465,407 habitants et la superficie du territoire algérien évaluée seulement à 31,833,412 hectares.

Il reste à donner les détails par province et par territoire.

Province d'Alger. — 1° *Territoire civil:* La population totale est de 380,135 habitants, occupant une superficie de 8,268 kilomètres carrés, la densité est en chiffre rond de 46 habitants par kilomètre carré.

2° *Territoire militaire:* Population totale 529,155 habitants ; la superficie étant de 96.899 kilomètres carrés, la densité descend à 5,35 habitants par kilomètre carré.

Province de Constantine. — 1° *Territoire civil:* population totale 365,216 habitants ; superficie 17,975 kilomètres carrés, soit une densité de 20 habitants par kilomètre carré.

2° *Territoire militaire :* Population totale 650,337 habitants ; superficie 109,088 kilomètres carrés ; densité 6 habitants par kilomètre carré.

PROVINCE D'ORAN. — 1° *Territoire civil :* Population totale 301,741 habitants ; superficie 15,355 kilomètres carrés ; densité 19,6 habitants par kilomètre carré.

2° *Territoire militaire :* — Population totale 238,823 habitants ; superficie 70,747 kilomètres carrés ; densité, 3,37.

Ces diverses indications sont réunies dans le tableau suivant :

PROVINCES	TERRITOIRE CIVIL			TERRITOIRE MILITAIRE		
	Population	Superficie	Densité	Population	Superficie	Densité
Alger.......	380.135	Kilom. c. 8.268	46	529.155	Kilom. c. 96.899	5.35
Constantine..	365.216	17.975	20	650.337	109.088	6
Oran........	301.741	15.355	19.6	238.823	70.747	3.37

Il existe une énorme disproportion dans la densité de la population suivant les territoires. En territoire civil où les institutions se rapprochent de celles de la métropole, dans lequel sont situées toutes les villes et agglomérations importantes, la moyenne atteint près de 28 habitants par kilomètre carré ; en territoire militaire, sous le régime d'exception et d'autorité, la moyenne par kilomètre carré s'abaisse au-dessous de 6 habitants. La province d'Oran a la densité la plus faible dans l'un et l'autre territoire ; la province d'Alger, dont le territoire civil est si étroit, accuse une densité du double plus élevée que celles des autres provinces. La province de Constantine, la plus peuplée, a une étendue excessive qui fait diminuer le taux de la densité

§ III

DENSITÉ DE LA POPULATION PAR NATIONALITÉS

La population totale de l'Algérie, base des calculs ci-dessus, comprend diverses races ou nationalités dont il nous reste à présenter la densité respective. Et d'abord qui des Européens ou des Indigènes fournit la population la plus dense? Et parmi ces derniers, quel est le taux de la race juive? C'est le lieu de regretter l'erreur de l'administration qui, parmi les indigènes mulsulmans, ne distingue jamais les Kabyles et les Arabes. Il y aurait intérêt à faire ressortir la densité de chacune de ces deux races qui, pour être indigènes toutes deux et de même religion, ont des caractères si distinctifs. Nous serons donc obligé de confondre ces deux races sous le titre de Mulsulmans. De même, parmi les Européens, après avoir mis en relief les Français, nous devrons réunir sous le titre d'Étrangers les autres nationalités européennes, car les documents administratifs se contentent de deux grands groupes européens.

Ces réserves faites, voici la densité propre à chaque race ou nationalité spécifiée par territoire :

NATIONALITÉS	TERRITOIRE CIVIL			TERRITOIRE MILITAIRE		
	Population	Superficie	Densité	Population	Superficie	Densité
Européens { Français..	136.826	Kilom. c.	3.28	7.055	Kilom. c.	0.025
Européens { Étrangers.	114.411	41.600	2.75	2.338	276.734	0.0084
Indigènes { Israélites.	32.639		0.78	448		0.0016
Indigènes { Mulsulmans	763.216		18.34	1.408.474		5.09

La population musulmane est supérieure à 2 millions d'habitants, à côté de la population européenne qui ne dépasse guère 260 mille âmes; aussi sa densité est-elle plus élevée, même en territoire civil. Auprès d'eux, les Indigènes israélites sont très clair-semés, surtout en territoire de commandement. Parmi les Européens, les Français accusent, ici et là, une densité bien supérieure à celle des Étrangers.

Ces chiffres font ressortir davantage le phénomène précédemment signalé d'une population beaucoup plus dense en territoire civil. Ici on compte toujours plusieurs habitants de toutes nationalités (Indigènes israélites exceptés) par kilomètre carré, tandis qu'en territoire militaire il faut parcourir des kilomètres pour compter un habitant. Cette différence s'explique par l'absence de villes importantes, par les immensités de la frontière sud inhabitées et inhabitables.

§ IV

DENSITÉ DE LA POPULATION AGRICOLE

Dans un pays où l'industrie est rudimentaire, qui tire ses principales ressources de l'agriculture, il est particulièrement intéressant d'étudier comment se répartit la population qui habite la campagne. Il est supposable *à priori* que les centres ruraux sont les plus nombreux et que la population agricole doit former une forte proportion. En effet, en 1877, on comptait pour 46 villes, dont 15 sur la Méditerranée et 31 à l'intérieur, 504 centres colonisés, villages ou hameaux, habités par un peu plus du tiers de la population totale.

La population agricole de l'Algérie, sans distinction de race ou de nationalités, et de territoire, est de 14 habitants par kilomètre carré.

Mais il y a lieu de distinguer, au point de vue de leur densité, les populations agricoles européenne et indigène en s'appuyant sur les chiffres suivants empruntés aux derniers volumes de statistique administrative.

ANNÉES	POPULATION AGRICOLE EUROPÉENNE				SUPERFICIE des propriétés rurales européennes	DENSITÉ de la population agricole européenne
	Hommes	Femmes	Enfants	Total		
1863	42.313	28.629	30.867	101.809	Kilom. c. 5.194	19.5
1875	44.703	33.717	40.432	118.852	8.777	3.5
1876	46.368	34.541	42.395	123.304	9.846	.5
1877	57.607	38.481	47.261	143.349	10.311	

Si l'on veut faire la part des indigènes, c'est-à-dire des musulmans (Arabes ou Kabyles), car les Israélites ne sont point cultivateurs, on constate :

En 1876, une population agricole, comprenant 2,136,424 individus dont les propriétés rurales couvrent 175,927 kilomètres carrés, soit une densité de 12 habitants par kilomètre carré.

En 1877, la population agricole s'élevait à 2,277,016 individus répartis sur une superficie de 158,235 kilomètres ayant, par conséquent, une densité de 14 habitants par kilomètre carré.

Tous ces renseignements combinés démontrent que si les Européens agriculteurs sont moins nombreux et occupent des propriétés agricoles moins étendues, leur densité est égale à celle des Musulmans et tend même à la dépasser. Ce fait ressort du tableau ci-après.

ANNÉES	POPULATION AGRICOLE		PROPRIÉTÉS AGRICOLES		DENSITÉ de la population agricole	
	européenne	musulmane	européennes	musulmanes	européenne	musulmane
1876	123.304	2.136.424	Kilom. c. 9.846	Kilom. c. 175.927	12.5	12
1877	143.349	2.277.016	11.311	158.235	14	14

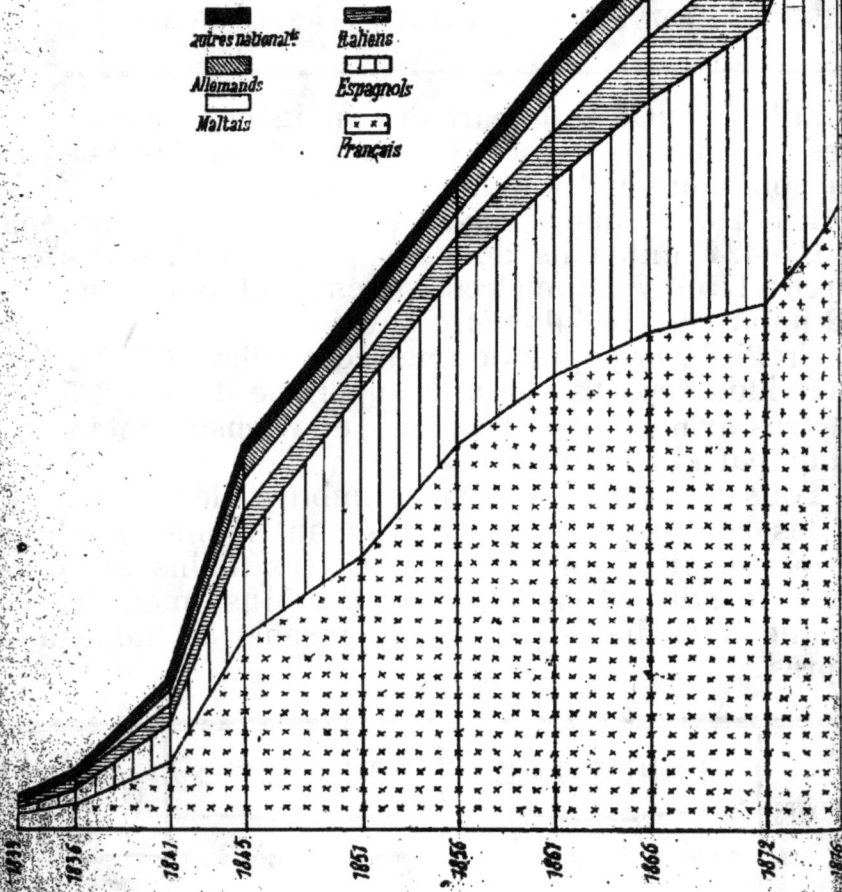

COMPOSITION DE LA POPULATION
EUROPÉENNE EN ALGÉRIE
Intensité proportionnelle de chaque groupe national

autres nationalité   Italiens
Allemands   Espagnols
Maltais
                     Français

CHAPITRE II

COMPOSITION DE LA POPULATION

POPULATION PAR NATIONALITÉS

La population Algérienne d'origine Européenne est loin de constituer une société homogène, une unité ethnique ou même une nationalité distincte. Elle est un composé d'éléments fort disparates au point de vue de la race, de la latitude, du degré de civilisation non moins que de l'importance numérique.

Aussi avant d'énumérer les nombres et les rapports de sexes, d'âges, etc., convient-il d'exposer le nombre, l'importance et l'origine de ces divers groupes nationaux.

Presque tous les États de l'Europe comptent en Algérie des représentants, mais ceux-ci appartiennent surtout à cinq nationalités. Le premier rang est aux *Français* non-seulement parce qu'ils sont les conquérants et les maîtres du pays, mais parce qu'ils sont et de beaucoup les plus nombreux ; puis viennent, toujours par ordre numérique, les *Espagnols*, les *Italiens*, les *Anglo-Maltais* et les *Allemands*.

On compte en outre, mais en proportions bien moindres et fort variables, des Suisses, des Anglais, des Belges, des Polonais, des Grecs, des Hollandais, relevés et classés sous l'appellation commune de *Autres nationalités*.

Si l'on veut apprécier quelle part fournit chacun des cinq groupes nationaux et celui des *Autres* il suffit de jeter un coup d'œil sur le tracé. L'intensité de chaque population y est exprimée depuis 1833, date du premier recensement officiel complet et détaillé, jusqu'au dernier relevé, celui de 1876, par une superposition de couches stratifiées dont l'épaisseur est proportionnelle au nombre des habitants.

Ainsi les Français ont été dès le début, et n'ont pas cessé d'être les plus nombreux. Non-seulement ils ont conservé cet avantage; mais, tandis qu'en 1833 ils ne fournissaient pas tout à fait la moitié des habitants, aujourd'hui ils contribuent exactement pour la moitié.

Les Espagnols ont conservé le second rang, mais leur intensité s'accroît au point, si leur accroissement conserve la même allure, de menacer la prépondérance numérique des Français.

Les Italiens depuis vingt ans prennent un avantage sur les Maltais avec qui ils marchaient antérieurement d'une façon parallèle.

L'immigration Anglo-Maltaise a été nombreuse du jour où notre conquête s'est étendue vers la province de Constantine. Après s'être développée et maintenue, elle semble se ralentir actuellement d'une façon très sensible.

On constate un phénomène analogue chez les Allemands qui se maintiennent ou même diminuent.

Nous avons dit quel ensemble hétérogène était englobé sous le titre de *autres nationalités* ou même simplement de *Autres*. Les représentants de ces diverses nationalités sont trop peu nombreux, pour former autant de catégories distinctes, ainsi s'explique la différence d'intensité de ce groupe en 1833 et en 1876.

Toutefois comme aux deux derniers recensements le nombre des *Autres* s'élève sensiblement, peut-être à l'avenir serait-il possible de les décomposer en un ou deux groupes nationaux.

Après avoir constaté dans quelle proportion les divers peuples constituent la population algérienne, examinons de quelles provinces ou régions ces peuples sont originaires et comment ils se répartissent sur le territoire algérien.

Français. — Tous les départements, on peut dire, sont ici représentés, surtout si l'on tient compte des fonctionnaires et de l'armée (celle-ci n'est pas comprise dans les *census* qui relèvent la population civile seule). Les fonctionnaires, pour le dire en passant, ne forment pas, comme on pourrait le croire, une population nomade et changeante; ils sont, au contraire, bien fixés dans le pays et la majeure partie y passe sa carrière administrative. Parvenus à l'âge de la retraite, presque tous les fonctionnaires restent en Algérie, à laquelle ils se sont attachés par les habitudes et les alliances qu'ils y ont contractées.

Les Français, qu'on peut désigner plus particulièrement sous le nom de colons, sont également originaires de tous les départements français; mais ce sont les départements méridionaux, ceux des anciennes provinces : la Provence, le Languedoc, la Corse, le Dauphiné, qui fournissent le contingent le plus important.

Les Alsaciens et les Lorrains, même avant la funeste guerre de 1870, étaient nombreux en Algérie. Après la perte des deux provinces, une immigration a été dirigée officiellement vers l'Algérie. Faire l'histoire de cette tentative, dire si elle a été conçue dans un esprit scientifique autant qu'humanitaire, exposer quel en a été le succès final, ce n'est pas ici la place. Mais on peut avancer qu'actuellement la colonie alsacienne n'est guère plus considérable que celle existant antérieurement à 1871, les nouveaux venus ayant succombé ou quitté depuis la colonie.

Les Francs-Comtois forment une colonie très-nombreuse et très-florissante ; des villages entiers sont exclusivement ou en majeure partie peuplés par eux : tels sont les villages de Vesoul-Benian, dans le département d'Alger, de Saint-Hippolyte dans celui d'Oran, et, dans celui de Constantine, Jemmapes et autres centres voisins. Toutes les villes comptent également une forte population Comtoise.

Les Français, quel que soit leur département originaire, se livrent à toutes les occupations : ils sont agriculteurs, commerçants, industriels, marchands. Les professions libérales sont exclusivement remplies par eux.

Espagnols. — Primitivement ils venaient tous des îles Baléares, de Minorque particulièrement. Les Mahonnais sont encore très nombreux. Mais depuis quelques années l'immigration provient plutôt de Valence, d'Alicante, de Carthagène, pour se répandre presque exclusivement dans la province d'Oran. Les Mahonnais continuent d'affectionner les provinces d'Alger et de Constantine où ils sont réputés comme jardiniers maraîchers ; ils font aussi d'excellents viticulteurs. **Les tra-vaux publics** : ports, voies ferrées, occupent beaucoup d'ouvriers espagnols.

Ils habitent de préférence les villes maritimes.

Italiens. — On compte bien des Piémontais, **mais ce** sont surtout les habitants originaires de l'ancien **royau-me** des Deux-Siciles et de la Sardaigne qui forment **la** population italienne. Siciliens et Napolitains habitent **le** bord de la mer ; ils sont pêcheurs et marins. **Chaque** année à l'époque de la pêche de la sardine et **des an-chois**, de nombreux équipages venant de Naples, **des** îles Ischia, Procida, abordent sur nos côtes **et les** abandonnent la pêche terminée, emportant leur **butin.** Les Sardes sont cultivateurs. Depuis quelques **années** et principalement dans l'arrondissement de **Philippe-ville**, les Napolitains s'adonnent à la culture **de la** vigne ; d'abord locataires, par leur travail et **leur so-briété**, ils se font un pécule et deviennent propriétaires.

Les chantiers de travaux publics sont fréquentés **par** les Italiens. Ceux originaires du nord de la **péninsule,** habitent indistinctement le littoral ou l'intérieur ; **ils sont** généralement maçons ; on compte parmi eux **de grands** entrepreneurs en maçonnerie.

Maltais. — Ils sont sujets Anglais, et proviennent **de** l'île de Malte et autres îlots voisins. D'origine **Cartha-ginoise**, leur race s'est fortement imprégnée **du type** arabe dont ils ont conservé les caractères **physiques** et, au moral, la rudesse des mœurs. Leur langage **parlé** est un mélange des idiomes du midi, surtout de **l'Italien** et de l'arabe.

Sur le littoral, le Maltais est marin et aussi **jardinier** maraîcher ; son esprit mercantile qui le rapproche **beau-coup** de l'Israélite, le pousse même vers les points **avan-cés** de l'intérieur ; volontiers aussi il est épicier, **auber-giste** et cafetier.

De même que les Espagnols préfèrent la côte d'Oran voisine de leur pays, les Maltais habitent **principale-ment** la province de Constantine, où ils sont **à la** tête de maisons commerciales très importantes.

Allemands. — Ils sont presque exclusivement **Bava-**

RECENSEMENT PAR NATIONALITÉS D'ORIGINE

DE LA POPULATION EUROPÉENNE DE L'ALGÉRIE

NATIONALITÉS	1833	1836	1841	1845	1851	1856	1861	1866	1872	1876
Français.........	3.478	5.485	16.677	46.339	66.050	92.750	112.229	122.119	129.601	155.727
Espagnols........	1.291	4.502	9.748	25.335	41.558	42.218	48.145	58.510	71.366	92.510
Italiens..........	1.122	1.845	3.258	7.738	7.555	9.472	11.815	16.655	18.351	25.750
Anglo-Maltais....	1.213	1.802	3.795	8.047	7.307	7.114	9.378	10.627	11.512	14.220
Allemands........	692	783	1.547	4.451	2.854	5.440	5.816	5.436	4.933	5.722
Autres nationalités......	16	54	2.349	3.411	5.959	3.804	5.363	4.643	9.354	17.524
	7.812	14.561	37.374	95.321	131.283	160.798	192.646	217.990	245.117	311.462
Israélites indigènes francisés	»	»	»	»	»	»	»	»	34.574	33.287
Population en bloc	»	»	»	»	»	8.388	13.142	17.232	11.482	8.890
Population totale .	7.812	14.561	37.374	95.321	131.283	169.186	205.888	235.222	291.173	353.639

rois et Badois. Dans les villes, ils sont négociants;
ils sont également agriculteurs.

Il y a peu à dire des *Autres nationalités* disséminées
très-inégalement sur toute l'étendue du territoire.
Elles sont d'origine et de provenances diverses par
conséquent peu comparables.

Ces renseignements sur chaque nationalité, sont
très succincts, mais seront complétés par la suite.

Ainsi en étudiant au chapitre suivant l'accroissement
des populations, nous nous étendrons sur quelques
particularités qui, développées ici, eussent été mal placées et nous auraient entraîné à des redites.

§ II

POPULATION PAR LIEUX DE NAISSANCE

L'émigration européenne, française ou étrangère,
s'est dirigée vers l'Algérie dès les premiers jours de l'occupation. Ainsi on peut voir sur le tracé que, dès 1833,
les étrangers réunis étaient en nombre supérieur aux
seuls Français. Depuis lors, — il y aura bientôt un
demi-siècle — cette population immigrée à fait souche.
Beaucoup d'enfants, devenus hommes, sont nés en
Algérie.

Il y a donc lieu de rechercher dans quelle proportion les habitants appartenant aux diverses nationalités sont nés dans leur mère patrie et dans quelle proportion ils sont nés en Algérie, issus de parents
venus d'Europe. Les renseignements permettant d'établir cette distinction, sont peu nombreux. Inutile de
les rechercher dans les premiers recensements, puisqu'on n'y distinguait seulement pas les divers groupes de nationalités.

En 1856, on trouve un renseignement bien insuffisant, car les Européens y sont confondus: 33,564
étaient nés en Algérie; et 125,718 étaient nés en
Europe. Ainsi, vingt-six années après la conquête,
un peu plus du quart des habitants étaient nés dans la
colonie.

Les recensements de 1866 et 1872 sont plus et mieux
détaillés: à côté des Français comptés et désignés à

part, on a maintenu le groupe des Étrangers, sans distinguer les éléments nationaux qui le constituent.

Par contre, en 1876, on spécifie bien les Français nés dans la colonie et ceux nés en France sans faire une distinction analogue pour les étrangers.

ANNÉES	FRANÇAIS		ÉTRANGERS		EUROPÉENS	
	nés en		nés en		nés en	
	ALGÉRIE	EUROPE	ALGÉRIE	EUROPE	ALGÉRIE	EUROPE
1856	»	»	»	»	33.564	125.718
1866	36.979	85.140	35.529	60.342	72.508	145.482
1872	47.051	82.540	48.488	67.028	95.549	149.568
1876	64.512	130.260				

Malgré l'insuffisance de ces chiffres, le fait suivant se dégage : le nombre des enfants nés dans le pays contribue, chaque période davantage, à grossir le chiffre de la population, avec un accroissement plus rapide que celui des enfants venant d'Europe. Ainsi, de 1856 à 1866 et à 1872, les Européens nés en Algérie se sont accrus en moyenne de près de 4,000 par an, tandis que ceux nés en Europe ont augmenté annuellement de 2,000 environ (entre 1856 et 1866), et de 781 à peine à la période suivante.

Voyons comment se comportent les Français algériens. Ils contribuent eux aussi à l'augmentation de la population et à cet accroissement plus rapide, mais d'une façon moins accentuée que la somme des étrangers.

En effet, de 1866 à 1872, les Français se sont accrus en moyenne de 1,680 par an, et les étrangers, de 2,159 ; mais, de 1872 à 1876, l'accroissement moyen annuel des Français s'élève à 4,363 ; celui des étrangers ne peut, faute de documents, être calculé.

Au recensement de 1876, les Français nés en France interviennent pour une plus forte part dans la somme de la population : en 1866, ils n'étaient pas du double supérieurs aux Algériens et, en 1876, ils les dépassent de plus du double. Ce fait est dû à l'immigration alsa-cienne-lorraine et à celle de Français, venus d'autres provinces, attirés par les concessions de terre accor-dées par l'administration à la suite de l'insurrection arabe de 1871. Nous y reviendrons au chapitre suivant, en étudiant l'accroissement de la population.

§ III

POPULATION PAR ÉTAT-CIVIL

Simultanément à la nationalité des habitants distin-gués par le lieu de naissance, nous avons recherché la répartition par état civil. Le recensement de 1866 per-met seul de trouver cet ensemble de renseignements combinés.

Français :

Nés en Algérie......	Célibataires.... Veufs............ Mariés	35,525 1,454	36,979
Nés en Europe......	Célibataires.... Veufs............ Mariés	40,503 44,637	85,140

Total des Français..... **122,119**

Étrangers :

Nés en Algérie......	Célibataires.... Veufs............ Mariés..........	33,981 1,548	35,529
Nés en Europe......	Célibataires.... Veufs............ Mariés	27,721 32,621	60,342

Total des étrangers..... **95,871**

Européens :

Nés en Algérie......   72,508   } 217,990
Nés en Europe......   145,482 }

Ce relevé étant unique, ne prête pas à des rapproche-ments comparatifs, mais on peut constater que depuis 1866, c'est-à-dire depuis plus de dix ans, les enfants nés en Algérie commencent à compter de nombreux mariés, avec une proportion évidemment bien moindre que celle des colons venus d'Europe. Les Etrangers algériens ont 94 mariés de plus que les Français, avec une population totale inférieure de 1,450 sujets. Cette précocité des Etrangers méritera de nous arrêter longuement lorsque nous étudierons, parmi les mouvements de population, ceux relatifs aux mariages.

Ce tableau, outre qu'il n'est pas comparable avec d'autres analogues se rapportant à des périodes différentes, est vicieux en ce sens qu'il confond les veufs et les célibataires, vicieux surtout parce qu'il ne fait pas la distinction des deux sexes.

Le paragraphe suivant distribue la population par sexes, en combinant ce renseignement, toutes les fois que la chose sera possible, avec ceux de nationalité, d'état civil, et en comparant ces faits avec leurs analogues constatés en France.

§ IV

POPULATION PAR SEXES

En recherchant dans la série des dénombrements généraux ou partiels, la composition de la population par sexes, on trouve cette distinction faite d'une façon assez suivie depuis 1840 ; toutefois nous n'adopterons pour objet de cette étude, que les années comprises entre 1847 et 1851 en raison des erreurs manifestes contenues dans les relevés officiels (1). Notre tableau

---

(1) Voici en effet les chiffres relatifs aux années antérieures.

ANNÉES	HOMMES	FEMMES	ENFANTS	TOTAUX
1840	11,831	7,156	7,997	26,984
1841	17,988	8,412	10,313	36,713
1842	21,564	9,835	13,132	44,531
1843	25,393	14,585	18,708	58,686
1844	32,697	18,409	24,314	75,420
1845	40,103	23,212	32,804	96,119
1846	40,675	25,089	41,404	107,168
1847	44,850	30,258	28,785	103,893

Les inexactitudes provenant soit de relevés incomplets, soit de fautes de calcul sont manifestes ; car, à l'exception des années 1842, 1843, 1844 et 1847, la somme des hommes, femmes et

est d'ailleurs fort incomplet, puisqu'il ne donne pas la distinction des sexes chez les enfants, ni l'état civil des divers sexes, ni leur nationalité, ni l'indication du lieu de naissance. Mais ces chiffres mettent un fait en évidence; ils prouvent que la diminution de la population survenue en 1849 (épidémie cholérique) a atteint presque exclusivement les hommes, et dans une proportion bien moindre, les femmes et les enfants.

En effet, au chapitre de l'accroissement de la population, on verra que l'épidémie a frappé surtout les colonies agricoles de 1848, et la plupart des colons débarqués à cette époque étaient célibataires.

ANNÉES	HOMMES	FEMMES	ENFANTS	Pour 100 Femmes combien d'Hommes	Pour 100 Adultes combien d'Enfants
1847	44.850	30.258	28.785	148	38
1848	48.766	32.748	34.187	150	42
1849	46.736	32.317	33.554	145	43
1850	51.007	37.212	37.529	137	42
1851	53.351	38.047	39.885	140	43

On trouve en 1856 la distinction des sexes faite par

enfants ne concorde pas avec les chiffres officiels de la population européenne totale.

De plus, en 1846, on néglige de donner les sexes de 2,232 habitants des villes de l'intérieur.

Autre erreur évidente: en 1847 il y a eu diminution de population; à se fier aux chiffres ci-dessus; elle se serait faite au préjudice des enfants seuls, les hommes et femmes ayant au contraire augmenté. La chose est inadmissible, puisque les documents administratifs eux-mêmes expliquent cette diminution de population par une émigration consécutive à la crise financière qui a sévi dans la province d'Alger. Or, toujours d'après les mêmes documents, ce sont des ouvriers (principalement des Mahonnais) qui ont émigré au nombre de 1,200. Ce ne sont pas là des enfants. En présence de telles contradictions et d'erreurs si flagrantes, nous avons préféré laisser de côté ces chiffres, bien que, dans leur ensemble, ils prouvent que le sexe masculin l'emporte sur le sexe féminin.

état civil, mais non par nationalités. Ainsi on constate :

	Hommes	Femmes
Célibataires	54,639	36,856
Veufs	2,695	5,490
Mariés...........	30,123	29,477

Les recensements des années 1866 et 1872 permettent d'étudier comparativement les sexes par nationalités et état civil.

		1866		1872	
		SEXES		SEXES	
		MASCULIN	FÉMININ	MASCULIN	FÉMININ
Français	Célibataires	40.680	28.304	41.766	29.727
	Veufs	2.403	4.640	2.523	6.610
	Mariés.....	23.435	22.656	23.013	22.602
Étrangers	Célibataires	33.153	23.285	37.996	28.030
	Veufs	1.292	3.972	1.745	5.263
	Mariés.....	16.983	17.186	20.211	19.870

Ces documents sont disparates et se prêtent difficilement à des comparaisons.

Il ressort néanmoins ce fait que, de 1847 à 1851, on comptait moins de femmes que d'hommes (144 hommes pour 100 femmes), abstraction faite des enfants dont les sexes sont confondus. En France, au contraire, les femmes sont toujours beaucoup plus nombreuses que les hommes, et il en est ainsi dans tous les pays de l'Europe.

Cette prédominance du sexe féminin en Europe n'implique pas un nombre moindre de naissances mâles, puisqu'au contraire celles-ci sont plus nombreuses, mais il meurt plus de garçons que de filles, aussi vers 15 ou 16 ans l'équilibre s'établit entre les deux sexes. Puis, comme l'homme embrasse des carrières plus dangereuses, comme il est plus exposé à la mort prématurée par le service militaire, l'excédant est bientôt en faveur du sexe féminin.

Dans un pays nouveau, en voie de formation et de peuplement, si le phénomène est l'inverse de celui qui est constant dans la vieille Europe, cela tient à ce que l'immigrant débarque généralement seül, et quand il se marie après s'être créé une situation et une position stables, c'est sur place. Cet écart entre les deux sexes tend d'ailleurs à diminuer chaque jour. Nous comptons à cette période 148 hommes pour 100 femmes, nous aurons tout à l'heure 114 hommes pour 100 femmes (1).

On peut expliquer facilement cette marche vers l'équilibre : la domination française est aujourd'hui assise; à une foule de points de vue l'Algérie devient une France; l'immigration de la famille constituée remplace chaque jour l'immigration individuelle du célibataire à la recherche d'une position.

Si l'on veut rechercher la répartition des sexes pour les années postérieures à 1851, on peut le faire comparativement pour les mariés (veufs ou non), tandis que sous le titre de célibataires, sont confondus les enfants et les jeunes gens nubiles n'ayant pas encore contracté mariage.

Ainsi on compte pour 100 personnes du sexe feminin ayant contracté mariage :

123 du sexe masculin en 1856
117 — — 1866
113 — — 1872

Les deux sexes tendent donc à s'équilibrer, et ce résultat s'accuse également, si l'on tient compte des célibataires (enfants et adultes confondus), car il y a pour 100 personnes du sexe feminin :

148 du sexe masculin en 1856
143 — — 1866
137 — — 1872

Il ressort également des chiffres contenus dans les tableaux ci-dessus que le nombre des veuves est sensiblement supérieur à celui des veufs; c'est que les hom-

---

(1) En 1841 il n'y avait en Algérie que 7,149 femmes, à la fin de 1843 ce chiffre avait plus que doublé, puisqu'on en comptait 14,569.

mes paient un plus fort tribut à la mortalité, exposés aux travaux pénibles, dangereux, et aux influences pernicieuses de la culture de la terre.

En 1856 on compte 203 veuves pour 100 veufs
— 1866   —   246   —   100 —
— 1872   —   281   —   100 —

Le nombre proportionnel des veuves va s'accroissant durant la période 1866-72, laquelle a été particulièrement néfaste, car elle a subi le choléra de 1867-68, la famine et le typhus de 1867, la guerre, l'insurrection de 1870-71 et la variole de 1871.

A un autre point de vue nous voyons :

En 1856 : 18 veuves et 9 veufs pour 100 mariés
— 1866 : 22   —   9   —
— 1876 : 28   —   9   —

Les veuves et veufs entrent pour 1/18ᵉ dans la population totale en 1866, et pour 1/14ᵉ en 1876.

Si l'on sépare dans la population totale, les Français et les Etrangers, on trouve pour les deux années 1866 et 1872 :

POUR 100	FRANÇAIS		ETRANGERS	
	1866	1872	1866	1872
Femmes, combien d'Hommes ...	119	114	116	112
Filles, — de Garçons....	143	140	142	135
Veufs, — Veuves.....	193	261	300	301
Mariés, — Veufs......	10	10	8	9
Mariées, — Veuves	20	29	23	26
Les Veufs et Veuves figurent dans la population totale pour	1/18	1/14	1/18	1/16

Ainsi les Français ont leur population masculine, comparée à la population féminine (soit mariée, soit célibataire), plus élevée que celle des Étrangers, mais chez les uns et les autres l'équilibre des sexes tend à s'établir.

Les Etrangers ont un nombre de veuves considérablement plus élevé, et c'est sur eux, bien plus que sur les Français, qu'ont sévi avec intensité les fléaux des années 1867 et 1871.

Le nombre des veufs est approximativement le même dans les deux catégories, avec un très léger avantage en faveur des Etrangers.

Par rapport à leur population totale respective, les étrangers comptent une proportion un peu moindre d'époux, des deux sexes, dont l'union a été rompue par la mort.

Après avoir comparé la population française avec les nationalités étrangères vivant côte à côte, il est curieux de faire la comparaison sur les mêmes faits avec ce qui se passe en France.

Le tableau suivant donne, au point de vue des *sexes* et de *l'état civil*, le rapport sur 100 en France et en Algérie pendant les années 1866 et 1872.

		SEXE MASCULIN			SEXE FÉMININ		
		Célibat^res	Mariés	Veufs	Célibat^res	Mariées	Veuves
1866	France......	54.3	40.6	5.1	49.8	40.4	9.8
	Algérie......	61.15	35.23	3.62	50.91	40.74	8.35
1872	France......	53.5	40.9	5.6	49.3	40.4	10.8
	Algérie......	62.05	34.20	3.75	50.43	38.35	11.21

Un premier fait saute aux yeux, c'est le nombre des célibataires bien plus élevé en Algérie. Cette particularité peut s'expliquer de deux façons : ou par un plus grand nombre d'enfants, ou par un plus grand nombre d'adultes n'ayant pas contracté mariage. En réalité, nous avons en Algérie beaucoup plus d'enfants, si l'on consulte le recensement de 1866, dont voici les chiffres pour 10,000 habitants :

France : de *0 à 5 ans,* 929, de *5 à 20 ans,* 2,683 = 3,612
Algérie : de *0 à 7 ans,* 1,824, de *7 à 20 ans,* 2,369 = 4,193

Les recensements n'étant pas faits sur des modèles semblables, avec des divisions analogues, nous avons dû compter l'enfance jusqu'à la 20ᵉ année ; il en résulte que la population enfantine du premier âge est, en Algérie, beaucoup plus forte, tandis qu'il y a presque équilibre vers la majorité.

Ce sont donc les enfants qui élèvent le chiffre de la population célibataire en Algérie ; mais cette élévation est également due au nombre considérable d'adultes non mariés compris entre 21 et 60 ans. Nous en comptons pour 10,000 habitants 5,454, et la France n'en accuse que 5,373. Ces célibataires adultes appartiennent à la classe des fonctionnaires, la preuve en est que les célibataires femmes en Algérie l'emportent sur la France de 1 p. 100, tandis que chez les célibataires hommes, la différence dépasse 7 et même 8. La preuve se tire également de ce fait que les femmes mariées sont à peu près en même proportion dans la colonie et dans la Métropole, tandis que pour les hommes en Algérie, la différence est de 5 et 6 pour 100 en moins.

Ainsi donc, nous comptons ici un plus grand nombre d'enfants des deux sexes et aussi plus d'adultes célibataires masculins.

A l'égard des mariés, si la France en 1872 présente une légère augmentation, naturelle après une guerre, en Algérie, au contraire, il y a diminution. C'est que l'insurrection arabe a éclaté en 1871, et il faut attendre deux ans avant de ressentir l'accroissement de la matrimonialité. En effet, elle a été de 77 mariages pour 10,000 habitants en 1871, de 90 mariages en 1872, et de 137 en 1873 (pour la population européenne totale).

Touchant le veuvage, les hommes le subissent moins en Algérie, mais les veuves qui, en 1866, étaient moins nombreuses qu'en France, les dépassent sensiblement en 1872. Cette différence prouverait que la guerre de France a coûté moins d'hommes mariés que l'insurrection arabe. En effet, les colons assassinés par les Indigènes étaient presque tous chefs de famille.

§ V

La classification des habitants par âges, n'a jamais été récapitulée dans les divers documents administratifs, sauf en 1866, année dont les relevés ont été publiés avec une abondance relative de détails et un soin dont on a eu tort, par la suite, de ne pas s'inspirer.

Voici comment était répartie la population Européenne en 1866:

	NÉS EN		TOTAL	
	ALGÉRIE	EUROPE		
Au-dessous de 7 ans.	37.168	2.582	39.750	
Entre 7 et 14 —	21.436	6.805	28.241	91.401
— 14 et 21 —	11.507	11.903	23.410	
— 21 et 60 —	2.397	116.501	118.898	
— 60 et 70 —	»	5.829	5.829	
— 70 et 80 —	»	1.507	1.507	
— 80 et 90 —	»	294	294	126.589
— 90 et 100 —	»	58	58	
Au-dessus de 100 ans.	»	3	3	
TOTAUX....	72.508	145.482		217.990

Les enfants nés en Algérie formaient donc à cette époque le tiers de la population totale et nous avons précédemment constaté que, dix années auparavant, en 1856, le quart seulement des habitants étaient nés en Algérie.

Cette proportion a dû s'accroître depuis, mais le recensement de 1876 n'a pas encore été publié en détail. Au-dessous de 7 ans, presque tous les enfants sont nés en Algérie, et si, au lieu d'une période assez longue, comme celle d'un septénaire, nous avions la récapitulation année par année, très certainement on ne compterait pas un seul enfant, né en Europe, âgé de moins d'un an.

De 7 à 14 ans, l'écart est moins sensible entre les deux éléments, les Algériens sont cependant encore trois fois plus nombreux; enfin il y a balance dans la période comprise entre 14 et 21 ans. Si les originaires d'Europe l'emportent entre 21 et 60 ans, rien de plus naturel, car le premier enfant né sur le sol algérien, à supposer qu'il eût survécu, aurait à cette époque compté à peine 36 ans.

Les enfants et adultes mineurs sont fort nombreux, puisqu'ils balancent avec une différence de 35,000 environ le chiffre des hommes compris entre 21 et 100 ans, et, parmi ces mineurs, ceux nés ici, sont environ quatre fois plus nombreux que ceux originaires d'Europe.

Ce fait recevra plus tard sa confirmation et son explication lorsque nous arriverons à étudier la vitalité des diverses nationalités comparées en Algérie et dans leurs métropoles.

Il est fort regrettable assurément de ne pas trouver dans ce relevé la distinction par sexes et la distinction par nationalités. Ce dernier renseignement eût été d'un grand secours, pour calculer les natalité et mortalité spéciales par nationalités, à côté de celles se rapportant à la population générale.

En vue du dénombrement de 1876, l'administration a tracé un état récapitulatif comprenant la population selon l'état civil et par âges, d'année en année jusqu'à 25 ans, et pour les âges supérieurs, de cinq en cinq ans. L'idée était parfaite : une telle récapitulation dressée par commune, puis centralisée par arrondissement et par département, était destinée à fournir un document précieux. Cette récapitulation a bien été faite, mais par une aberration inexplicable, toutes les nationalités ont été confondues, et non-seulement les nationalités Européennes, mais pêle-mêle avec elles, les populations Mulsumanes et Israélites-Indigènes. C'est un amas confus de tous les éléments européens et indigènes de la population algérienne.

Si encore, à défaut d'un tableau propre à chaque peuple, on avait distingué trois groupes : Français, Étrangers, Indigènes, sans être irréprochable, l'état récapitulatif eût été encore de quelque utilité ; il aurait par exemple fourni les éléments de calculs concernant la population Européenne et les Français en particulier. Mais quel parti tirer d'un pareil amalgame ?

§ VI

POPULATION PAR PROFESSIONS

La connaissance des diverses professions auxquelles se livrent les habitants, est loin d'être inutile. Et si à ce renseignement nous pouvions combiner les détails d'âges, de sexes, les causes de mort, cet ensemble deviendrait la première base d'une géographie médicale de l'Algérie.

La distinction entre les gens adonnés aux travaux de l'agriculture, et ceux dont les occupations sont sédentaires au sein des villes est la première indiquée. Les influences telluriques, l'intoxication palustre, les accidents et les traumatismes atteignent les agriculteurs et les ouvriers occupés sur les chantiers des grands travaux publics avec plus de fréquence et de gravité, que les ouvriers des villes et les hommes voués aux professions sédentaires ou libérales.

Les documents administratifs paraissent tenir compte de cette distinction, mais ils se bornent généralement à désigner les populations urbaine ou rurale, agglomérée ou éparse. Ces divisions assez arbitraires, sans valeur scientifique, ne distinguent ni les âges, ni les sexes, ni les nationalités.

Il est juste cependant de signaler une amélioration introduite en 1876. Un grand tableau récapitulatif classe la population générale par profession en sept catégories : *agriculture ; industrie ; commerce et transports ; professions libérales ; rentiers ; mendiants* et *professions inconnues.*

Parallèlement les individus ainsi classés ont été subdivisés en chefs, patrons, commis, ouvriers, hommes, femmes ou enfants.

Cette multiplicité de renseignements serait utilisable si l'on avait eu la pensée de dresser un pareil inventaire par nationalités ; malheureusement Indigènes et Européens sont ici confondus comme nous les avons vus dans les états relatifs aux sexes.

Il est un dernier renseignement dont les recherches démographiques pourraient tirer un grand parti, mais les registres administratifs sont complètement muets à cet égard, nous voulons parler de la *durée du séjour*.

Si nous connaissions, et surtout par nationalités, depuis combien d'années les habitants séjournent en Algérie, on serait édifié sur le plus ou moins de stabilité de certaines catégories d'habitants, sur leur faculté de résister au climat africain. Rien de plus facile à constater au passage des recenseurs; il suffirait d'une colonne à remplir; mais, pour qu'un tel renseignement eût toute sa valeur, encore faudrait-il que la durée du séjour fût également mentionnée sur les actes de décès.

En résumé, nous en sommes réduit à réclamer avec M. Bertillon, et dix ans après lui: « la publication périodique des recensements *par âges, par durée de séjour, par professions* (et simultanément à ces divisions), *par nationalités;* et parallèlement *les tables de décédés* avec les mêmes détails ».

Nous avons, au fur et à mesure, signalé quelques-unes des causes d'erreurs auxquelles on se heurte, quand on compulse les documents que l'administration algérienne édite et livre à la publicité. Nous avons vu comment ils empêchent toute recherche analytique, et rendent difficile, souvent impossible, la solution de nombreuses questions de démographie.

Mais ce qui déroute le chercheur, lui rend le travail fastidieux, c'est moins peut-être les lacunes ou les erreurs de calcul que le manque d'unité et de méthode dans l'établissement des cadres statistiques. Tel modèle est adopté pendant quelques années, puis tout d'un coup, on en constate la disparition, on se trouve en face d'une combinaison nouvelle. Si encore le changement était fait en vue d'une amélioration, mais généralement c'est sans raison plausible, et pour imaginer plus mal encore. En faut-il signaler quelques exemples?

Le volume qui relate les résultats du dénombrement de 1856, sans être parfait, avait donné des renseignements assez détaillés: il distinguait, par exemple, les Européens nés en Algérie et en Europe; il donnait également les groupes par sexes, par âges, par état civil.

Le volume qui publie les résultats du recensement suivant effectué en 1861, est loin d'ètre aussi complet, intentionnellement, paraît-il, puisque le rédacteur s'exprime ainsi: « Le dernier volume entrait dans des détails utiles, sans doute, mais dont l'ensemble ne pouvait être, croyons-nous, que difficilement saisi. La méthode que nous avons adoptée nous a paru plus commode et plus simple; plus commode en ce qu'elle ¡ ermet d'embrasser d'un coup d'œil la population totale de la colonie, plus simple en ce que le nombre des tableaux synoptiques se réduit à cinq tableaux ».

Si l'on interroge ces cinq tableaux, c'est pour constater que, voulant faire plus simple et plus commode, le rédacteur a continuellement confondu les Musulmans et les Européens. Ainsi le troisième tableau donne la distinction des deux sexes, sans qu'on puisse faire la part des Européens, il indique également l'état civil, et là, figure une colonne pour les divorcés et les remariés. Musulmans et Européens sont fusionnés si bien qu'on ne peut tirer aucun parti d'un amas indigeste et confus de chiffres.

Nous n'aurons que trop d'occasions de relever au cours de cet ouvrage des hérésies de cette nature.

La raison de tous ces vices d'exposition, de ces erreurs grossières de calculs, de ces changements continuels, est que les statistiques sont anonymes (1), que le soin d'en recueillir les éléments, d'en publier les résultats, est

---

(1) « N'est-ce pas le lieu, dit le professeur Vallin, de déplorer la coutume adoptée en France de faire des publications statistiques anonymes, sans nom d'auteur, sous la responsabilité vague du ministère? Une responsabilité est vaine quand elle est impersonnelle; rien d'ailleurs n'est moins impersonnel qu'un pareil travail: tant vaut le statisticien, tant vaut la statistique. — Puis, pour un labeur aussi rude, pour une année entière de calculs, de recherches, l'indication du nom de l'auteur ne serait-elle pas une juste récompense? C'est ce qui se fait dans tous les pays de l'Europe, en Angleterre, en Belgique, en Suède, en Bavière; on peut entrer en relations avec MM. Farr, Heuschling, Berg, Hermann, leur demander des renseignements, des éclaircissements; et, chose qui paraîtra presque incroyable chez nous, ils en donnent. »

(E. VALLIN. — *Mouvement de la population Européenne en Algérie. — Annales d'hygiène et de médecine légale; 1876.)*

confié à des hommes sans instruction scientifique, incapables dès lors de connaître quelles combinaisons de chiffres, quelle nature de documents le démographe réclame pour trouver les solutions qui intéressent la science.

Et quel autre pays est plus intéressé à posséder une comptabilité humaine tenue avec soin et exactitude, relevée surtout avec un sens pratique et une sagacité méthodique? Comment, sans le secours de relevés statistiques réguliers et minutieux, résoudre le difficile problème de savoir comment se développent, prospèrent et se reproduisent des hommes implantés sous le climat africain si différent du climat de la mère-patrie, et que l'histoire nous apprend avoir été si meurtrier pour les civilisations anciennes.

CHAPITRE III

ACCROISSEMENT DE LA POPULATION

Une question qui doit surtout préoccuper, c'est l'accroissement de la population. Nous disons à dessein accroissement et non marche de la population, car toute marche qui ne serait pas ascensionnelle, qui, entre deux périodes, n'accuserait pas des chiffres croissants serait l'indice d'une décrépitude manifeste.

Si, dans les pays séculairement constitués, l'état stationnaire de la population dénote une situation économique défavorable, une décadence passagère ou définitive, elle devient, constatée dans un établissement colonial, la preuve irrécusable de la non vitalité, du non acclimatement de la nation, des nationalités ou races qui possèdent ou occupent cette colonie.

Nous devons donc rechercher si la population s'accroît en Algérie et si tous les éléments de la population s'accroissent d'une égale manière.

Pour faire ressortir d'une façon saisissante le taux de l'accroissement, on se sert d'un procédé qui consiste à calculer la période de doublement de la population. Mais ce moyen est peu scientifique : il a l'inconvénient de supposer que le taux de l'accroissement est continu, régulier, identique entre deux périodes d'égale durée. Or, s'il est un pays où le taux soit variable, en dehors de toute prévision, de toute loi, c'est celui dont le peuplement emprunte surtout à l'immigration. Calculer la période de doublement de la population Algérienne serait un travail impossible, surtout inutile.

Nous étudierons l'accroissement de la population par le procédé ordinaire qui consiste à comparer les recensements opérés à diverses époques. Nous ferons cette recherche d'abord sans tenir compte des sources qui ont alimenté la population, puis en cherchant à déterminer la part contributive de l'immigration et celle due à l'excédant des naissances sur les décès.

§ 1

MARCHE DE L'ACCROISSEMENT

Les recensements généraux dont la comparaison permet de mesurer la marche ascensionnelle de notre population ont été opérés à des périodes très irrégulières. On en compte dix : le premier remonte à 1833, le dernier a été effectué en 1876.

Mais, dès 1830, on avait établi annuellement un chiffre de population qui peut passer pour assez exact.

Ces relevés annuels se contentent de donner la population Européenne ensemble, sans distinguer les diverses populations Française et Etrangère. C'est depuis 1833 que les dénombrements contiennent ces distinctions indispensables.

Pour les trois années qui précèdent le premier recensement régulier et complet de 1833, la lacune ci-dessus signalée a peu d'importance, car au début l'immigration venait surtout de France. Ce n'est qu'après une ou deux années, quand la conquête a été assez étendue et l'occupation du pays devenue certaine, que les populations étrangères ont été tentées de se diriger vers le nord de l'Afrique devenue terre Française.

Mais si, depuis 1833, les dénombrements ont été faits d'une façon un peu plus complète et détaillée, ils n'ont pas été ordonnés à des époques régulières, concordant avec celles adoptées dans la métropole ; tantôt trois années, tantôt quatre, tantôt cinq années séparent deux recensements consécutifs. En voici d'ailleurs les époques :

1833 – 1836 – 1841 – 1845 – 1851 – 1856 – 1861 – 1866 – 1872 – 1876. A l'avenir, les dénombrements officiels seront en Algérie quinquennaux, ils se feront aux mêmes époques qu'en France.

Etant donné les chiffres de population constatés aux époques ci-dessus désignées, il est facile de fixer le chiffre afférent à chacune des années intermédiaires.

Il suffit de faire la différence entre les naissances et les décès, et d'y ajouter le tiers, le quart, ou même le cinquième (suivant l'intervalle mis entre deux recensements) de l'accroissement dénoncé par la différence de deux dénombrements successifs.

Cette population calculée donne une approximation

suffisante pour les calculs des divers phénomènes
sociaux. Mais sans avoir recours à ce moyen, l'administration a publié pour les premières années de l'occupation, des chiffres de populations très approximatifs
et très proches de la réalité. A cette époque, les ports
d'arrivée étaient peu nombreux, le peuplement des villes
de l'intérieur se faisait naturellement par leurs ports de
mer respectifs. La formalité obligatoire du passe-port
rendait facile la tenue d'un registre exact des arrivants
et des sortants. En ajoutant à ces chiffres le gain ou le
déchet des naissances, l'administration parvenait à établir le chiffre annuel de l'accroissement de population.

Toutes les fois que nous avons pu découvrir dans les
relevés officiels ces chiffres de population, nous les
avons conservés.

Dans la période plus récente, nous avons dû recourir
au procédé partout adopté pour obtenir la population
annuelle entre deux époques de recensement général et
officiel.

L'administration a renoncé à donner ces chiffres annuels, et elle a eu raison ; car les facilités qu'elle avait
au début pour tenir un compte à peu près exact, sont
loin d'exister aujourd'hui ; les ports où l'on débarque
sont beaucoup plus nombreux, et les migrations ne
se font plus exclusivement du bord de la mer vers l'intérieur, ou d'un port à l'autre, mais encore, et peut-être
plus, entre deux localités éloignées de la mer. Les
moyens de transports chaque jour plus nombreux, les
routes, les voies ferrées, permettent aujourd'hui ces dé-
placements, sans contrôle possible, car le passe-port
n'est plus exigible sur le territoire de la colonie, il ne
l'est pas davantage pour les voyageurs qui font la tra-
versée entre la France et l'Algérie et réciproquement.

Le tableau ci-contre contient, année par année, le chiffre de la population européenne. Par un artifice typogra-
phique on peut voir quels sont les chiffres des recensements officiels généraux, ceux des recensements intermédiaires, ceux enfin qui ont été calculés par le procédé
habituel.

La population Européenne dont nous avons déjà men-
tionné les éléments nationaux, et constaté l'importance numérique, nous allons en suivre la croissance.
Avant d'étudier individuellement puis comparativement

POPULATION EUROPÉENNE DE L'ALGÉRIE
1830–1876
Y COMPRIS LA POPULATION EN BLOC

ANNÉES	POPULATION TOTALE	ANNÉES	POPULATION TOTALE
1830	602	1854	151.172
1831	3.228	1855	163.959
1832	4.856	**1856**	**169.186**
1833	**7.812**	*1857*	*182.717*
1834	9.750	1858	194.705
1835	11.221	1859	201.817
1836	**14.564**	1860	201.446
1837	16.770	**1861**	**205.888**
1838	20.078	*1862*	*211.755*
1839	25.000	*1863*	*217.622*
1840	27.865	*1864*	*223.488*
1841	**37.374**	1865	229.355
1842	44.531	**1866**	**235.222**
1843	59.186	*1867*	*244.547*
1844	75.420	*1868*	*253.872*
1845	**95.321**	*1869*	*263.197*
1846	109.400	*1870*	*272.522*
1847	103.863	*1871*	*281.848*
1848	115.101	**1872**	**291.173**
1849	112.607	*1873*	*306.790*
1850	125.963	*1874*	*322.406*
1851	**131.283**	*1875*	*338.022*
1852	132.708	**1876**	**353.639**
1853	142.379		

Les chiffres gras sont ceux des années de recensement général ; les chiffres romains, ceux des recensements particuliers et les chiffres italiques donnent la population calculée.

l'accroissement des nationalités, dont est composée la population Algérienne, il est deux remarques à faire sur les errements adoptés par l'administration.

Depuis 1856, elle fait figurer à la suite des diverses nationalités un groupe dit *population en bloc*, comprenant le personnel des établissements où sont réunis temporairement un certain nombre d'individus n'ayant pas dans la localité leur résidence municipale (maisons centrales, de justice, hospices, lycées, séminaires, communautés religieuses, chantiers, portefaix indigènes ou *Berranis*, réfugiés à la solde de l'Etat, etc., etc.).

Rien n'est plus disparate que ce groupe, il y a lieu évidemment de le supprimer et d'en répartir les éléments par groupes nationaux, car il n'est pas possible de faire intervenir les chiffres de cette population en bloc, dans les calculs, puisqu'à côté de Français et d'Etrangers européens figurent des Indigènes.

En effet, le recensement de 1877 attribue aux Espagnols 94,038 âmes; aux Italiens, 26,322; aux Anglo-Maltais, 14,313; aux Allemands, 6,513; puis, défalcation faite de l'armée (elle contient, outre des Indigènes (Turcos), quelques Etrangers enrégimentés dans la légion dite Étrangère), et de la population en bloc, le recensement n'accuse plus que 92,510 Espagnols, 25,759 Italiens, 14,220 Anglo-Maltais et 5,722 Allemands. C'est donc, pour ces quatre nationalités seulement, un écart de 3,000 individus.

D'ailleurs, parmi les individus ainsi recensés en bloc, se trouvent des enfants (lycées, séminaires), des gens condamnés volontairement, ou par force, au célibat (prisonniers, communautés religieuses), ne contribuant, ni les uns ni les autres, à la natalité, tandis que leur mortalité spéciale doit évidemment, par suite de la réclusion et de l'agglomération, être supérieure à la mortalité générale.

La seconde critique à adresser aux procédés administratifs en matière de recensements, a d'autant plus d'importance qu'elle intéresse le groupe des Français. Parmi eux sont recensés un certain nombre d'étrangers, qui chaque année réclament la naturalisation française. Il serait plus régulier de dresser un groupement spécial de ces naturalisés, car, en les faisant

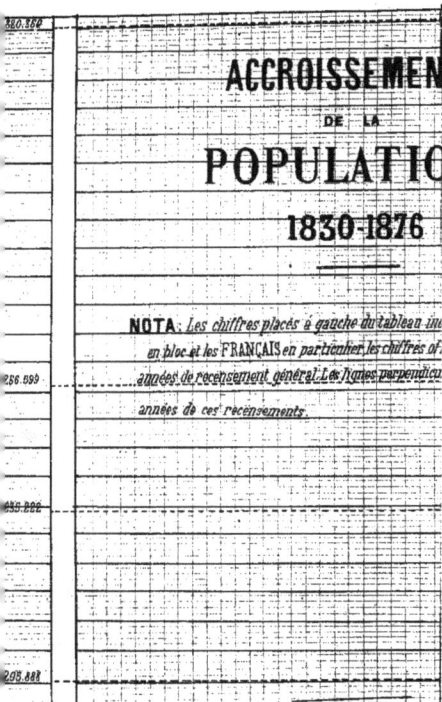

ACCROISSEMEN	
DE LA	
POPULATIC	
1830-1876	

NOTA: *Les chiffres placés à gauche du tableau ind...*
en bloc et les FRANÇAIS en particulier les chiffres of...
années de recensement général. Les lignes perpendicu...
années de ces recensements.

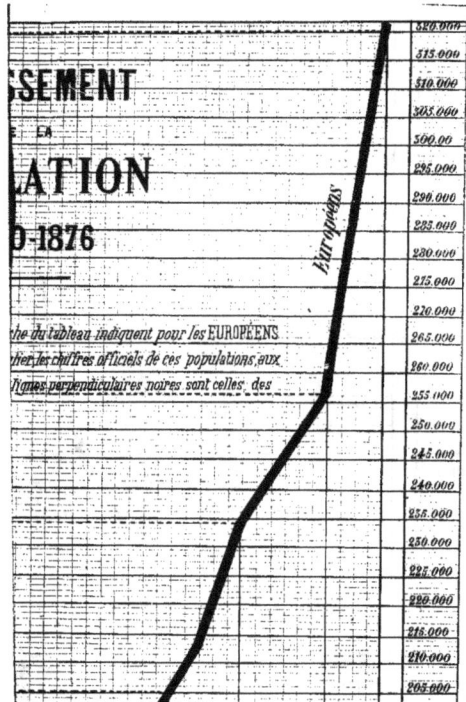

SSEMENT	
E LA	
ATION	
0-1876	

...he du tableau indiquent pour les EUROPÉENS
...ier les chiffres officiels de ces populations aux
...lignes perpendiculaires noires sont celles des

Européens

520.000
515.000
510.000
505.000
500.00
295.000
290.000
285.000
280.000
275.000
270.000
265.000
260.000
255.000
250.000
245.000
240.000
235.000
230.000
225.000
220.000
215.000
210.000
205.000

280.000
256.099
235.000
205.888

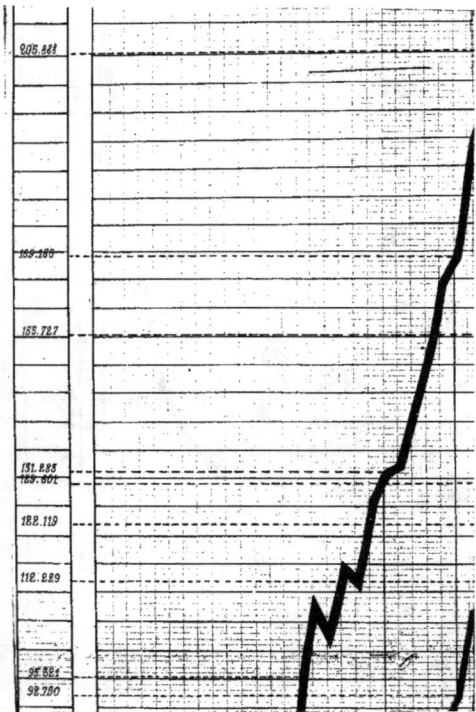

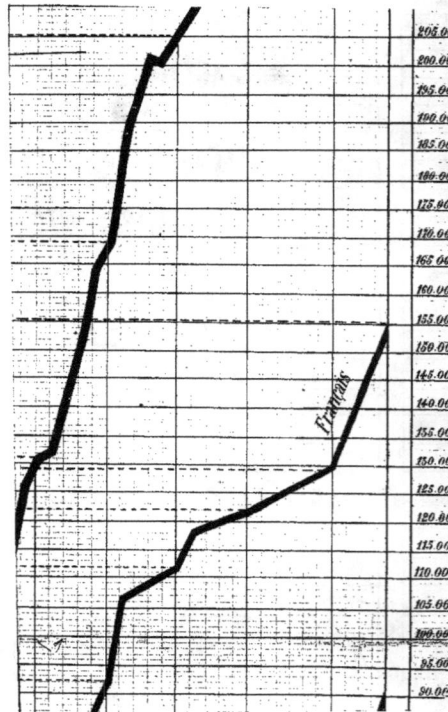

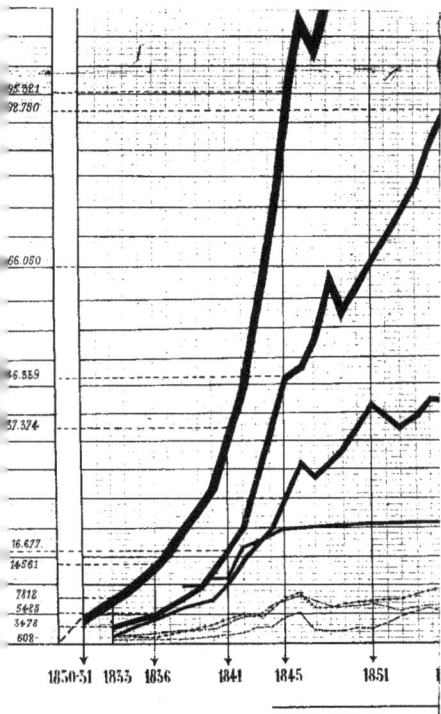

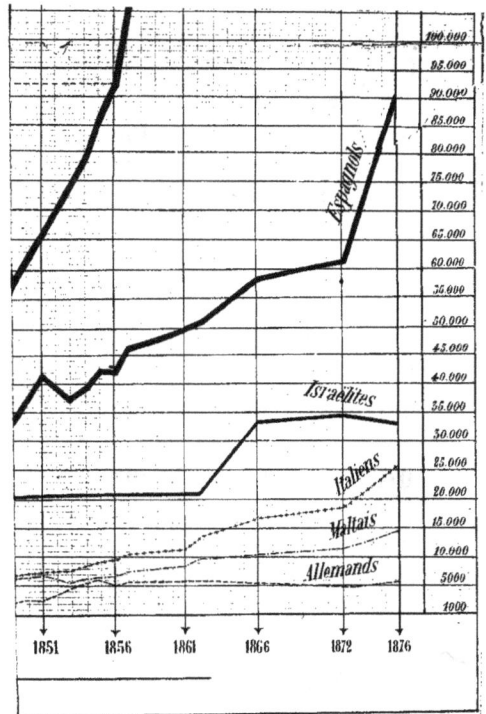

95.921
92.780

66.050

46.339

37.374

16.677
14.561

7812
5428
3478
608

1850-51 1855 1856   1841   1845   1851

100.000
95.000
90.000
85.000
80.000
75.000
70.000
65.000
60.000
55.000
50.000
45.000
40.000
35.000
30.000
25.000
20.000
15.000
10.000
5000
1000

Espagnols.

Israélites.

Italiens.

Maltais.

Allemands.

1851   1856   1861   1866   1872   1876

intervenir dans les calculs relatifs aux mouvements de population, ils faussent, dans une certaine mesure, les conclusions à tirer (1).

Les relevés officiels de l'année 1877 mentionnent 4,020 naturalisés, mais sans indiquer leur nationalité d'origine. Comme, d'autre part, on ne spécifie pas les naissances et les décès provenant de ces étrangers naturalisés, les calculs de *natalité* et *mortalité* françaises se basent sur des éléments étrangers.

Une remarque analogue s'impose au sujet des Israélites indigènes qui ont été francisés en masse, par le décret du 24 octobre 1870. C'est une faute de les fusionner sous une appellation commune avec les Français.

Ces réserves formulées, voyons quelle est la marche de la population Européenne et celle affectée par chaque nationalité en particulier.

Le tracé graphique permet, d'un coup d'œil, d'en suivre les fluctuations.

Européens. — La courbe est régulièrement ascendante sauf deux chutes sensibles en 1847, en 1849, et une moins prononcée en 1860. Cette dernière, outre son peu d'importance, puisqu'elle exprime un déchet de 371 habitants, n'est peut-être qu'une erreur des documents administratifs, car 1860 n'est pas une année de recensement et le chiffre de population de cette année intermédiaire, n'est pas le résultat d'un calcul. On peut donc dire que la population Algérienne, depuis 1830 jusqu'en 1876, s'est continuellement et annuellement accrue, sauf en 1847, année où l'on constate une diminution de 5,537 habitants sur l'année précédente, et en 1849 avec une diminution de 2,494 âmes seulement.

---

(1) Ces demandes de naturalisation sont assez fréquentes depuis la promulgation du Sénatus-Consulte sur l'état des personnes et la naturalisation en Algérie (14 juillet 1865). Dans la période 1865-1877 inclus, il a été naturalisé 3,802 étrangers parmi lesquels les Italiens figurent pour 988, soit un peu plus du quart; les Allemands pour 777, soit 1/5; les Espagnols pour 586, ou 1/6; les Belges et les Suisses fournissent ensuite l'appoint le plus nombreux. Les Indigènes Musulmans contribuent pour 405, c'est-à-dire 1/10 seulement.

Ces deux décroissances sont réelles et les causes qui les ont produites méritent d'être signalées.

« L'abaissement du chiffre de la population en 1847, dit le volume officiel, a sa cause naturelle et principale dans la crise financière qui a pesé sur les villes les plus importantes en 1845 et 1846. Le développement exagéré des spéculations sur les terrains, et les constructions, dans les villes d'Alger, Blidah et Oran avaient attiré dans ces localités une population ouvrière considérable et naturellement flottante, qui s'est retirée tout d'un coup, quand la crise s'est déclarée et que les travaux ont été suspendus. En même temps, cet esprit de spéculation avait retenu dans les mêmes villes un grand nombre d'individus qui se destinaient d'abord à l'exploitation des concessions rurales et qui, ruinés dans leurs spéculations aventureuses, à bout de ressources, se sont retirés de l'Algérie avec la population ouvrière que ces spéculations alimentaient.

« Il faut ajouter enfin que la dernière insurrection de 1845-1846 avait aussi contribué à ralentir le mouvement de l'émigration Européenne, par un contre-coup qui s'est fait ressentir dans les deux années suivantes. »

Ainsi donc émigration considérable, phénomène rare et, à coup sûr, désastreux dans une colonie, immigration ralentie, telles sont les deux causes qui expliquent l'abaissement de la population pendant l'année 1847, le plus considérable qu'ait jamais éprouvé l'Algérie. A ces deux causes principales peut s'en ajouter une troisième : un excédant assez sensible des décès sur les naissances, qui s'est élevé à 3,853 pendant les années, 1845, 1846, 1847.

En 1849 l'abaissement de la population s'explique trop sûrement, par l'apparition du choléra dont les ravages ont été d'autant plus meurtriers, qu'elle a coïncidé avec l'installation de 42 nouveaux villages agricoles. Les 13,000 colons Français que le décret du 19 septembre 1848 avait implantés en Algérie, ont été cruellement décimés par le fléau. Ces nouveaux venus, composés d'éléments divers, empruntés surtout aux villes, se, livrant, sans préparation, à des défrichements étendus, étaient des victimes prédestinées. On voit les décès s'élever, en 1849, au chiffre de 10,493 (décès militaires non compris), chiffre inouï jusqu'alors, et qui depuis, avec une population plus que doublée, a été rarement atteint. Le nombre de naissances cette même année ayant été 5,206, le déficit a donc été de 5,287.

A cette cause trop réelle, et de beaucoup la plus importante, on peut ajouter que la révolution de 1848 avait un moment ralenti l'immigration avant la venue des colonies agricoles. A cette époque aussi se place la découverte de la Californie qui a détourné le courant migratoire Européen vers l'Amérique.

Malgré cette coïncidence, la diminution a été en 1849 bien inférieure à celle de 1847.

En dehors de ces deux époques de décroissance, l'augmentation de la population Algérienne a été continue : un peu lente au début, elle s'est rapidement accentuée, et, dans la période récente (1872-1876) l'augmentation affecte une marche plus rapide. Nous allons voir quelles nationalités ont contribué à cet accroissement.

Français. — Sans anticiper sur les réflexions et conclusions que les faits constatés permettront plus tard de déduire, nous devons faire pressentir que tous les phénomènes relatifs à la race française sont ceux qui doivent être exposés le plus minutieusement et étudiés avec un intérêt particulier. C'est que l'Algérie est une terre française faite de nos trésors et de notre sang ; il est donc naturel de rechercher quels résultats la France a retirés de sa conquête.

La population Française se développe continuellement ; elle n'a pas contribué pour une forte part à l'émigration Européenne de 1847, ou bien cette perte a-t-elle été compensée par une immigration plus considérable, car la courbe ascendante ne trace pas la chute accusée par la population Européenne totale.

En 1849, il n'en est malheureusement pas ainsi, et ce sont les Français qui ont subi le dépeuplement. Les 13,000 colons Français dont l'arrivée a précédé de peu l'invasion du fléau épidémique, ont été ses premières et trop nombreuses victimes.

Depuis 1830, les Français forment la moitié de la population Européenne, et s'ils conservent aujourd'hui encore et avec la même avance, le premier rang, il est

sage de prendre garde au développement, plus accentué
chaque jour, de la nationalité Espagnole.

L'accroissement de la population Française durant
les dernières années, est dû d'abord à l'émigration
Alsacienne - Lorraine dirigée vers l'Algérie après la
guerre de 1870 et la perte de nos deux provinces, puis
aux nombreuses concessions de terre qui ont été accor-
dées aux Français exclusivement, après l'insurrection
de 1871 et aux dépens des terres saisies sur les indigènes révoltés (1).

En signalant ce développement de nos nationaux
(page 15), nous avons dit que les Français nés dans la
Mère-Patrie étaient au nombre de 130,260. Ce renseignement est officiel mais erroné, parce que l'administration a compris l'armée dans ce chiffre: c'est une
trentaine de mille âmes au moins à déduire. Il y avait
donc, et en chiffres ronds, 100,000 Français nés en
France. C'est encore un accroisement de 20,000 âmes
environ sur le chiffre de 1872; l'accroissement est réel et
même assez sensible; mais n'est-il pas regrettable de
voir l'administration se montrer si peu rigoureuse dans
ses relevés en faisant ainsi intervenir, mal à propos, le
contingent de l'armée.

Espagnols. — A côté de la progression suivie par les
Français, la prudence et l'intérêt politique nous com-
mandent de surveiller la marche qu'affectent dans leur
développement les nationalités étrangères. En 1833, date
du premier recensement général et détaillé, les Espagnols, les Italiens, les Maltais partent d'un chiffre à
peu près identique (oscillant entre 1,100 et 1,300 habitants); ils atteignent 43 ans après : les Espagnols- 92,510
âmes, les Italiens 25,759, et les Maltais 16,220. On voit
par quelles enjambées rapides les Espagnols ont pris les
devants, au point, si la progression persiste, d'atteindre et même dépasser avant peu, l'élément Français.

---

(1) De 1872 à 1877, il a été créé 154 villages ou hameaux : 49
dans la province d'Alger, 42 dans celle d'Oran et 63 dans celle
de Constantine. En outre, 29 centres ruraux anciens ont reçu
un accroissement de territoire. La superficie totale des concessions délivrées est, en chiffres ronds : 325,487 hectares.

Au cours de cette marche ascendante, si rapide des Espagnols, le tracé graphique dessine trois chutes, dont il est difficile de donner une explication certaine, sauf pour 1847. A cette date, la décroissance subie par l'ensemble de la population Européenne paraît avoir affecté surtout lesEspagnols, car les documents administratifs signalent le nombre considérable d'ouvriers espagnols qui, à l'époque de la crise, quitta l'Algérie.

Dans la période comprise entre 1872 et 1876, l'accroissement des Espagnols a été excessif; il a dépassé 20,000 âmes en 4 ans; antérieurement il faut embrasser la période décennale 1861-1872, pour enregistrer un accroissement d'à peine 20,000 âmes. Cette accélération a coïncidé avec les événements de Carthagène (1873-1874) et l'immigration incessante qui, depuis lors, se dirige vers la province d'Oran exclusivement. En effet, sur 23,808 Espagnols débarqués en Algérie de 1872 à 1876 : 19,082 se sont établis dans la province d'Oran, tandis que la province d'Alger en recueillait 4,304 et celle de Constantine 422 à peine (1).

Italiens. — Ils n'affectent pas, dans leur croissance, la même rapidité que les Espagnols. Cependant ils se maintiennent et, depuis 1861, leur progression est plus sensible.

Les Italiens fournissent de nombreux ouvriers à nos travaux publics qui ont pris, depuis cette époque, une grande extension. Dans les quatre dernières années, ils

---

(1) Dans la province d'Oran, le peuple Espagnol dépasse l'élément Français, comme il est facile de s'en convaincre par les chiffres suivants :

		1872	1876
Oran	Français	48.734	55.296
	Espagnols	36.795	55.877
Alger	Français	65.567	81.478
	Espagnols	30.356	34.660
Constantine	Français	43.679	57.998
	Espagnols	3.079	3.501

Il faut remarquer en outre que, parmi les 158,387 Etrangers recensés en 1876, sur tout le territoire algérien, 94,038, c'est-à-dire plus de la moitié, appartiennent à la nationalité espagnole.

ont contribué, pour une bonne part, à l'accroissement de la population Européenne, puisque leur augmentation a dépassé 8,000 âmes. Leur répartition sur le territoire algérien est l'inverse de celle affectionnée par les Espagnols : la province de Constantine en compte le plus, puis celle d'Alger, celle d'Oran en a le moins grand nombre,

L'accroissement , depuis 1872 , s'est fait dans le même sens, car les provinces d'Alger et d'Oran ont reçu chacune de 8 à 900 Italiens et celle de Constantine en a gagné 6,408.

Maltais. — Cette population est celle des trois qui, partie d'un point commun, a le moins progressé. Dans la période la plus récente, les Anglo-Maltais paraissent vouloir se relever, mais faiblement, si on les compare aux deux nationalités précédentes. C'est également la province de Constantine qu'ils affectionnent, car ils y sont au nombre de 10,000 , tandis qu'à Oran ils ne dépassent pas le chiffre de 400 et sont à Alger environ 3,000.

Allemands. — Auprès des trois populations méridionales étrangères, les Allemands affectent dans leur développement une allure bien modeste. Leur tracé est presque horizontal, et nous aurons maintes occasions de constater que c'est loin d'être par leur natalité qu'ils se maintiennent.

Les Autres nationalités ne sauraient avoir de place dans le graphique, car la catégorie ainsi dénommée n'est pas une unité. Le tableau récapitulatif (page 13) permet cependant de suivre la marche de ce groupe hétérogène : il comptait 16 individus en 1833, et plus de 17,000 en 1876.

Le recensement de 1876 donne la décomposition de ces autres nationalités comme il suit :

Américains du nord et du sud...	78	Suédois, Norwégiens, Danois...	18
Autrichiens et Hongrois........	191	Grecs........................	83
Belges......................	792	Turcs, Égyptiens.............	2.683
Hollandais..................	141	Roumain, Serbe..............	1
Portugais...................	57	Chinois, Indiens et autres asia-	
Suisses.....................	2.748	tiques......................	25
Russes......................	158	Autres Étrangers.............	10.256

A cette énumération, il faudrait ajouter un certain nombre d'Anglais, Irlandais et Écossais; mais l'administration, on ne sait pourquoi, les confond avec les Maltais.

Les Israélites indigènes francisés, n'étant pas d'origine Européenne, ne devraient pas figurer dans le tracé de la population. Il y a lieu pourtant de les y maintenir, puisque, depuis 1870, ils sont citoyens Français.

Bien que leur ligne d'accroissement tende à s'élever, il est probable que le recensement de ces indigènes a été fait d'une façon tout à fait irrégulière. Les chiffres officiels méritent peu de créance, même les plus récents, car il n'est pas possible d'admettre que les Israélites aient diminué de 1,297 âmes, dans les quatre dernières années. Un des deux dénombrements est certainement erronée car tout s'oppose à accepter sans réserves une pareille diminution de la population Israélite : sa natalité, on le verra plus loin, est trop riche, sa mortalité trop faible; quant aux migrations, si les Israélites y sont portés dans l'intérieur du pays, on n'a pas connaissance d'une émigration assez forte pour expliquer le déficit constaté entre les deux recensements.

§ II

SOURCES DE L'ACCROISSEMENT

Après avoir suivi dans sa marche ascensionnelle, abstraction faite des causes qui l'ont produite, l'accroissement de la population Algérienne d'origine Européenne, il reste à rechercher les sources qui l'ont alimenté.

La population peut s'accroître ou par l'arrivée incessante d'immigrants, ou par le bénéfice des naissances sur les décès.

L'immmigration est, au début, la plus abondante sinon l'unique source d'accroissement dans toute colonie, celle-ci fût-elle située dans une zone non torride, avec un sol sain et fertile. Les premiers arrivants sont généralement célibataires et ils ne songent à se créer une famille que plus tard, une fois bien établis, lorsqu'ils ont une situation acquise. Les femmes d'ailleurs sont peu nombreuses dans un pays nouveau, dont il faut disputer la possession les armes à la main ; les naissances, peu abondantes, ne parviennent pas à équilibrer les décès ; le bien-être de l'existence s'acquiert lentement, mais la lutte pour la vie s'engage dès la première heure, surtout quand il faut conquérir un sol producteur de l'impaludisme.

C'est là l'histoire des premières années de l'Algérie ; on l'a vu plus haut, le nombre de femmes était bien inférieur à celui des hommes et la maladie engendrée par un sol vierge, mal connue, mal traitée, dont on savait mal se préserver, a fait plus de victimes que les combats sur l'ennemi occupant.

Dans des conditions pareilles, l'immigration, c'était fatal, devait seule contribuer à fournir un accroissement sensible et chiffrable, et même à combler les déficits de la mort.

Ainsi, pour produire un accroissement de 1,000 habitants, il ne suffit pas de compter 1,000 arrivants, il faut en outre en accueillir un nombre suffisant pour combler les vides occasionnés par la mort, quand le nombre de naissances a été insuffisant à les couvrir. Il se peut encore que les immigrants soient impuissants à faire élever le chiffre de la population, soit que leur nombre ait été faible soit que l'excédant des décès sur les naissances ait été excessif, soit encore qu'il y ait eu émigration supérieure à l'immigration.

Tel a été le phénomène constaté en 1847 et 1849 les seules années où la population ait décru. En 1847 la chute a été produite, nous l'avons raconté plus haut, par une émigration nombreuse, tandis qu'en 1849 l'abaissement a eu pour cause l'excès des décès qui ont dépassé du double les naissances de l'année (5,206 naissances et 10,493 décès). Quelle a été, pour les autres années qui toutes correspondent à un accroissement de population,

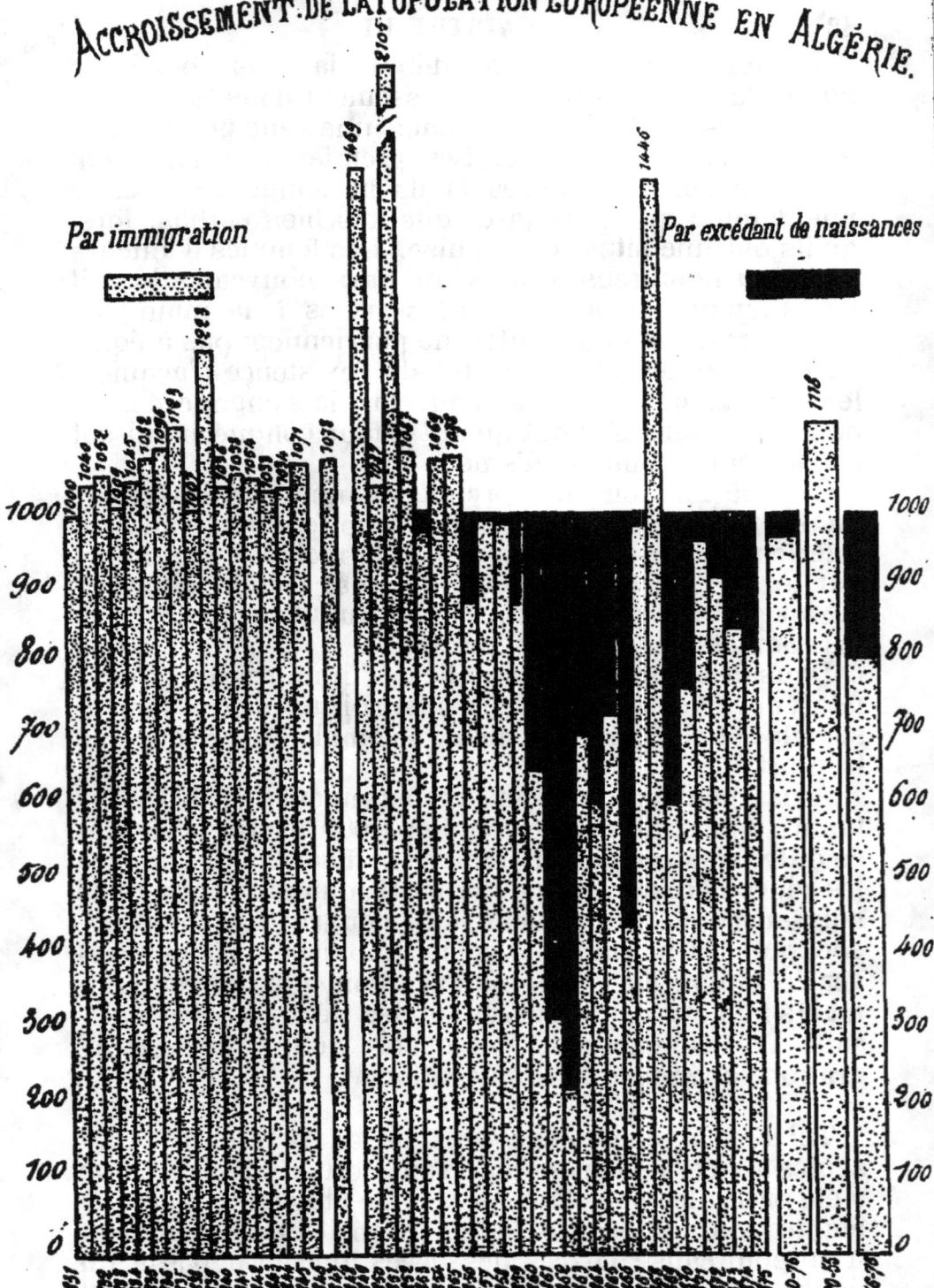

ACCROISSEMENT·DE·LA POPULATION EUROPÉENNE EN ALGÉRIE.

Par immigration

Par excédant de naissances

NOTA: *Pour un accroissement de 1000 habitants, la part de l'immigration est représentée par le pointillé, la part de l'excédant des naissances par la teinte noire. Les cases blanches sont celles des années où il y a eu décroissance de la population.*

la part contributive de l'immigration, celle de l'excédant des naissances?

Le tracé ci-joint permet cette recherche.

En 1830, outre l'arrivée de 602 immigrants, les naissances ont donné un bénéfice de 3 habitants. Ces naissances sont dues à des femmes débarquées au cours d'une grossesse, puisque l'occupation ne date que du mois de juin 1830. Les résultats de la première année ne sauraient avoir qu'une valeur relative.

A partir de 1831, il faut arriver à 1854 pour constater un léger bénéfice dû aux naissances. Durant les vingt premières années, pour produire un accroissement de 1,000, il a fallu, sans exception, plus de mille nouveaux venus, et ce chiffre varie entre 1,007 et 2,105. Les nuances entre ces deux extrêmes sont reproduites dans le graphique, par les bandes plus ou moins élevées qui dépassent le bord supérieur du rectangle dont la hauteur exprime un accroissement de 1,000 habitants.

Ces bandes atteignent généralement un niveau peu élevé, sauf en 1840, 1848, 1852 et 1869 qui sont les dates de fléaux épidémiques.

En faisant abstraction de ces années, il résulte que l'effort de l'acclimatement proprement dit se traduit, il est vrai, par un excédant des décès, mais par un excédant qui, en somme, n'a rien d'excessif comparé à celui occasionné par les diverses épidémies. En d'autres termes, l'endémie aurait été moins meurtrière que l'épidémie.

En 1850 l'élévation supérieure à celle des précédentes années, est une conséquence du choléra de 1848-1849 dont l'influence, s'était manifestée, en 1849 par un abaissement de la population. Après avoir atteint un chiffre normal en 1851, subitement en 1852 une élévation nouvelle et plus accentuée encore se produit (heureusement le fait ne s'est plus renouvelé) : il a fallu 2,105 immigrants pour faire un accroissement de 1,000. La raison en est dans la réapparition du choléra en 1851 et aussi dans les événements politiques qui ont ralenti le mouvement immigrateur. Ainsi, tandis que précédemment l'accroissement absolu avait été (1849-1850) de 13,356 et de 5,320 (1850-1851), il est tombé à 1,425 après les événements politiques de 1851, pour reprendre sa normale et s'élever l'année suivante à 9,671.

Il faut arriver à 1854 pour voir apparaître un avantage imputable aux naissances, encore est-il minime, car il est de 21,38 à peine, tandis que l'émigration fournit encore 978,62.

Deux années consécutives l'immigration seule intervient, puis nous atteignons une période où l'excédant des naissances contribue pour une part assez sensible. On peut dire que depuis lors, (c'est-à-dire depuis 1856 jusqu'en 1876), les naissances interviennent régulièrement pour une part, car s'il y a une exception, c'est en 1869, année qui supporte la charge d'une lourde épidémie de choléra, du typhus et de la famine. Et, remarque importante à signaler, malgré son intensité, l'épidémie cholérique n'engendre pas un déficit comparable à celui de 1850 et 1851, puisque l'immigration n'a eu à fournir que 1,446 (au lieu de 2,105) pour produire l'accroissement de 1,000.

Ainsi donc l'immigration a été seule à faire, si l'on peut dire, les frais pour les années antérieures à 1854, si bien que sans elle, n'était son flot incessamment renouvelé, la population Algérienne aurait disparu.

Depuis lors, l'excédant des naissances a fourni régulièrement un appoint, sauf en 1869, et si l'on veut rechercher, année par année, la part qui revient au bénéfice des naissances, on constate qu'après une période de déficit (1855-1856), cette part favorable s'accroît. Ainsi, après l'épidémie de 1854-1855, la teinte envahissante des naissances empiète, chaque année davantage, pour fournir en 1862 et 1863 les plus beaux résultats que l'Algérie ait encore enregistrés.

Les naissances en excédant font plus, ces années-là, pour accroître la population, que l'immigration elle-même. Après quelques oscillations, ce bénéfice allait s'accentuant, quand survint en 1867 l'épidémie de choléra, puis la famine et le typhus.

L'influence épidémique, bien que sensible, n'étend pas son dommage au-delà d'une année. Les naissances accusent de nouveau leur avantage, mais se ralentissent durant les années 1871 et 1872 qui ont subi, outre l'insurrection arabe, un contre-coup de la guerre en France.

ACCROISSEMENT DE LA POPULATION
EUROPÉENNE (1830-76), FRANÇAISE (1866-76)

Part contributive de l'immigration et de l'excédant des naissances sur les décès

RECENSEMENTS				ACCROISSEMENT		NAISSANCES ET DÉCÈS						IMMIGRATION	
				entre les deux recensements	ANNUEL	NAISSANCES vivantes	DÉCÈS sans morts-nés	AUGMENTATION par excédant des naissances		DIMINUTION par excédant des décès		pour un accroissement de 1,000 habitants combien compte-t-on	
ANNÉES	POPULATION	ANNÉES	POPULATION					totale	annuelle	totale	annuelle	d'immigrés	de naissances en excédant
EUROPÉENS													
1830	602	1831	3.228	2.626	2.626	5	2	3	3	0	0	998	2
1831	3.228	1833	7.812	3.584	1.792	218	439	0	0	221	110	1081	0
1833	7.812	1836	14.561	6.749	2.249	1.043	1.898	0	0	355	118	1052	0
1836	14.561	1841	37.374	22.813	4.562	4.087	5.729	0	0	1.642	328	1072	0
1841	37.374	1845	95.321	57.947	14.489	7.937	10.875	0	0	2.978	744	1052	0
1845	95.321	1851	131.283	35.962	5.993	25.995	37.504	0	0	11.059	1.843	1307	0
1851	131.283	1856	169.186	37.903	7.581	29.260	32.785	0	0	3.525	705	1090	0
1856	169.186	1861	205.888	36.702	7.340	34.381	30.965	3.416	683	0	0	907	93
1861	205.888	1866	235.222	29.334	5.867	42.662	30.380	12.282	2.456	0	0	600	400
1866	235.222	1872	291.173	55.951	9.325	52.392	49.668	2.724	476	0	0	951	49
1872	291.173	1876	356.502	65.329	16.824	52.055	43.539	8.516	1.706	0	0	869	131
FRANÇAIS													
1866	122.119	1872	129.601	7.482	1.247	27.742	27.484	258	43	0	0	965	35
1872	129.601	1876	155.727	26.126	6.531	22.181	16.982	5.199	1.299	0	0	801	199

Depuis lors, les naissances reprennent leur bénéfice, et s'il n'atteint pas le bénéfice des années 1861 et 1862, c'est qu'en 1874 et 1875 la colonie a eu à subir une épidémie de variole et une, plus meurtière encore, de scarlatine.

L'histoire de l'Algérie comprend donc deux phases : dans la première, l'immigration seule a contribué à l'accroissement de la population ; dans la seconde, les naissances l'emportent sur les décès au point de faire sentir une influence et une influence très sensible sur l'accroissement.

Les trois bandes rectangulaires qui occupent la droite du tracé résument cette histoire.

Le premier rectangle exprime que depuis notre débarquement en Algérie, la population s'est accrue dans les proportions suivantes pour 1,000 :

939 par immigration ;

61 par excédant des naissances.

Mais il convient de distinguer deux périodes :

De 1830 à 1855, l'immigration seule a donné un contingent et son action se traduit par 1,118 pour produire 1,000.

De 1856 à 1876, au contraire, l'accroissement de population emprunte à l'immigration 806,2 et 193,8 à l'excédant des naissances.

Telle est la marche croissante de la population Européenne, sans distinction des nationalités dont elle se compose.

Quels résultats accuse la population française envisagée à part?

A notre point de vue national, il n'est pas indifférent de savoir si la population française va s'accroissant et, dans ce cas, si elle est redevable de cet accroissement à l'immigration seule ou, pour une part, au bénéfice des naissances sur les décès.

Cette recherche devait nous préoccuper ; nous allons en transcrire les chiffres et exposer les résultats. Antérieurement à 1856, il est superflu de faire cette recherche puisque l'ensemble de la population ne s'est accrue que grâce à la venue des immigrants. Pour la période plus récente, où l'immigration n'est plus seule à intervenir, nous aurions voulu établir, année par année, la part contributive des Français ; mais les documents officiels ne permettent pas cette recherche. Ils ne distinguent pas les naissances par nationalités et donnent annuellement, mais confondues, toutes les naisances européennes.

Or, sans cette décomposition, impossible de faire les calculs. C'est pourquoi nos recherches se limitent à la période des dix dernières années (1866 à 1876), la statistique officielle ayant eu la bonne inspiration de donner, annuellement, le chiffre des naissances particulières aux Français.

Cette période se décompose naturellement en deux : de 1866 à 1872, période néfaste qui a subi le choléra, la famine, l'insurrection ; de 1872 à 1876 avec les deux épidémies de variole et de scarlatine.

Pendant ces dix années, les Français n'ont pas emprunté leur accroissement de population exclusivement à l'immigration, celle-ci a contribué pour 883, et le bénéfice des naissances pour 117.

Durant les six premières années de la période, les naissances en excédant n'ont fourni que 35 pour 1,000, tandis que, pour la population totale Européenne, elles avaient fourni 49. La meilleure part revient encore aux Français.

De 1872 à 1876 l'accroissement de la population Française emprunte 801 à l'immigration et 199 au bénéfice des naissances. C'est donc un avantage très-manifeste et très-consolant pour notre orgueil national, d'autant plus consolant que, durant cette même période, l'accroissement de la population totale Européenne, n'empruntait que 131 au bénéfice des naissances. Ainsi donc les Français enregistrent des résultats bien plus favorables que les autres nationalités étrangères, et ce résultat n'a rien qui doive surprendre, si l'on rappelle que la variole et la scarlatine ont plutôt fait des victimes chez les Etrangers, les Maltais principalement. Ces populations qui sont loin d'avoir le même souci que nous Français, des règles hygiéniques et des conseils de la médecine, ne se font pas régulièrement vacciner, et, lors de l'épidémie scarlatineuse, laissaient errer leurs enfants dans les rues, une fois la période d'éruption achevée. Aussi les décès par complications : anasarque et angine, ont-ils été très fréquents parmi les Etrangers.

C'est ainsi que les calculs démographiques viennent corroborer les observations médicales et en confirmer les conclusions.

En résumé, la population Algérienne est entrée dans une phase satisfaisante où ses décès ne dépassent plus les naissances, où celles-ci, au contraire, apportent un appoint, chaque jour plus appréciable. Quant aux Français envisagés à part, ils participent eux aussi, et cela avec une meilleure proportion que les nationalités étrangères, au bénéfice imputable à l'excédant des naissances sur les décès.

APPENDICE

LE RECENSEMENT DE 1876

Le dernier dénombrement de l'Algérie effectué en 1876 n'a pas encore été publié intégralement et en détails. Un pareil retard, fort regrettable, mérite d'être signalé, car deux années accomplies se sont écoulées depuis l'achèvement de cette opération.

Le bureau de statistique d'Alger, dans deux brochures parues en 1877 et en 1878, sous ce titre : *Etat actuel de l'Algérie,* a bien fourni quelques indications sommaires sur les résultats du dénombrement de 1876, et nous les avons utilisées dans les pages qui précèdent. Depuis la rédaction et la composition du livre premier, si le recensement intégral de 1876 n'a pas davantage été livré à la publicité, nous venons d'avoir connaissance d'un article paru dans l'*Economiste français* (26 avril 1879) et intitulé : *Le dernier dénombrement de l'Algérie.*

Cet article, dû à la plume de M. Toussaint Loua, contient une série de renseignements nouveaux, puisés sans aucun doute, à source officielle, leur auteur étant placé pour avoir eu, avant tout le monde, communication du travail définitif et complet.

Nous allons donc mettre cet article à contribution, en

faire ressortir les chiffres et les conclusions, en les présentant dans l'ordre des matières, adopté dans le livre premier.

1°. — *Densité de la population.*

Nos recherches s'appliquaient à l'année 1875; les résultats de fin 1876, ne sauraient accuser de grandes différences.

La superficie est évaluée comme nous l'avions fait, à 318,334 kilomètres carrés, mais la population s'étant légèrement accrue (2,867,626 âmes y compris les Musulmans), la densité, pour l'Algérie entière, atteint 9 habitants par kilomètre carré, au lieu de 7,7.

En territoire civil, on compte 31,6 habitants par kilomètre carré, et, en territoire militaire, 5,6; nous comptions l'année précédente 28 en territoire civil, le chiffre restant le même en territoire de commandement. Il y a des différences assez sensibles dans le territoire civil de chaque province : la densité d'Alger passe de 46 à 59; celle d'Oran de 19,6 à 27; et celle de Constantine de 20 à 24.

L'article que nous analysons ne distingue pas la densité par nationalités, dans chaque territoire, ni la densité des populations agricoles européenne et indigène. Il faut donc nous en tenir aux résultats que nous avons donnés sur ces deux points.

2°. — *Population par nationalités et lieux de naissance.*

La distinction est faite, pour les Français seuls, entre ceux nés en Algérie, et ceux nés en France; quant aux autres nationalités, on les désigne sous les appellations générales suivantes :

Français	{	nés en Algérie	64.512	4.8
	(	nés en France	130.260 *	9.6
Etrangers naturalisés Français			4.020	0.3
Israélites naturalisés			33.506	2.5
Etrangers			158.387	11.7
Indigènes musulmans			962.146	71.1
			1.352.831 ·	100.0

* L'armée est comprise dans ce chiffre.

Ces chiffres ne s'appliquent qu'à la population du territoire civil et à la population sédentaire du territoire de commandement. La population nomade, qu'il n'a pas été possible de recenser aux points de vue très variés que comporte le dénombrement statistique de la population, serait donc de 1,514,795 habitants.

Territoires .... {	civil 1,316,517
	de commandement .... { population sédentaire.. 36,314
	population nomade 1,514,795

Population totale de l'Algérie 2,867,626

Ainsi, dans la population sédentaire, la proportion des Français, y compris les Israélites indigènes naturalisés, est de 17 p. 0/0 ; celles des Indigènes musulmans de 71 ; celle des Étrangers 12 p. 0/0. A un autre point de vue, la proportion des habitants nés en Algérie est de 78 ; celle de la population venue du dehors, de 22 p. 0/0. Ce sont bien entendu, les populations Indigènes : Musulmane et Israélite, qui contribuent à élever la proportion des habitants nés dans la colonie.

Dans la province d'Alger on compte proportionnellement plus de Français ; dans celle de Constantine plus de Musulmans; et plus d'Etrangers dans celle d'Oran. Dans cette dernière province, les Etrangers l'emportent même sur les Français.

En ce qui concerne les Étrangers proprement dits, les *Maltais* séjournent, de préférence, dans la province de Constantine ; les *Allemands* dans celle d'Oran ; les *Italiens* dans celle de Constantine ; les *Espagnols* dans celle d'Oran et, en second lieu, dans celle d'Alger ; les *Suisses* dans la province d'Alger ; les *Turcs* dans celle de Constantine. Les Étrangers les plus nombreux sont les Espagnols, puis viennent les Italiens, les Maltais, les Allemands, les Suisses.

Tous ces faits confirment ceux que nous avons exposés au chapitre II.

Quant à la population venue du dehors, sa proportion est : pour la province d'Oran de 26 p. 0/0 ; à Alger de 22 p. 0/0 ; à Constantine de 18 1/2. En France la part de l'élément extérieur est de 16, en Algérie de 22 p. 0/0.

La population sédentaire prête à d'autres considérations. Sur les 1,352,831 habitants dont elle se compose, 1,292,890 ont été recensés par bulletins individuels ; la population, *en bloc*, recensée à part, est de 8,890 ; l'effectif de l'armée est de 51,051 officiers et soldats. D'après ces données, on voit qu'en moyenne, par 100 individus, la population normale entre pour 95,6 ; la population comptée à part, pour 0,6, et l'armée pour 3,8. La proportion de l'armée de 3,1 en territoire civil, s'élève à 27 dans le territoire de commandement ; elle y est donc 9 fois plus élevée.

La population civile se divise elle-même, en population agglomérée et en population éparse. Pour l'Algérie entière, la première s'élève à 395,510, et la seconde à 897,380 habitants ; de telle sorte que les 70 centièmes de la population (au lieu de 38 p. 0/0 en France) résident dans des demeures isolées ; en territoire civil la proportion des populations éparses est de 70 p. 0/0, en territoire militaire de 24 seulement.

En France, on compte en moyenne 4,8 habitants domiciliés par maison et 3,6 par ménage. En Algérie, ces proportions sont respectivement de 6,7 et de 4,1.

3°. — *Population par État civil.*

Nous avons signalé (page 25) l'hérésie commise par l'administration qui, dans les états dressés en vue du dénombrement de 1876, avait confondu les Européens et les Indigènes, sans qu'il fût possible de détacher la part

proportionnelle de chaque nationalité. Le tableau récapitulatif ci-dessous fait toucher du doigt les conséquences de cette erreur :

	Sexe masculin	Sexe féminin	Les deux sexes	Hommes p. 100 Femmes
Enfants...................	282.016	201.426	483.442	140.0
Célibataires..............	147.438	51.699	199.137	285.0
Mariés... { monogames...	268.938	257.221	526.159	104.5
polygames	19.404	46.027	65.431	42.2
Divorcés non mariés......	2.765	3.167	5.932	87.3
Veufs...................	11.936	57.794	42.730	25.9
	735.497	617.337	1.352.831	119.1

En raison de la confusion qui a été faite entre tous les
éléments de la population, il est fort difficile d'essayer
quelques comparaisons avec nos tableaux où chaque élément a sa place. On peut cependant constater que les
célibataires sont très nombreux, et que le nombre des
veuves est plus considérable que celui des veufs (quatre
fois plus grand; en France il est deux fois plus grand
seulement). Toutefois la proportion de 285 célibataires
hommes pour 100 célibataires femmes, n'est si élevée,
que parce que l'armée, dont l'effectif est considérable,
est comprise dans les chiffres ci-dessus.

Il résulte également de ces chiffres, que les mariés
monogames sont, à peu près, en nombre équivalent dans
les deux sexes; qu'à chaque marié polygame correspond
en moyenne, un peu plus de deux femmes; que les femmes divorcées non remariées sont en plus grand nombre
que les hommes dans la même situation. Tous ces détails
relatifs aux mœurs arabes sont certainement curieux et
instructifs, mais ils n'auraient rien perdu en intérêt, ils
auraient même gagné en rigoureuse exactitude, si la
récapitulation par état civil, avait été dressée pour chacune des nationalités européennes séparément, et à
part, pour les Musulmans.

4°. — *Population par sexes.*

La population sédentaire de l'Algérie se répartit ainsi entre les deux sexes :

	Sexe masculin	Sexe féminin	Hommes p. 100 Femmes
Territoire civil......................	711.445	685.072	117.5
Territoire de commandement........	24.052	12.262	196.1
	735.497	617.334	119.1

Bien qu'il faille faire les mêmes réserves que ci-dessus, au sujet de la confusion des éléments nationaux et de l'armée, comptée à tort, dans cette récapitulation, nous remarquons, comme nous l'avons déjà vu, que le sexe masculin l'emporte sur le sexe féminin, phénomène inverse de celui régulièrement constaté en France et dans toute l'Europe. Ce rapport a été relevé par nationalités et lieux de naissances, comme il suit :

	Hommes p. 100 Femmes
Français... { nés en Algérie	104.3
{ nés en France.........................	204.9
Étrangers naturalisés Français......................	210.0
Israélites naturalisés...............................	105.4
Indigènes musulmans..............................	116.6
Étrangers..	124.1

L'armée ayant été, mal à propos, ajoutée à la population française, grossit d'une façon extraordinaire et inexacte, la proportion du sexe masculin chez les Français nés en France. Cette exagération rendra difficile toute comparaison avec les rapports que nous avons relevés, page 21.

Les Français comptaient pour 100 femmes : 119 hommes en 1866, et 114 en 1872; en 1876 nous voyons les Français-Algériens en compter 104,3; si l'on suppose que nos nationaux nés en France (armée déduite), sont répartis dans la même proportion, on pourra conclure, et ce résultat ressortait des chiffres antérieurement produits, que l'équilibre tend chaque jour à s'établir entre les deux sexes.

Chez les Étrangers la même cause d'erreur n'existe pas ; aussi sommes-nous en mesure de comparer avec les recensements antérieurs. Ils mentionnent en 1876 : 124 hommes pour 100 femmes, tandis qu'ils n'en comptaient que 112 en 1872 et 116 en 1866. Il semblerait donc que la tendance à s'égaliser qui s'était jusqu'ici manifestée, ferait place chez les Étrangers, à une tendance inverse. Nous expliquerions volontiers ce renversement par l'arrivée de nombreux Espagnols, les insurgés de Carthagène notamment, qui, pour la plupart, appartiennent au sexe masculin.

5°. — *Population par âges.*

L'article de M. Toussaint Loua ne donne pas de tableaux relatifs à cette répartition de la population européenne. Il se borne à la signaler dans les termes suivants qui démontrent bien l'étendue de l'erreur commise par l'administration qui, sur ce point comme sur tous les autres, a confondu les Musulmans avec les Européens. « Malgré les difficultés que devait entraîner une telle opération, l'administration n'a pas hésité à opérer le recensement *par âges* de la population Algérienne ; mais comme on devait s'y attendre, les tableaux dressés, à cet égard, présentent, au point de vue européen, les plus fortes anomalies. C'est ainsi, par exemple, qu'on y trouve des femmes mariées de moins de cinq ans et des hommes mariés de moins de sept (1). »

---

(1) Il s'agit sans doute de fiancés, car si précoces qu'on suppose les Arabes, encore faut-il bien croire qu'ils n'échappent pas absolument aux lois de la physiologie. Nous avons sous les yeux le recensement de la commune indigène de Philippeville, fait avec beaucoup de soins et de scrupules ; il contient pour le sexe masculin : trois mariés de 12 à 13 ans ; deux pour chaque période de 13 à 14 et de 16 à 17 ; quatre de 17 à 18 et trente et un de 18 à 19 ans ; pour le sexe féminin : une mariée de 9 à 10 ans ; une de 10 à 11 ; une de 12 à 13 ; trois de 13 à 14 et de 14 à 15 ans ; vingt-trois de 16 à 17 ans. Il y a là évidemment une

Ces particularités de la vie arabe sont bien intéressantes ; mais, pourquoi ne les avoir pas relevées à part. Combien nous serions plus satisfait de connaître le nombre d'enfants et d'adultes, par sexes, et par groupes d'âges, en chaque nationalité.

6°. — *Population par professions*

Puisque l'administration comprenait, pour la première fois, l'importance de cette enquète, il est bien regrettable qu'elle ne l'ait pas conduite avec un sens et une méthode plus scientifiques. Si, sur ce point, comme sur les autres, on n'avait pas groupé, pèle-mèle, les Européens et les Indigènes, les Français et les Etrangers, nous aurions eu des renseignements précieux sur la situation économique de la colonie, et un élément de première importance pour sa géographie médicale.

Aussi, tout en empruntant à M. Toussaint Loua le tableau récapitulatif, aurons – nous à faire quelques réserves sur les conclusions dont il le fait suivre, en raison précisément de cette confusion perpétuelle de tous les groupes nationaux.

Groupes professionnels	Habitants	Nombres proportionnels	
—	—	Algérie	France
Agriculture..................	935.408	74.2	53.0
Industries.....................	155.032	12.3	26.0
Commerce et transports..........	88.704	7.0	10.7
Professions libérales............	39.951	3.2	4.3
Personnes vivant exclusivement de leurs revenus..................	40.870	3.3	6.0
	1.259.965	100.0	100.0
Indigènes non classés...........	32.905		
Population nominative...........	1.292.870		

précocité inconnue, illégale mème chez nous, mais nous sommes encore loin des femmes mariées de moins de 5 ans, et des hommes mariés de moins de 7 ans.

« La comparaison des deux dernières colonnes montre combien la répartition professionnelle de l'Algérie diffère de celle de la France. En Algérie, la classe des agriculteurs forme, en effet, près des trois quarts de la population, tandis qu'en France elle n'en forme qu'un peu plus de la moitié. En Algérie, on compte proportionnellement deux fois moins d'industriels qu'en France; il y a également moins de commerçants et de personnes appartenant aux professions libérales ou vivant de leurs revenus.

» Si l'on opère cette division par province, les proportions sont à peu près semblables; toutefois l'élément agricole semble dominer à Constantine, l'élément industriel à Oran, l'élément libéral ou rentier à Alger.

» Ces rapports s'appliquent à la population entière; c'est-à-dire que chaque subdivision professionnelle comprend non-seulement ceux qui exercent les professions indiquées, mais encore leurs familles et leurs domestiques.

» Cette distinction a été faite, pour chaque groupe professionnel en ce qui concerne la population recensée au territoire civil, et l'on peut en tirer cette conséquence que la part de la population active est en Algérie de 34 0/0, tandis qu'elle est de 40 en France. En France, les salariés forment à peu près la moitié de la population active; en Algérie, cette proportion n'est que d'un tiers. Dans la population inactive, la part de la domesticité est, en France, de 11 0/0; elle n'est, en Algérie, que de 5 1/2, ou juste la moitié. Enfin, si l'on passe aux grands groupes professionnels, on constate que la population active domine dans l'industrie. Ce sont les professions libérales et, après elles, les professions commerciales qui comptent le plus d'employés, l'industrie le plus d'ouvriers et de journaliers, les personnes vivant exclusivement de leurs revenus, le plus de domestiques. »

Nous ferons, à notre tour, ressortir deux faits économiques bien connus que ces chiffres mettent en évidence : l'Algérie est essentiellement un pays agricole, l'industrie y est encore à l'état naissant. Quant au commerce, il paraît, à se fier aux résultats ci-dessus, être proportionnellement bien inférieur à celui de la

France. Il n'en est rien. En effet, le commerce est exclusivement aux mains des Européens, surtout des Français, et des Israélites indigènes, les Musulmans n'y contribuent que pour une part bien minime. Si bien que la proportion du groupe professionnel commercial étant calculée — et ce serait raison — par rapport à la population européenne, on constaterait un taux au moins aussi fort que celui de 10.7 relevé en France.

Cette importance du groupe commercial s'explique naturellement : l'Algérie étant un pays de production agricole, exporte en France et à l'Étranger ; en retour, elle emprunte, à la Métropole et aux pays voisins, leurs produits manufacturés, les matériaux qui font ici défaut. Ces deux mouvements d'entrée et de sortie, donnent lieu à des transactions importantes, continuelles, et qui, chaque jour, prennent un grand développement, occupent un nombreux personnel commercial, et ouvrent un débouché aux jeunes gens nés dans les villes (1). Car ce serait par la population urbaine qu'il serait juste et convenable de calculer l'importance du groupe commercial.

Les professions libérales prêtent à des considérations analogues. Ce sont les Français qui, exclusivement, les exercent, et si l'on calculait ce groupe par rapport à la population française, on trouverait un taux plus élevé que celui de France (2).

─────────────

(1) Depuis la conquête (1830 jusqu'en 1877), le mouvement commercial a atteint en valeur et en francs : *Importations :* 5,224,867,942 ; *Exportations :* 2,179,375,429, soit, au total, une somme qui dépasse sept milliards.

Pour donner une idée de la progression, il suffira de rappeler que, de 1830 à 1840, les *Importations* atteignaient seulement 150,600,000, les *Exportations* 20,000,800, tandis qu'elles ont atteint, de 1870 à 1877, à l'*Importation* : 1,373,621,771, à l'*Exportation*, 1,012,792,819. — La dernière période accuse donc, pour les deux mouvements, une plus-value environ quatorze fois plus considérable.

(2) Les professions libérales sont ainsi subdivisées dans le modèle qui a servi au recensement de 1876 : 1° gendarmerie et police ; 2° ministres des cultes ; 3° religieux et religieuses ; 4° fonctionnaires et employés de l'État et des communes (magistrats, ingénieurs, etc.); 5° instituteurs et professeurs; 6° avocats, notaires, avoués, huissiers ; 7° médecins, pharmaciens,

L'article de l'*Économiste français* réunit, en forme de conclusion, les éléments constitutifs de la population algérienne, et en résume ainsi les chiffres :

Population coloniale (y compris les Israélites indigènes) (1).............................	390.685	13.6
Indigènes musulmans domiciliés..........	962.146	33.6
Indigènes musulmans nomades...........	1.514.795	52.8
	2.867.626	100.0

Nous ne saurions trop nous féliciter de la circonstance fortuite qui nous a mis à même de consulter des documents inédits et de compléter ce qui est relatif à la population envisagée dans son état statique. La lecture de l'*Economiste* nous a d'ailleurs confirmé dans certaines appréciations que nous avons émises dans la première partie de l'ouvrage.

Ainsi, dans les pages d'Introduction, nous avons formulé cette opinion : celui qui veut entreprendre des recherches démographiques sur l'Algérie, doit nécessairement habiter ce pays ou, du moins, y avoir vécu d'une façon suivie et intime avec les populations, afin d'apprécier certaines particularités qui échapperaient au savant de passage, ou à celui qui travaillerait à distance, sur les matériaux d'origine officielle.

Peu de personnes possèdent, à l'égal de M. Toussaint Loua, avec une compétence indiscutable, l'habitude des investigations et des calculs statistiques. Eh bien !

---

sages-femmes, vétérinaires, etc.; '8' artistes, peintres, sculpteurs, acteurs, musiciens; 9° savants et hommes de lettres, publicistes.

Cette nomenclature montre suffisamment qu'il s'agit ici à peu près exclusivement de Français, puisque cette nationalité est exigée pour les fonctionnaires, et ceux-ci constituent la majeure partie des habitants dénombrés sous ce titre.

(1) Au lieu d'Israélites *indigènes*, on lit dans l'*Économiste* : Israélites *musulmans*. C'est évidemment un *lapsus*, car ces indigènes, israélites par la religion, ne peuvent appartenir à la religion musulmane.

malgré la supériorité que lui assurent son savoir, sa situation et sa longue pratique, il a laissé échapper, dans
le travail qui nous occupe, quelques inexactitudes,
légères, il est vrai, mais qui suffisent à dénoter qu'il n'a
jamais habité et, sans doute, pas même vu l'Algérie.
Nous n'insistons pas sur la qualification de musulmans
donnée aux Israélites, en place du mot indigènes; c'est,
nous l'avons dit, un simple *lapsus*, ou peut-être même,
une erreur de composition; toujours est-il qu'elle a
échappé aux corrections et qu'elle devait choquer immédiatement les yeux d'un Algérien.

Nous avons une autre inexactitude, d'importance
moins secondaire, à relever : à plusieurs reprises les
Anglais sont signalés comme fournissant une portion
considérable de la population algérienne.

La vérité est que les Anglais, fils d'Albion, comptent
ici à peine quelques centaines de représentants (1),
tandis que le troisième groupe, par rang d'importance
numérique, est celui des *Maltais*. Ceux-ci sont des
sujets anglais, originaires d'une possession britanni-
que, mais ni par les caractères ethnographiques, ni par
les mœurs, ils ne sont Anglais.

La cause de cette erreur provient de ce que les relevés administratifs enregistrent sous un chiffre unique,
les Anglais, les Ecossais, les Irlandais et les Maltais.

C'est là une faute grossière que n'aurait pas manqué
de relever quiconque a vécu en Algérie. Jamais un
Algérien ne dirait que les Anglais arrivent, par leur nombre, en troisième ligne parmi les Etrangers, ni que les
Anglais séjournent, de préférence, dans la province de
Constantine. Ce sont les Maltais qui affectionnent cette
province voisine de leur patrie, comme les Espagnols
affectionnent, également par sympathie, et facilités de
voisinage, la province d'Oran.

Ces faits sont insignifiants en apparence, mais présentés dans un recueil sérieux et très compétent dans

---

(1) Et encore ces Anglais ne doivent-ils pas tous figurer
dans les dénombrements, puisque ce sont des touristes, des
malades qui viennent goûter ici la douceur de nos hivers tempérés. Les Anglais domiciliés sont en fort petit nombre.

les questions de statistique, sous le couvert d'une signature autorisée, il peuvent donner naissance à des
appréciations très erronées sur l'Algérie. Ils justifient
d'ailleurs le reproche que nous avons adressé aux documents officiels, d'avoir été recueillis, combinés et
publiés par des employés d'administration et non par
des savants.

Un démographe, s'il avait été consulté lors du recensement de 1876, n'aurait jamais conseillé de recenser
la population de l'Algérie, dans les mêmes conditions
et avec les mêmes cadres que celle de la France.

La manière uniforme de procéder est sans doute chose
excellente, mais pourquoi s'ingénier à vouloir faire entrer dans un moule, suffisant peut-être pour la France,
une population composée d'éléments nombreux, variés,
hétérogènes, dont chacun vit et se développe d'une
façon personnelle?

Si, au lieu d'assimiler à la population française, la
population algérienne, on l'avait connue telle qu'elle est,
on aurait composé des modèles, des états d'une forme
spéciale, prescrit une façon particulière de procéder, et
nous n'aurions pas eu à relever des groupes de sexes,
d'âge et de professions, véritable amalgame de populations indigène et européenne.

Il serait oiseux de redire les inconséquences de cette
façon vicieuse de procéder, nous avons, assez longuement, insisté sur les inconvénients qui en découlent. S'il
ne s'agissait que d'une curiosité mal satisfaite, on pren-
drait aisément son parti de pareils errements; mais
c'est l'intérêt de la science qui est en jeu. Est-ce se
montrer trop exigeant, si l'on réclame pour elle, des
bases certaines pour étayer ses conclusions, quand elle
cherche à déterminer la force de résistance, et la faculté
d'acclimatement des diverses races européennes, de la
race française en particulier.

Nous avons aujourd'hui le gouvernement qui était
dans le cœur des Algériens bien avant d'être inscrit dans
la Constitution de la Mère-patrie. Un régime nouveau
vient d'être inauguré dans la colonie.

C'est assez pour espérer que, d'ici à l'époque du prochain recensement de 1881 , les hommes à qui viennent d'être confiées les destinées de l'Algérie, esprits accessibles aux idées d'innovation et de réforme , sauront imprimer à nos habitudes bureaucratiques , à la routine administrative, une impulsion nouvelle et féconde, qui s'inspire de la science , c'est-à-dire de la vérité et du progrès.

SECONDE PARTIE

MOUVEMENTS DE LA POPULATION

OU

ÉTAT DYNAMIQUE

CHAPITRE PREMIER

MARIAGES

Les mouvements de population sont les phénomènes qui se manifestent incessamment au sein de la société et se traduisent par des entrées (naissances) et par des sorties (décès). Un troisième ordre de phénomènes est constitué par le mariage; celui-ci n'a pas pour résultat, il est vrai, une entrée ou une sortie du milieu social, mais non-seulement il commande et règle l'intensité naturelle des phénomènes précédents, dont il est l'acte préparateur obligé, mais il leur donne encore leur valeur légale.

Aussi l'usage a-t-il prévalu d'étudier en premier lieu les mariages, bien que, dans la succession des mouvements, la naissance étant le début et la mort la fin de l'existence, le mariage vienne en rang intermédiaire:

Les naissances et les décès ont d'ailleurs entre eux des rapports si intimes, qu'il est plus profitable de les étudier rapprochés.

L'influence de l'association conjugale est puissante; la statistique démontre que le mariage diminue les chances de mortalité, d'aliénation mentale, de criminalité, la tendance au suicide, enfin qu'elle est favorable à la fécondité et, aussi, à la vitalité des nouveau-nés.

C'est le professeur Bertillon qui a mis en relief toutes ces influences, et il faut lire dans le dictionnaire *Encyclopédique des Sciences médicales*, article *Mariage*, les pages instructives, attachantes, que notre savant démographe consacre à cette démonstration.

L'étude des mariages en Algérie ne peut prétendre à confirmer, ou infirmer par ses chiffres, les conclusions du docteur Bertillon. Mais elle peut montrer quelle est dans la colonie la fréquence des mariages; leur fécondité; quel est l'âge respectif des époux au jour de l'accomplissement; l'état civil de ceux qui le contractent, et cela, pour chacune des nationalités, comparativement avec les faits analogues constatés dans leurs patries européennes.

Il est enfin une étude plus particulière à l'Algérie, car ici, plus que partout ailleurs, le phénomène est journalier, en raison des nombreuses nationalités dont est composée la population Algérienne, nous voulons parler des croisements et des alliances internationales.

Tous ces faits seront successivement présentés, leurs raisons et leurs conséquences déduites, dans les paragraphes suivants.

§ I

MATRIMONIALITÉ

La fréquence des mariages en Algérie ne s'apprécierait pas suffisamment par la simple énumération année par année, des alliances contractées depuis 1830.

Une telle récapitulation annuelle, peut être intéressante à consulter; il est d'ailleurs indispensable de la relever, pour calculer les faits relatifs aux mariages; mais sa valeur ne se dégage que si l'on compare le nombre des mariages avec le chiffre de la population au sein de laquelle ils ont été contractés. Ce rapport, M. Bertillon l'a appelé *matrimonialité* ou *nuptialité*, donne la proportion des mariages annuels, pour 1,000 ou 10,000 habitants. Nous préférons faire la comparaison avec 10,000, afin d'avoir des coefficients entiers qui, dégagés de valeurs fractionnaires, sont facilement saisissables et parlent mieux à l'esprit.

MATRIMONIALITÉ EN ALGÉRIE

Mariages pour 10.000 Habitants

Européens..

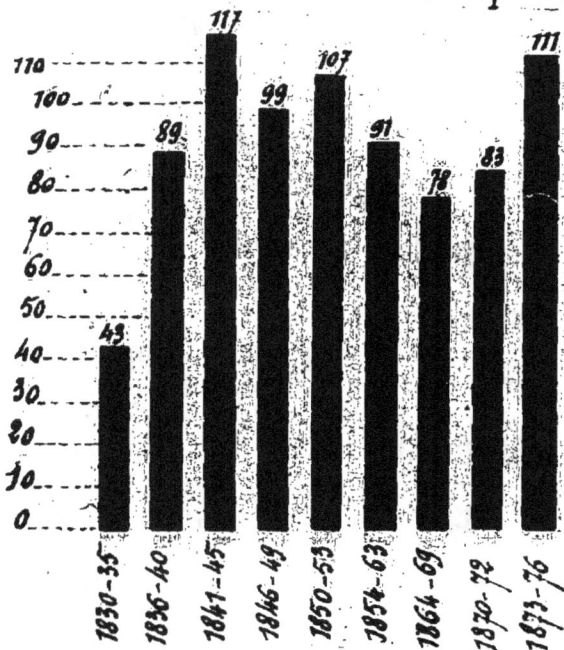

Français...

Etrangers...
(Européens, non compris les Français)

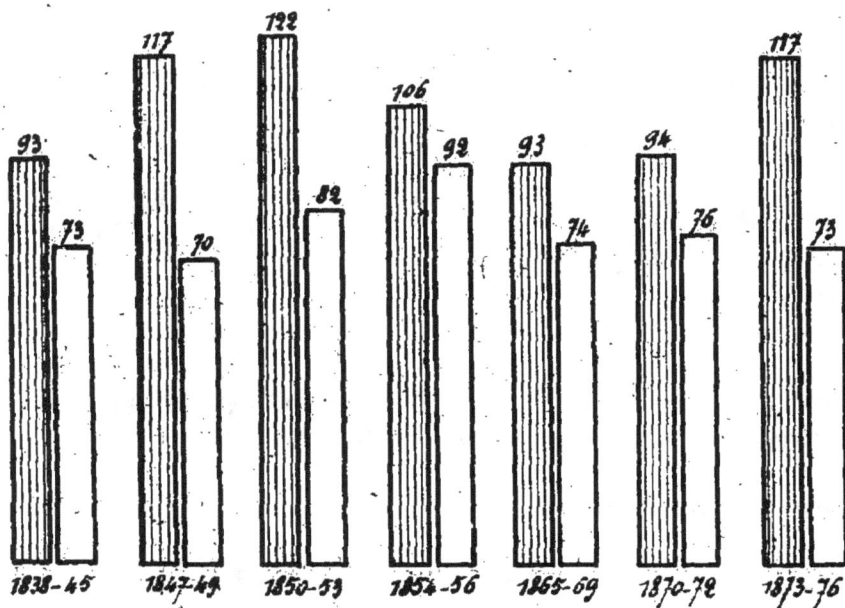

1° *Matrimonialité générale.* — En comparant le nombre des mariages annuels, à la population totale, le rapport obtenu exprime la matrimonialité dite *générale.*

Relevée annuellement, elle accuse des chiffres variables dont les différences seraient le plus souvent difficiles à expliquer d'une année à l'autre, tandis qu'en groupant un certain nombre d'années il est plus facile de découvrir la raison de ces différences.

Ainsi le tracé donne dans la partie supérieure, et pour neuf périodes, la nuptialité générale de la population Européenne; et à sa partie inférieure, pour sept périodes, celle des Français en particulier, et à côté, celle des Étrangers réunis.

Dans la première période 1830-35, la matrimonialité est faible; il n'en pouvait être autrement dans un pays qui se peuple, où les femmes sont rares. Mais bientôt la proportion s'accroît, d'un bond elle s'élève du double, et atteint rapidement son *summum.* Cette marche est parallèle à celle de l'accroissement du nombre des femmes établi page 17. En effet, de 1840 à 1846, années où la proportion des mariages a été la plus forte, nous avons vu le chiffre de la population féminine passer de 7,156 à 25,089.

La crise de 1847, puis le choléra de 1849 font baisser la matrimonialité; elle se relève aussitôt, s'infléchit ensuite pour se maintenir à un taux à peu près uniforme, qui est dépassé après la guerre de 1859, s'étant abaissé avec le choléra de 1854, plus tard avec celui de 1867. Ce dernier même influe d'une manière plus dépressive, en raison de la famine et du typhus consécutifs.

Les événements de 1870 et 1871 impressionnent la nuptialité, mais aussitôt le taux compensateur apparaît, et enfin dans la période la plus récente, le rapport s'élève à 111. Il n'atteint pas, il est vrai, 117 comme dans la période 1841-45, mais cette légère différence peut s'expliquer par les épidémies de variole (1871-72) et de scarlatine (1875-76).

Ainsi donc en Algérie, la fréquence des mariages est en quelque sorte réglée par les calamités publiques : guerres, épidémies, dont l'intensité peut se présumer par l'influence qu'elles ont eue sur le nombre des mariages.

Avant de comparer la matrimonialité algérienne

5

avec celle des différents pays de l'Europe, essayons de faire ressortir la propension des Français et celle des Etrangers, à contracter mariage.

Ce sont les Français dont la matrimonialité est toujours la plus riche, elle dépasse même celle des Européens. Peut-être pareil avantage existe-t-il chez une des populations étrangères, mais celles-ci n'étant pas distinguées dans les relevés officiels, cette recherche est impossible.

Quoi qu'il en soit, les Français seuls se marient plus que les Etrangers réunis; nous aurons plus loin, la confirmation de ce fait. En étudiant les croisements, nous constaterons que les Français, se mariant entre eux, fournissent la moitié des mariages contractés en Algérie, sans compter les très nombreux mariages qu'ils contractent par croisement avec des Etrangers, et ceux, assez rares, avec des indigènes Musulmans ou Israélites.

Si l'on compare maintenant la matrimonialité générale Algérienne avec celle de l'Europe, on constate le résultat suivant : tandis qu'en Europe de 1855 à 1865 (sauf l'Irlande qui n'a que 51 mariages par 10,000 habitants et la Hongrie 104) le nombre des mariages oscille entre 70 et 93, en Algérie, il s'élève à 91; et cette période est la moins favorable à la colonie, car la moyenne depuis 1836 donne 97 mariages, et nous avons même, plus haut, enregistré les coefficient s 111 et116.

Ainsi donc en Algérie on se marie plus qu'en Europe.

En distinguant les nationalités, le Français dont la nuptialité moyenne est de 80 en France, atteint en Algérie la moyenne 106, et à certaines périodes 117 et même 122.

La comparaison est plus difficile à établir pour l'ensemble des nationalités étrangères, car à côté des Espagnols, des Italiens, des Allemands, des Suisses, etc., les Maltais qui comptent pour si peu en Europe, interviennent ici pour une forte part.

En additionnant la matrimonialité relevée en Italie, en Espagne, en Suisse et en Prusse, on trouve 78 pour moyenne; en Algérie la matrimonialité moyenne (1850-1876, c'est-à-dire y compris les mauvaises périodes) est de 77 seulement; elle atteint parfois, il est vrai, 82 et 92.

Mais l'avantage est aux Étrangers Algériens en comprenant les Maltais, car ils se marient fréquemment en Algérie, et à Malte leur matrimonialité est de 67 d'après M. C. Ely (1).

En effet, la matrimonialité en Europe de l'Espagne, de l'Italie, de la Prusse, de la Suisse et celle de Malte ne donnent plus que 76, et la matrimonialité algérienne de ces peuples varie entre 77 et 92.

Le Français est donc le seul peuple dont la matrimonialité générale grandisse considérablement, en venant se fixer en Algérie. Les autres nationalités Européennes sont loin de jouir d'un pareil privilége, et leur tendance au mariage se trouve à peine modifiée sur le sol Algérien.

2º *Matrimonialité spéciale.* — Lorsqu'on veut rechercher la probabilité d'un phénomène, les chances qu'il a de se produire en un temps donné, il est important d'élaguer toutes les valeurs qui n'interviennent pas dans sa production, et dont la présence suffirait à vicier l'exactitude du résultat. Ainsi, quand nous avons calculé la nuptialité par rapport à la population totale, l'aptitude au mariage ainsi obtenue n'était pas rigoureuse, puisque dans cette population totale prise pour terme de comparaison, il se trouve les impubères impropres encore au mariage, les vieillards au dessus de 60 ans devenus inaptes à le contracter ; il se trouve enfin les gens déjà mariés qui, sauf les veufs, ne peuvent plus concourir à la chance de le contracter à nouveau.

Ces trois catégories de non mariables devraient être éliminées, pour obtenir la matrimonialité réelle : celle des mariables. Or la population mariable est loin d'être identique dans sa composition, elle varie suivant les pays ; telle nation a beaucoup d'enfants, telle autre un grand nombre de vieillards, telle autre enfin, a beaucoup de gens mariés. En Algérie par exemple, nous avons beaucoup d'enfants et beaucoup de célibataires et peu d'hommes mariés. De ces inégalités il résulte que la prétendue mesure de l'aptitude au mariage, donnée par le rapport des célébrations annuelles à la population générale, est fallacieuse.

_____

(1) *Dictionnaire encycl. des Sciences médicales (Art.* MALTE). page 362.

Pour calculer l'aptitude vraie de la population algérienne au mariage, il faudrait dégager la population mariable. Si ce travail est le plus souvent impossible en Europe, sur les documents officiels, on peut prévoir ce qu'il en est en Algérie, où les relevés de la population n'ont certes jamais été faits en prévision de faciliter les recherches démographiques.

De tous les recensements, celui de 1866 est le seul qui ait réparti la population Européenne par âges ; en 1876, la répartition par groupes d'âges a été faite, il est vrai, mais tous les éléments de populations, indigène et immigrée, ayant été confondus, il est impossible de tirer parti de ces documents les plus récents. Sans avoir l'embarras du choix, il nous faudra donc limiter les investigations sur la matrimonialité spéciale, à l'année 1866. Malheureusement cette année est de date déjà ancienne, et, par surcroît de male chance, la matrimonialité générale de 1866 atteint 74 seulement ; c'est une des plus faibles, car sauf les six premières années, jamais elle n'est si bas descendue.

Pour obvier à cet inconvénient et comme la répartition par groupes d'âges relevée en 1866 n'est pas particulière à cette année là, mais donne plutôt, pour une certaine période, l'état exact de la population, nous avons cru pouvoir, au lieu du coefficient 74, certainement trop faible et tout à fait exceptionnel, adopter celui de 86, qui est une moyenne nullement exagérée, si l'on compte que souvent la nuptialité, antérieurement et depuis lors, a dépassé 100, pour atteindre même 112, 126 et 137.

Il a été possible, grâce aux données du dénombrement de 1866, et à ce léger correctif, de dresser le tableau ci-après dont l'objet est de faire connaître l'aptitude au mariage, ou *matrimonialité, spéciale et véritable* des Algériens, comparée avec celle de la France et des principaux pays de l'Europe. Il n'a pas dépendu de nous d'être tout à fait complet, en comparant la matrimonialité de chacune des nationalités algériennes avec celles de leurs métropoles. Il nous a manqué pour tenter cette recherche, la population par âges de chaque nationalité.

PAYS	PÉRIODES	de tout âge	âgés de plus de 15 ans	âgés de 15 à 60 ans	mariables	
					Célibataires et Veufs âgés de plus de 15 ans	Célibataires et Veufs âgés de 15 à 60 ans
Algérie.....	1866	86	125	131	270	303
France	1856-65	80	110	129	485	572
Angleterre..	1857-66	84.6	130	147.6	569	641
Prusse	1859-61	81.1	127.5	141.3	533	»
Espagne....	1858-61	77.6	118	130.4	542	»
Italie	1863-66	76.3	115.8	»	501	»

On lit dans ce tableau, que la matrimonialité générale est plus forte en Algérie qu'en Europe, et que le nombre des enfants est ici plus considérable, puisqu'en les retranchant, les 86 mariages s'élèvent à 125 avec un bénéfice de 39, tandis qu'en France l'augmentation est seulement de 30. L'Algérie se rapprocherait, sur ce point, de l'Angleterre et de la Prusse. Elle s'en rapprocherait également par le nombre des vieillards : nous en avons ici moins qu'en France, car eux séparés, le coefficient augmente de 6 seulement, et en France il croît de 19.

Les deux dernières colonnes indiquent que, comparée aux pays de l'Europe, l'Algérie compte un nombre plus considérable de célibataires et de veufs et un nombre moindre de gens vivant en mariage.

Aussi, quelque ardeur que les Algériens mettent à se marier, comme la population effectivement mariable, est presque du double plus élevée, le taux de la nuptialité véritable s'abaisse, auprès de celui de l'Europe, contrairement à la nuptialité générale qui est sensiblement plus forte.

Les différences selon les sexes, seraient également intéressantes, mais il est impossible de les rechercher puisque le recensement de 1866 n'a pas donné simultanément la distinction par âges et par sexes.

Ces *desiderata* et d'autres qui seront au fur et mesure signalés, ne pourront être satisfaits que le jour où l'administration Algérienne aura compris la nécessité de centraliser et de faire dépouiller dans un bureau spécial de statistique démographique, les bulletins de mariages, naissances et décès, tels que les a recommandés le Congrès international de démographie, tenu au Palais du Trocadéro, au mois de juillet 1878.

Nos savants et ceux de l'Etranger que leurs gouvernements avaient officiellement accrédités, ont dressé des modèles pour l'enregistrement des mouvements de population. Nous avons été assez heureux pour leur faire agréer et adopter plusieurs formules de renseignements particuliers à l'Algérie, principalement dans le bulletin de mariages (1).

§ II

AGE MOYEN DES ÉPOUX AU JOUR DU MARIAGE

Après avoir fait pour chaque sexe, la somme des âges où les mariages se contractent, si l'on divise la somme obtenue par le nombre des mariages célébrés, le quotient donne *l'âge moyen*. Afin d'avoir une approximation aussi juste que possible, nous avons compulsé, *un à un,* les actes de l'état civil, et pris l'âge exact de chacun des époux (2).

Cette recherche a été poursuivie dans une seule ville, car l'administration ne fournit aucun renseignement de cette nature, et il faut, si l'on veut se flatter d'exactitude, que ce travail soit fait *personnellement* et sur un terrain connu. En effet, avec nos populations si hétéro-

---

(1) Voir le compte-rendu sténographique et officiel des séances du Congrès international de Démographie (*séances des 9 et 10 Juillet*).

(2) L'usage des publications officielles, non pas en Algérie où rien d'analogue n'a été fait, mais en France et dans certains pays d'Europe, l'usage est de donner l'âge des époux par périodes quinquennales, souvent même plus succinctement. Il en résulte de graves inconvénients, que, par une recherche personnelle et en relevant l'âge exact, nous nous sommes efforcé d'éviter dans les calculs relatifs à l'âge moyen.

gènes et mêlées, il est souvent difficile de reconnaître
l'origine paternelle, par suite des similitudes de noms
entre Espagnols et Catalans Français, entre Italiens et
Corses, par suite surtout, des naturalisations : tel époux
ou épouse est inscrit Français dont le père était Italien
ou Espagnol. Devant l'état civil ce sont des Français; le
démographe doit, lui, considérer la race originelle. Il
faut, pour éviter des enregistrements erronés, connaître
pour ainsi dire personnellement, les familles des époux,
ne s'en fier qu'à soi-même. A supposer d'ailleurs au
plus scrupuleux des chercheurs, assez de loisir pour
compulser les actes de mariages de tous les états civils
de toutes les communes , il ne pourrait se flatter de recueillir des résultats irréprochables. Si donc nos chif-
res se rapportent à la seule ville de Philippeville, leur
exactitude est minutieuse, et comme ils embrassent une
période d'un quart de siècle, leur valeur s'accroît d'autant. Philippeville d'ailleurs présente cette particularité
d'être de toutes les villes algériennes, celle qui, par la
composition de sa population , l'accroissement des divers éléments, reproduit à peu près , et le mieux, la
composition de la population algérienne.

En effet, nous avons vu les Français fournir la moitié
de la population Européenne totale; à Philippeville , il
se trouve précisément que les Français sont à eux seuls,
aussi nombreux que la somme des autres nationalités
Européennes.

Les Etrangers ont tous des nationaux à Philippeville :
les Espagnols comptent 1,109 habitants ; les Italiens
2,924 ; les Maltais 2,090 ; les Allemands 157. Ce ne sont
pas rigoureusement les proportions qu'affectent les populations de l'Algérie entière, les Espagnols par exemple, n'occupent que le troisième rang au lieu du premier, mais il est permis, dans une certaine mesure, de
considérer la population de Philippeville, comme la re-
production , la réduction de la population Algérienne.

Grâce à cette particularité, les résultats que nous
allons exposer, bien que recueillis dans une seule localité, ont une valeur très approchée de celle qu'ils auraient, s'ils s'appliquaient à toute l'Algérie.

Ils ont, en plus, nous pouvons l'affirmer, et nous venons de dire pourquoi, une rigueur dont on ne saurait
répondre au même degré s'ils intéressaient toutes les
localités.

Ces explications fournies, nous allons donner *l'âge moyen* des époux au jour du mariage, en chaque nationalité, et, en distinguant parmi les nationaux, ceux nés en Algérie, et ceux originaires d'Europe. Cette distinction est loin d'être inutile.

Afin de mieux apprécier les oscillations, nous avons partagé l'ensemble des 25 années (1854 à 1878 inclus) en deux périodes : l'une de 1854 à 1873, l'autre de 1874 à 1878 ; ces subdivisions sont les mêmes pour toutes les nationalités, mais les Français nous touchant plus particulièrement, nous avons donné pour eux, trois périodes.

AGE MOYEN AU JOUR DU MARIAGE

Veufs et Veuves se remariant, non compris

NATIONALITÉS	PÉRIODES	AGE DES HOMMES nés en		AGE DES FEMMES nées en	
		Algérie	Europe	Algérie	Europe
Français......	1854-1863	27	34	19	24
	1864-1873	32	32	20	24
	1874-1878	26	32	20	29
Espagnols	1854-1873	24	30	19	23
	1874-1878	26	32	20	31
Italiens	1854-1873	24	30	19	22
	1874-1878	26	30	19	22
Maltais.......	1854-1873	23	30	18	21
	1874-1878	23	31	18	21
Allemands....	1854-1873	»	33	19	25
	1874-1878	»	31	19	36
Européens sans distinction de nationalités	1854-1873	24	25	18	24
	1874-1878	25	31	19	28

En comparant, entre elles, les diverses nationalités habitant l'Algérie, on voit que, sans exception, les enfants nés dans la colonie sont les plus précoces. Les femmes naturellement se marient plus jeunes, mais la précocité, comparée à celle des originaires d'Europe, est aussi régulière pour les hommes que pour les femmes.

Nous allons maintenant étudier, à part, chacune des nationalités et comparer les chiffres qu'elles accusent, avec ceux constatés dans leur mère-patrie européenne.

Français. — Tandis que, d'après les chiffres de M. Bertillon, les hommes se marient en France à 30 ans, et plus tard encore (31,75), dans le département de la Seine, ceux nés en Algérie se marient à 26 et 27 ans, sauf pendant la période 1866-1873, où l'âge moyen s'est élevé, exceptionnellement, à 32 ans. Cette élévation, comment ne pas l'attribuer aux retards apportés aux mariages par les événements calamiteux (guerre, insurrection, famine, choléra), déjà signalés à plusieurs reprises.

Par une compensation naturelle, l'âge moyen est descendu à 26 ans, dans la période la plus contemporaine.

Quant aux hommes nés en France, contractant ici mariage, ils le font à un âge plus tardif, non-seulement que les Algériens, mais encore que les Français restés dans la Mère-patrie : ils se marient à 32 et même 34 ans, au lieu de 30.

Ces différences s'expliquent aisément. Les hommes venant de France n'ont pas à leur arrivée, une position toute faite, comme les enfants du pays qui sont ici chez eux, et tiennent de leurs parents une situation acquise.

Les femmes algériennes se marient entre 19 et 20 ans au lieu de 25,8 en France et de 27,3 dans le département de la Seine; elles ont donc une précocité analogue à celle des hommes. Mais cette précocité disparaît chez les Françaises nées en France; elles se marient ici à 24 ans, à peu près l'âge de leur pays, et même, dans la période récente, elles ne se marient qu'à 29 ans. Cette élévation si subite et si sensible est due à ce que bon nombre de ces mariages sont des *régularisations* et pourraient être assimilés à des unions entre veufs. Les femmes qui se marient ainsi sur le tard, contractent des unions presque exclusivement avec des hommes nés en France et, très exceptionnellement, avec des Algériens.

Espagnols. — Les tableaux du professeur Bertillon ne donnant pas les âges moyens pour l'Espagne, nous ne pouvons faire ressortir si, en Algérie, les Espagnols se comportent autrement que dans leur patrie.

Comparés aux Français, les Espagnols hommes, soit nés en Europe, soit nés en Algérie, sont plus précoces ; les femmes nées en Algérie se marient aux mêmes âges que les Françaises similaires, tandis que celles venues d'Espagne tendent à se marier plus tardivement que les Françaises venues de France.

Cela tient sans doute à ce que beaucoup de ces Espagnoles sont des femmes ayant vécu dans la prostitution et qui, retirées, sont épousées à un âge assez avancé.

Italiens. — Parmi les originaires d'Europe, les hommes se marient à 30 ans ici comme dans leur patrie, mais les femmes, à l'opposé des autres nationalités, se marient plus jeunes que chez elles : 22 au lieu de 25 ans. Parmi les Algériens, les hommes se marient comme les Espagnols, un peu plus tôt que les Français ; les femmes se maintiennent à 19 ans, tandis que Françaises et Espagnoles préfèrent l'âge de 20 ans.

Maltais. — La comparaison n'est pas facile avec l'île de Malte, sur laquelle nous possédons peu de renseignements. M. C. Ely *(Dict. encycl. des sc. méd.)* signale la rareté des mariages, la facilité des mœurs dans l'île, et aussi, l'absence de documents relatifs aux catégories d'âges.

Envisagé en Algérie seulement, le Maltais, homme ou femme, né en Algérie ou originaire de Malte, se marie beaucoup plus jeune que les autres peuples. Les Maltaises algériennes se marient à 18 ans, plus tôt même que les Italiennes.

Allemands. — Il est également impossible de faire

des comparaisons avec les Allemands d'Europe, puisque les tableaux de M. Bertillon sont muets à leur égard.

On ne compte pas un seul Allemand né en Algérie ayant contracté mariage. C'est un premier témoignage, qui sera souvent corroboré par la suite, de la difficulté d'acclimater cette race en Algérie, puisque, même nés dans la colonie, les Allemands n'atteignent pas l'âge nubile (1). Les femmes nées en Algérie ont échappé en partie à cette loi qui frappe les hommes, et ces rares privilégiées se marient à 19 ans.

Quant aux Allemandes nées en Europe, elles se marient plus tard que les femmes des autres nationalités, plus tard même que les Espagnoles. C'est que les Allemandes partagent avec ces dernières, et leur supériorité est peut-être marquée, le privilége d'alimenter la prostitution. Et la preuve qu'il faut voir dans ce fait, l'explication des mariages tardifs des femmes, c'est que les Maltaises (elles fournissent très peu au contingent des filles publiques) se marient à 21 ans, les Italiennes, qui alimentent un peu plus, mais moins que les autres nationalités, se marient à 23 ans, tandis que les Espagnoles et les Allemandes, dont beaucoup sont retirées de la prostitution, se marient à 31 et 36 ans.

En résumé, parmi les enfants d'Algérie, les Français se marient le plus tardivement, les Maltais le plus tôt, les Espagnols et les Italiens à un âge intermédiaire; — les Maltaises sont un peu plus précoces que les Italiennes, les Espagnoles, les Allemandes et les Françaises, qui se marient, à peu près, au même âge.

C'est là une confirmation de la précocité si généralement attribuée aux pays chauds, car les Allemandes, elles-mêmes, en profitent.

Parmi les immigrants européens : les Français se marient le plus tard (les Allemands les suivent de près); quant aux femmes, les Allemandes sont les plus âgées et les Maltaises les plus jeunes au jour de leur mariage.

---

(1) Il s'agit, il faut le rappeler, d'Allemands nés à Philippeville, et il pourrait n'être pas prudent de généraliser, car, peut-être, est-il d'autres localités, où les Allemands réussissent à atteindre l'âge nubile.

§ III

MARIAGES PAR CLASSES D'AGES

L'âge moyen au jour de l'union conjugale tel qu'il vient d'être calculé, se présente avec les défauts de toutes les moyennes : c'est d'embrasser trop de choses à la fois et de ne traduire que par de faibles oscillations, des différences très marquées. Ces imperfections sont surtout manifestes en Algérie, où l'on se marie assez jeune, plus jeune même que ne l'indiquent et ne le feraient croire les moyennes du précédent paragraphe.

Il suffit en effet du mariage de quelques célibataires, homme ou femme, d'un âge assez avancé (et ce fait se rencontre avec une certaine fréquence), pour élever la moyenne, alors que le plus souvent, ces unions existaient de fait, illégales sans doute, mais leur intervention dans le chiffre de la moyenne, en altère singulièrement la vérité. Pour échapper à cette cause d'erreur et d'exagération, il nous a paru nécessaire de grouper les fiancés par classes d'âges, en donnant séparément l'âge de chaque sexe, en tenant compte également, de la nationalité et du lieu de naissance.

Le tableau ci-contre répond à toutes ces indications :

L'âge moyen au jour du mariage, nous l'avons vu dans le précédent chapitre, oscille suivant le lieu de naissance, entre 24 et 31 ans pour les hommes. Nous allons maintenant enregistrer de nombreux mariages au-dessous de 20 ans, qui deviennent presque la règle pour les femmes. Mais il convient d'étudier chaque nationalité en particulier et aussi d'en comparer les mariages avec ceux contractés dans la patrie européenne.

		Au-dessous de 20 ans	De 21 à 30	De 31 à 40	De 41 à 50	De 51 à 60	Au-dessus de 60
FRANCE 1874-1875	hommes	2.26	60.21	26.78	6.53	2.94	1.28
	femmes	19.92	59.54	14.72	4.02	1.80	
ALGÉRIE 1874-1878 hommes nés en	Algérie	14	66	20	0	0	0
	France	0	54	35.5	6.5	2.5	0.5
femmes nées en	Algérie	63	34	3	0	0	0
	France	12	51.8	29	4.8	1.2	1.2

MARIAGES PAR CLASSES D'AGES

Sur 100 fiancés de chaque sexe et de chaque nationalité (veufs et veuves non compris) ayant contracté mariage de 1874 à 1878, combien ont :

NATIONALITÉS	LIEUX DE NAISSANCE	moins de 20 ans		de 21 à 30 ans		de 31 à 40 ans		de 41 à 50 ans		de 51 à 60 ans		Au-dessus de 60 ans	
		hommes	femmes	hommes	femmes	hommes	femmes	hommes	femmes	hommes	femmes	hommes	femmes
Français	Algérie	14.	63	66	34	20	3	0	0	0	0	0	0
	Europe.....	0	12	54	51.8	35.5	29	6.5	4.8	2.5	1.2	0.5	1.2
Espagnols....	Algérie	0	52.6	80	47.4	20	0	0	0	0	0	0	0
	Europe.....	48	23.5	30.5	58.5	21.5	12	0	6	0	0	0	0
Ialiens	Algérie	0	71.43	100	28.57	0	0	0	0	0	0	0	0
	Europe.....	0	50.8	62.5	39.8	33.33	7.90	2.77	1.56	1.4	0	0	0
Maltais......	Algérie	12.5	82	87.5	18	0	0	0	0	0	0	0	0
	Europe.....	2.9	54.5	65.7	36.4	20	9.1	8.5	0	2.9	0	0	0
Allemands...	Algérie	0	100	0	0	0	0	0	0	0	0	0	0
	Europe.....	0	0	37.5	0	62.5	100	0	0	0	0	0	0

Français. — Les hommes qui se marient au-dessous de 20 ans, sont tous nés en Algérie, nous en avons ici 14 pour cent mariages contractés, et en France, 2,26 seulement ; quant aux femmes nées en Algérie, c'est leur âge de prédilection : 63 pour cent ; en France il en est à peine 20. La période de 21 à 30 ans est encore à l'avantage de l'Algérie ; de 31 à 40 ans l'Algérie fournit bien un plus grand nombre de mariages, mais c'est aux hommes et femmes originaires d'Europe qu'est due l'augmentation, car les Algériens hommes donnent 20 pour cent (un peu moins qu'en France) et les femmes à peine 3, au lieu de 15 pour cent dans la mère-patrie.

Au-dessus de 41 ans, les enfants d'Algérie ne figurent plus, par la raison que Philippeville compte à peine 40 ans d'existence. A ce moment, hommes et femmes, nés en France se comportent exactement comme ils le feraient chez eux.

Espagnols. — A défaut de documents permettant de comparer les mariages Espagnols en Algérie avec ceux de leur métropole, nous allons voir comment leurs unions se répartissent ici.

Au-dessous de 20 ans, les hommes se marient beaucoup plus que les Français : 48 pour cent au lieu de 14, mais tous sont originaires d'Europe ; les femmes se comportent à peu près comme les Françaises, mais l'avantage est à ces dernières nées en Algérie.

De 21 à 30 ans, hommes et femmes de toute origine, accusent une proportion supérieure à celle des Français, sauf les Espagnols européens qui ont une prédilection pour la période antérieure ; de 31 à 40, la différence est moins sensible. Enfin de 41 à 50 les Espagnoles venues d'Europe surpassent toutes les autres nationalités.

N'est-ce pas la confirmation de ce que nous avons signalé au sujet des nombreuses prostituées Espagnoles, qui s'attachent à des unions tardives.

Italiens. — Voici le rapprochement :

		Au-dessous de 20 ans	De 21 à 30	De 31 à 40	De 41 à 50	De 51 à 60	Au-dessus de 60
ITALIE 1872-1875	hommes.	1	62.63	25.89	6.71	2.59	1.18
	femmes.	16.86	66.10	12.54	3.28	0.96	0.26
ALGÉRIE 1874-1878	hommes nés en — Algérie	0	100	0	0	0	0
	hommes nés en — Italie	0	62.5	33.33	2.77	1.4	0
	femmes nées en — Algérie	71.43	38.57	0	0	0	0
	femmes nées en — Italie	50.8	39.8	7.90	1.50	0	0

Dans la Péninsule, les hommes se marient fort peu au-dessous de 20 ans, en Algérie, pas du tout ; mais chez les femmes, la différence est remarquable : en Italie il s'en marie à peine 17 pour cent, ici on en compte près de 72 Algériennes et près de 51 nées en Europe. Par une compensation inévitable, de 21 à 30 ans se célèbrent tous les mariages d'hommes nés en Algérie et plus de la moitié de ceux contractés par les originaires d'Europe, mais les femmes, presque toutes établies antérieurement, contribuent dans cette période pour une proportion inférieure à celle de la mère-patrie.

De 31 à 40 ans, les hommes nés en Italie, se marient ici plus que chez eux, les femmes moitié moins. Dans les âges au-dessus, les mariages en Algérie ayant été précoces, deviennent moins nombreux que dans la Péninsule.

Maltais. — Les documents analogues pour les îles maltaises n'existent pas. C'est le peuple qui contracte le plus volontiers mariage avant 20 ans. Il est une remarque curieuse à signaler : de 41 à 60 ans, tandis que les femmes ne se marient plus, les hommes eux, fournissent une proportion supérieure à celle des autres nationalités en Algérie, supérieure même à la moyenne constatée en Europe. Il est fréquent, en effet, de voir de vieux célibataires Maltais épouser de très jeunes Maltaises.

Allemands. — Les rares femmes qui atteignent l'âge nubile sont toutes mariées à 20 ans, quand elles sont

nées en Algérie; celles originaires d'Europe se marient
au contraire très tard, vers les 40 ans.

Il ne conviendrait pas d'accorder une trop grande
valeur à ces chiffres, la population allemande qui habite
Philippeville étant peu nombreuse.

§ IV

MARIAGES PAR ETAT-CIVIL

Envisagés quant à l'état-civil des fiancés, les mariages se présentent sous quatre faces : les deux fiancées
sont au moment de leur union, célibataires tous deux,
tous deux veufs, enfin l'un célibataire et l'autre veuf
ou veuve. Ci-dessous on peut voir la proportion de chaque sorte d'union pour 1,000 mariages dont les deux
conjoints appartiennent l'un et l'autre, à la même
nationalité. Nous nous réservons d'étudier longuement
au prochain paragraphe, les unions par croisements.

NATIONALITÉS	Sur 1,000 Mariages de chaque Nationalité combien entre			
	célibataires	veufs et veuves	garçons et veuves	veufs et filles
Français...............	772	71	116	41
Espagnols.............	826	64	64	46
Italiens...............	884	18	65	33
Maltais...............	775	69	123	33
Allemands.............	785	54	72	89

On remarquera d'abord combien sont fréquentes les
unions dont un des fiancés contracte pour la seconde
fois mariage. Non seulement les veufs et les veuves se
remarient souvent entre eux, mais les veuves attirent,
plus fréquemment encore, les garçons; et de leur côté,
les filles ne répugnent pas à épouser un veuf.

Ce phénomène s'explique naturellement par la rareté des femmes.

En Europe, où les femmes sont plus nombreuses que les hommes, la Hongrie est seule à compter 139 unions entre veufs, et 140 entre veufs et filles, c'est-à-dire, en proportion plus élevée qu'aucune nationalité en Algérie : « Ce fait, dit M. Bertillon, qui pourrait faire admettre d'abord dans la Hongrie le goût exceptionnel des veufs pour les veuves, peut trouver aussi une autre explication au moins adjuvante : c'est la forte mortalité constatée dans la Hongrie, décimant les adultes de 24 à 40 ans, ce qui amène, sans doute, un grand nombre de veufs et de veuves encore jeunes et, dès lors, des secondes noces. Au contraire, la faible mortalité des adultes en Suède et en Suisse (1) rend compte aussi du petit nombre de seconds mariages. »

C'est par une cause analogue à celle constatée en Hongrie, qu'on peut expliquer la fréquence des mariages en secondes noces contractés ici, surtout par les femmes.

La mortalité adulte est plus élevée chez l'homme, et nous avons déjà vu combien la population algérienne comptait de veuves. Cette abondance des veuves s'aggravant de l'insuffisance des femmes explique, mieux qu'un goût exceptionnel, la fréquence des mariages en secondes noces.

Afin de pouvoir juger comment chaque nationalité se comporte en Algérie et dans sa patrie, nous avons dressé le tableau suivant :

---

(1) Pour 1,000 mariages, la Suède n'en compte que 22 entre veufs et la Suisse 24.

NATIONALITÉS		Sur 1,000 Mariages de chaque Nationalité combien entre			
		célibataires	veufs et filles	garçons et veuves	veufs et veuves
Français ...	en Algérie .	772	71	116	41
	en France..	841	89	36	34
Espagnols..	en Algérie..	826	64	64	46
	en Espagne.	780	116	48	56
Italiens.....	en Algérie..	884	18	65	33
	en Italie	799	111	44	46
Allemands..	en Algérie..	785	54	72	89
	en Bavière .	777	141	64	18

Français. — En Europe les garçons épousent assez rarement des veuves; en Algérie, ces unions qu'ils affectionnent viennent en seconde ligne. Les autres groupements offrent de moindres écarts, mais, par une compensation nécessaire, les unions entre célibataires sont un peu moins fréquentes en Algérie.

Espagnols. — Chez eux le phénomène est inverse: les célibataires s'unissent en Algérie, plus qu'ils ne font dans leur pays. Les veuves seules sont ici plus recherchées des garçons qu'en Europe, bien moins cependant que les veuves françaises, maltaises et allemandes.

Italiens. — Ils comptent également ici beaucoup plus que chez eux, d'unions entre célibataires, et contrairement à celles de la métropole, leurs filles ont peu de penchant à épouser des veufs; les garçons au contraire recherchent les veuves davantage.

Maltais. — Il n'existe pas de termes européens de

comparaison pour les Maltais, contentons-nous de
faire ressortir qu'ils se rapprochent beaucoup des Français : leurs veuves, plus encore que les nôtres, sont
épousées par des garçons ?

Allemands. — Ils sont, pour la plupart, originaires de
la Bavière ou du duché de Bade. Pour faire la comparaison, nous avons choisi les chiffres de M. Bertillon,
sur la Bavière, et nous constatons aussitôt deux phénomènes renversés : en Bavière, les filles consentent à
épouser très-facilement des veufs, ici, c'est le contraire ;
et tandis que la Bavière est, de tous les pays d'Europe,
celui qui fournit le moins de mariages entre veufs et
veuves (18), les Allemands sont, de tous les peuples
établis en Algérie, ceux dont les unions entre veufs et
veuves sont les plus fréquentes (89).

§ V

FÉCONDITÉ DES MARIAGES

Quelle est en Algérie la moyenne des enfants par
mariage? Combien rencontre-t-on de ménages ayant
1, 2 et 3 enfants, ou plus encore?

« Pour avoir une réponse précise à toutes ces questions, il y aurait, dit le professeur Bertillon, un moyen
aussi exact que facile, ce serait, au décès de l'époux
dont la mort rompt l'association conjugale, d'enregistrer le nombre d'enfants, morts ou vivants, issus de
ce mariage. Mais cette enquête facile n'a lieu nulle
part.... » Dès lors, ce n'est pas en Algérie qu'on
pourra se flatter de découvrir les éléments de cette enquête ; car, de toutes les statistiques, celle des mariages
est la plus négligée, celle dont l'administration paraît
avoir le moins compris la nécessité.

Il nous faudra donc, pour établir approximativement le nombre moyen des enfants par mariage,
recourir au procédé généralement employé, artifice de
calcul, qui consiste à diviser le nombre moyen annuel
des naissances par le nombre moyen annuel des célé-
bration conjugales.

« Ce calcul, dit M. Bertillon, suppose implicitement
que le nombre annuel des mariages et leur fécondité
est invariable, et l'on peut dire que cette hypothèse, qui

assez souvent s'éloigne beaucoup des faits, n'est jamais absolument conforme à la réalité. »

La France est le pays qui s'éloigne le moins de l'hypothèse d'uniformité dans les mouvements des mariages ; l'Angleterre accuse elle aussi, un accroissement, mais plus prononcé. L'Algérie offre-t-elle un accroissement dans le nombre des mariages et, dans l'affirmative cet accroissement est-il régulier, ou bien se produit-il par bonds pour ainsi dire capricieux?

A *priori*, il est permis de supposer ici, une absence de régularité dans le phénomène des mariages, étant donné un pays en formation, où les femmes, au début, étaient très peu nombreuses et sont encore en nombre inférieur à celui des hommes. Cette supposition deviendra probabilité en lisant le diagramme (page 65) dont les colonnes exprimant la marche de la matrimonialité ont, sans régularité, des hauteurs bien différentes.

Pour mieux faire ressortir le mouvement progressif comparé entre la France et l'Angleterre, M. Bertillon divise en 7 groupes quinquennaux la période 1830 à 1865, en faisant le premier terme égal à 1,000. On saisit comparativement la succession et la progression.

Il nous suffira de mettre à la suite de ce tableau, les chiffres fournis par la succession des mariages en Algérie, durant la même période, et nous verrons alors si l'Algérie se rapproche de la France ou de l'Angleterre, ou si, au contraire, elle affecte des allures particulières.

PÉRIODES.......	1830-35	1835-40	1840-45	1845-50	1850-55	1855-60	1860-65	1865-70	1870-75
Angleterre....	1000	1015	1086	1210	1336	1376	1470	»	»
France..........	1000	1049	1089	1070	1081	1132	1142	»	»
Algérie.........	1000	5240	2940	1923	1354	1128	1115	1029	1268

A première lecture, on voit l'Algérie se comporter d'une manière à part, dans la succession du nombre de ses mariages : ce n'est plus une progression accélérée, à peu près uniforme, comme en France, ce n'est pas non plus, une marche plus progressive moins régulière comme en Angleterre, c'est du premier coup un bond rapide, suivi de chutes successives et plus récemment d'une reprise sensible.

Au début, il y a eu comme un immense besoin de créer la famille. Ce besoin satisfait s'est ensuite régu-

larisé avec des oscillations, sous l'influence des calamités qui, plus que dans un pays formé, font ici sentir
leur influence. Qu'on se rappelle les malheurs de
1847, 1849, 1854, 1867 et 1871.

Il résulte de ces faits, que la fécondité du mariage
calculée par la méthode ordinaire donne des résultats
fautifs, puisqu'ils attribuent aux mariages plus nombreux les naissances issues de mariages antérieurs
moins nombreux, et réciproquement, aux mariages
de la période décroissante, le bénéfice des naissances
issues de mariages antérieurs plus fréquents. Il serait
bien difficile de faire approximativement la part en
plus ou en moins.

Sous toutes ces réserves, nous allons donner les
résultats obtenus en calculant la fécondité, en Algérie,
d'après la méthode ci-dessus indiquée et critiquée.

Les périodes sont exactement celles adoptées pour
étudier la matrimonialité générale.

PÉRIODES	Nombre d'enfants par mariage	PÉRIODES	Nombre d'enfants par mariage
1831-35	7	1854-63	4.15
1836-40	4.7	1864-69	4.7
1841-45	3.8	1870 72	4.4
1846-49	3.2	1873-77	4.3
1850-53	3.9		

Le nombre moyen d'enfants par mariage ne suit pas
une marche parallèle à la progression du nombre des
unions conjugales. En effet, la période de 1836-40
éprouve une forte diminution, tandis qu'à ce moment
la progression des mariages était passée de 1,000 à
5,240.

Le procédé adopté pour calculer la fécondité est passible d'un autre reproche: c'est de donner le chiffre de
la fécondité des femmes et non celui des mariages,
puisqu'on fait intervenir toutes les naissances. La

fécondité du mariage ne peut se baser que sur les naissances légitimes.

Enfin, pour plus de rigueur, ne serait-il pas préférable de diviser le nombre annuel des enfants légitimes, par le nombre des femmes aptes à les mettre au monde, c'est-à-dire abstraction faite des impubères (au-dessous de 15 ans) et des vieilles femmes (au-dessus de 45 ou 50 ans)?

Faut-il nous justifier de ne pas entreprendre cette série de calculs? nous n'en trouverions nulle part les éléments.

De toutes les statistiques, celle qui touche aux mariages est, avons-nous dit, la moins satisfaisante, la moins complète et la moins analytique. Le mariage est pourtant le phénomène le plus complexe en Algérie en raison des nombreux croisements entre les divers peuples européens. Cette complexité commandait une abondance de renseignements minutieux; l'administration ne l'a pas compris.

Ainsi dans le relevé annuel du nombre des mariages, les statistiques officielles distinguent les mariages: *entre Français, entre Français et Étrangers, entre Étrangers,* mais ne décomposent pas ce groupe des Étrangers, pour spécifier le nombre des mariages contractés par les Français avec les Italiens, les Espagnols, etc.; et nombre de mariages entre nationaux étrangers.

Et, quelles difficultés surgissent lorsqu'on veut démêler les éléments de l'étude si intéressante des croisements! Nous l'exposerons plus en détail au paragraphe suivant.

Pour l'instant, insistons sur la difficulté de faire la part de chaque nationalité dans la fécondité des mariages.

Avec les modèles fournis par l'administration, on pourra calculer la fécondité des Français, et celle du groupe des Étrangers, mais non celle de chacun des divers peuples Européens qui constituent ce groupe hétérogène.

Le nombre théorique moyen d'enfants par mariage entre Français, et par mariage entre Étrangers, pendant les deux périodes récentes, est:

1867–1873	Français	3,73
	Étrangers	5,77
1874–1877	Français	3,68
	Étrangers	5,33

Il y a une légère décroissance chez les Étrangers et chez les Français; mais, si l'écart est moins sensible pour ces derniers, ils se présentent néanmoins avec une fécondité toujours bien inférieure à la fécondité des nations étrangères. La moyenne des deux périodes donne à chaque mariage Français 3,71 en Algérie; en France (1866-73) la moyenne est 3,12.

Il y aurait donc lieu d'admettre que le Français, en vivant en Algérie, acquiert une plus belle fécondité.

Afin d'avoir quelque notion sur la fécondité propre à chaque nationalité, nous avons compulsé les actes de l'état civil de Philippeville durant la période quinquennale 1874-1878. Mais avant d'exposer le résultat de ces recherches et des calculs dont il ont fourni les éléments, il est une remarque préjudicielle à présenter : étant donné les alliances internationales si fréquentes, les chiffres attribués à chaque nationalité ne sont pas, si l'on peut dire, purs de tout alliage. Ainsi, les mariages comptés à l'actif des Français comprennent ceux dont le fiancé est Français; mais, comme la femme est souvent Espagnole ou Italienne, la fécondité mise à l'actif des Français, a été influencée par un élément étranger. Réciproquement une Française ayant épousé, et c'est loin d'être une exception, un Espagnol ou un Italien, intervient dans la fécondité de ces nationalités étrangères. Il résulte de ces mélanges que le nombre moyen d'enfants par mariage n'exprime pas fidèlement la fécondité de la race à laquelle ils sont attribués.

Il était indispensable de faire ressortir ces particularités rares sinon inconnues dans les pays d'Europe. Ces réserves faites, voici pour la période 1874-1878 les nombres moyens d'enfants par mariage de chacune des nationalités Européenes.

Français	3,67
Espagnols	6,26
Italiens	5,74
Maltais	5,38
Allemands	4,83

Les Français seraient donc sensiblement moins féconds que les autres peuples, même les Allemands. Il y a peu de différences entre les trois races latines, mais l'avantage est aux Espagnols.

Relativement aux Français, on voit le chiffre de leur fécondité se maintenir : ils ont à cette période et à Philippeville, 3,67 comme nombre moyen d'enfants par mariage, or nous avons constaté plus haut 3,73 (1867-1873) et 3,68 (1874-1877) soit, en moyenne pour la période totale et pour l'Algérie entière, 3,71. C'est, à peu près le même nombre et supérieur toujours à celui relevé en France, qui est : 3,12.

Il serait utile et bien intéressant de faire la part des mariages contractés entre enfants nés en Algérie, avec ou sans croisement. Une recherche aussi analytique est malheureusement impossible, en raison du manque de fixité de certains groupes de population. La population Algérienne est loin d'être stable, et tel mariage contracté ici, produit des enfants qui naissent et sont enregistrés dans une autre commune ; et réciproquement, des enfants nés ici, sont issus de mariages célébrés dans d'autres villes et, à l'inscription des naissances, l'état civil n'indique pas le lieu de naissance des parents.

Cette lacune est regrettable car, à l'égard des Français par exemple, on trouverait, si ces recherches étaient un jour rendues possibles, que les mariages de Français nés en Algérie sont plus féconds que ceux des Français nés en Europe. A défaut de statistique, il est permis (avec toutes les réserves que commande ce mode de raisonnement et d'affirmation) d'en appeler à l'expérience et aux souvenirs personnels.

Nous sommes un certain nombre de contemporains, de condisciples, donnant la preuve d'une belle fécondité. Issus en général de familles méridionales et, bien que pour les plus âgés l'établissement conjugal n'excède guère dix années, la moyenne pour nos ménages d'Algériens-Français dépasse 3 enfants.

Quand ces Français-Algériens se sont alliés à des filles Espagnoles, Italiennes ou Maltaises leurs unions sont encore plus fécondes.

Pour qui a vécu en Algérie et dirigé son attention sur ce point, il ne peut être douteux que les fils de colons français nés dans la colonie, accusent une fécondité comparable à celle des races méridionales étrangères.

Le doute ne nous paraît guère possible ; aussi n'hésitons-nous pas à avancer que la fécondité de ces mariages peut, dès à présent, se traduire (et se traduira à coup sûr dans quelques années) par une moyenne de 5 et même 6 enfants, comme celle des Espagnols-Algériens.

Bien que le nombre moyen d'enfants soit entaché, nous l'avons exposé plus haut, par suite des mélanges de races, il est bon de comparer ces nombres avec ceux de l'Europe.

NATIONALITÉS	NOMBRE MOYEN D'ENFANTS PAR MARIAGE	
	en Algérie 1874-78	en Europe 1861-65
Français..............	3.67	3.08
Espagnols.............	6.26	4.51
Italiens	5.74	4.35
Allemands	4.83	4.14 en Prusse 3.41 en Bavière

Toutes les nationalités, sans exception, ont ici plus d'enfants que dans leur Mère-patrie ; elles conservent le même ordre numérique.

§ VI

CROISEMENTS

Les unions conjugales contractées par des fiancés appartenant à deux races ou deux nationalités différentes, sont peu communes dans les pays d'Europe. Dans les contrées centrales, ces croisements sont chose presque inconnue ; dans les villes frontières, dans les grands ports de commerce, surtout ceux de la Méditerranée, où la population est cosmopolite et mêlée, ces croisements se rencontrent encore, mais sans constituer un phénomène démologique qui exige impérieusement l'attention des statisticiens.

En Algérie au contraire, c'est un phénomène courant, chaque jour enregistré, et qui même imprime à la démographie de notre pays un cachet tout particulier. L'administration ne paraît guère l'avoir compris, car de tous les documents statistiques fournis par elle, ceux relatifs aux mariages sont les moins détaillés. Les documents officiels laissent bien supposer des unions croisées, mais ils n'en connaissent que deux sortes : *entre Français et Etrangères; entre Etrangers et Françaises;* ils signalent, il est vrai d'ajouter, les unions entre Indigènes (Israélites ou Musulmans) et Européens. Mais quelles nationalités étrangères s'allient à nous, les statistiques administratives ne s'en préoccupent pas. Encore moins pourrait-on leur demander qui, des hommes ou des femmes, des individus nés en Algérie ou en Europe, se croisent le plus volontiers, quelles nationalités étrangères ont, les unes pour les autres des préférences marquées.

En d'autres termes, dans les croisements entre les diverses nationalités qui peuplent l'Algérie, quelles sont les proportions par sexes, par lieu de naissance?

Telles sont les questions complexes mais intéressantes qu'il nous reste à démêler et résoudre en regrettant que, pour une telle étude, l'administration nous fournisse si peu de ressources (1).

Empruntons d'abord aux documents de source officielle. Les résultats qu'ils donnent sont contenus dans

---

(1) En dehors des documents publiés, peut-être, pensions-nous, existe-t-il, dans les archives des bureaux de statistique, les documents primitifs émanant des communes, qui, rapprochés, combinés, permettraient de reconstituer les chiffres propres à éclairer la question des croisements. A une demande officielle adressée à l'administration supérieure, pour être édifié à cet égard, il fut répondu :

« Le classement des mariages n'est établi nulle part sur le modèle que vous indiquez, c'est-à-dire par nationalités. Vous pouvez vous en convaincre en consultant les registres de l'état civil de votre commune. Le dépouillement de ces registres, de 1830 à 1877, exigerait dans chaque mairie un travail considérable et, par suite, une dépense qu'aucune municipalité ne voudrait, sans doute, prendre à sa charge. »

C'est, en effet, la trop réelle vérité; et, pour arriver à ébaucher la question des croisements, j'ai fait ce qui m'était indiqué, j'ai compulsé les registres de ma commune, acte par acte, pour une période de 25 années.

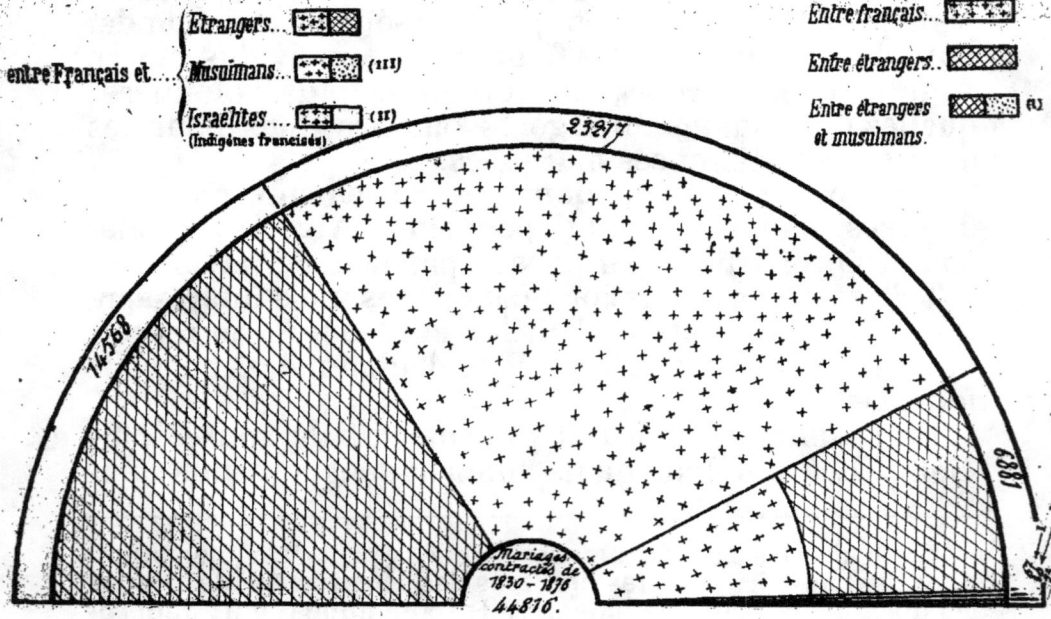

entre Français et....

Étrangers.....

Musulmans..... (III)

Israélites..... (II)
(Indigènes francisés)

Entre français...

Entre étrangers...

Entre étrangers (I)
et musulmans.

23877

14368

6887

Mariages
contractés de
1830 - 1876
44876.

le tracé ci-joint qui enregistre d'une part, le nombre de mariages entre Français, entre Étrangers, et, d'autre part, les mariages contractés par des Français avec des Étrangers, des Israélites et des Musulmans. En voici d'ailleurs les chiffres résumés.

Mariages contractés en Algérie de 1830 à 1877

Entre Français..			23.217
Entre Étrangers.......................................			14.568
Entre Français ou Françaises et	Étrangères................	5.073	6.881
	Étrangers.................	1.808	
	Musulmanes...............	21	53
	Musulmans................	32	
Entre Chrétiens et Juives................		17	30
Entre Juifs et Européennes..............		13	
Entre Étrangers et Musulmanes..........		35	67
Entre Musulmans et Étrangères..........		32	

44.816

Première remarque : pour les unions dont un époux est Israélite indigène, on ne distingue pas si c'est avec des Français ou des Étrangers qu'elles ont été contractées ; les dénominations d'Européens et de Chrétiens adoptées par l'administration pour spécifier la qualité d'un des fiancés ne sont guère explicites.

Au demeurant il n'importe guère ; il est suffisamment acquis et démontré que les alliances avec les indigènes de race et de religion juives restent une exception. En 47 ans il en a été célébré 30 à peine.

Sans être bien nombreuses, les unions avec les musulmans atteignent un chiffre un peu plus élevé, mais assez faible dans la somme des mariages contractés depuis la conquête : 120 seulement sur environ 45,000 mariages. Dans les 120 mariages avec Musulmans, la nationalité Française fournit 53 fois un des conjoints, les nationalités étrangères 67. Parmi les Français, les femmes sont plus portées à ces croisements (32) que les hommes (21) ; tandis que chez les Étrangers, ce sont les hommes (35) qui recherchent plus souvent que les femmes (32), les alliances musulmanes.

La fusion des races Européennes avec les races Indigènes est loin d'être un fait accompli, et sa rareté va faire contraste avec les alliances entre nationalités européennes. Au lieu de 30 croisements avec des Israélites, de 120 avec des Musulmans, nous avons 6,881 croisements entre Européens, c'est 45 fois plus.

Dans le groupe des Etrangers se mariant entre eux, il y a de nombreux croisements, car ces Etrangers n'appartiennent pas nécessairement à la même nationalité; il se peut, par exemple, que des Italiens aient épousé des Maltaises ou des Espagnoles. C'est encore une lacune à signaler, des classifications adoptées par l'administration; si elles permettent jusqu'à un certain point, d'apprécier combien de fois les Français se croisent avec des Etrangers, on ne peut faire la part des croisements entre les peuples étrangers.

Ces derniers s'unissent 14,568 fois sans mélange avec l'élément français.

Les Français que nous avons vu contracter 6,881 unions avec des Etrangers, se marient 23,217 fois sans mélange; c'est plus de la moitié des unions totales célébrées en Algérie depuis la conquête. Nous l'avons déjà signalé à propos de la matrimonialité : les Français sont de tous les peuples ceux qui se marient le plus fréquemment, ceux qui le plus souvent aussi s'allient par croisement. Il est enfin une dernière remarque à faire ressortir au sujet des Français. Les hommes (5,073) se croisent beaucoup plus que les femmes (1,808). Ce fait a une certaine importance pour le démographe; il n'en a pas moins au point de vue politique, parce que l'homme conserve sa nationalité Française tandis qu'elle disparaît avec la femme. Il faut donc se féliciter de ce résultat : nous avons seulement perdu 1,808 membres de notre nationalité, pour en acquérir 5,073.

En résumé, sur 1,000 mariages célébrés, les Français en contractent 771 entre eux et 229 par croisement; les Etrangers en contractent 579 entre eux et 321 en s'unissant à des Français.

Bien que les chiffres ci-dessus, empruntés aux seuls documents officiels, permettent des déductions importantes et très instructives pour l'homme politique et

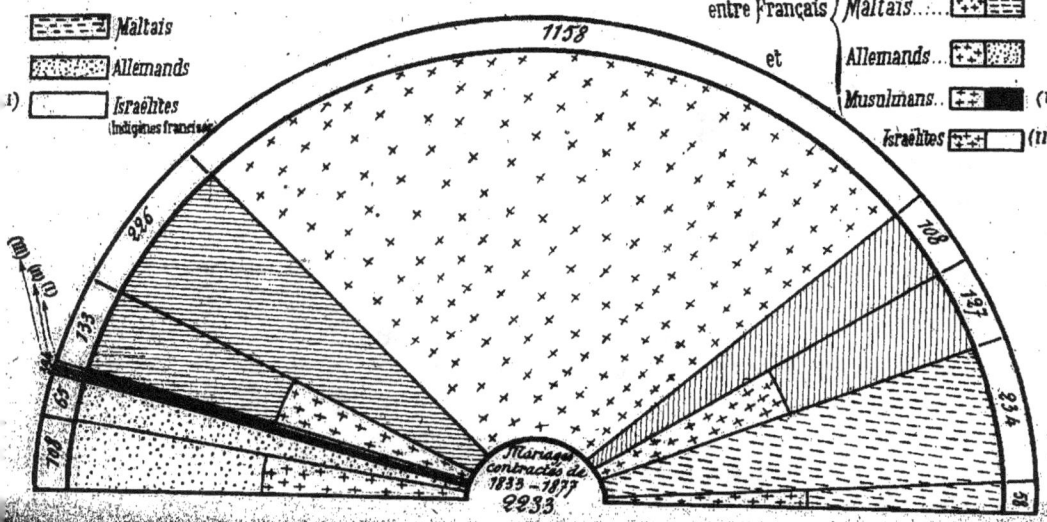

MARIAGES ENTRE:
Français
Espagnols
Italiens
Maltais
Allemands
Israélites (indigènes francisés)

MARIAGES entre Français et
Espagnols
Italiens
Maltais
Allemands
Musulmans (I)
Israélites (III)

1158

926

108

197

153

63

234

104

30

Mariages contractés de 1833-1877 2233

pour le savant, ils sont muets sur une foule de points dont l'intérêt n'est pas moindre.

Afin d'éclairer sur toutes ses faces, la question des croisements qui intéresse au premier chef la colonisation française en Algérie, nous avons interrogé dans leurs plus minutieux détails les actes de mariage à notre portée, ceux sur lesquels nous pouvions entreprendre l'étude la plus analytique.

Ces recherches personnelles ne visent, il est vrai, qu'une seule localité, et, sans répéter ici les raisons développées plus haut (page 71), qui témoignent combien notre ville natale est propice, entre toutes, à l'étude des croisements, il nous suffira d'ajouter une nouvelle considération.

Philippeville, qui a — et c'était le cas pour l'Algérie entière — une population française égale à la somme des populations étrangères, présente une seconde analogie, c'est que les Français, se mariant entre eux, fournissent la moitié des mariages célébrés.

Une dernière particularité fait enfin de Philippeville un centre des plus favorables aux recherches sur les croisements : dans cette commune les Français et les Etrangers s'allient et se fusionnent dans une proportion plus élevée que celle accusée par l'ensemble des mariages de la colonie.

Ainsi, en Algérie, les Français se mariant 1,000 fois entre eux, se croisent 296 fois, et les Etrangers, pour 1,000 mariages entre eux, en contractent 474 par croisement ; à Philippeville, les Français se mariant 1,000 fois entre eux se croisent 427 fois, et les Etrangers s'allient 565 fois par croisement, contre 1,000 unions nationales.

La proportion des alliances croisées est donc plus considérable à Philippeville.

Le nombre et la nature de ces croisements sont résumés dans le graphique ci-contre. On y voit comment chaque peuple se marie : d'une part, avec des nationaux, d'autre part, avec des Français. Sous peine de faire perdre au graphique ce qui est le caractère propre et utile de ces tracés : la simplicité et la clarté, nous avons dû nous borner à lui faire traduire ces seuls renseignements. Il a fallu en négliger d'autres : comment, par exemple, chaque peuple étranger se croise avec un autre peuple non français; quelle est, dans ces croisements, la part des hommes, celle des femmes, etc., etc.

Toutes ces particularités seront relevées plus loin dans des tableaux qui ne négligeront aucun des éléments de la question. Voici, en attendant, la traduction en chiffres du graphique qui expose combien de fois chaque peuple se marie, entre nationaux, et combien de fois avec des Français.

Mariages contractés à Philippeville
(1854-1878)

Entre		dont un époux est Français et l'autre	
Français...............	1.158	Espagnol...............	127
Espagnols.............	108	Italien..................	133
Italiens................	226	Maltais.................	58
Maltais	234	Allemand...............	108
Allemands.............	65	Suisse..................	30
Suisses	4	Israélite (indigène)	3
Israélites indigènes ...	9	Musulman	4

Philippeville étant une ville Européenne, contient fort peu d'indigènes Musulmans ou Israélites, ainsi s'explique le petit nombre d'alliances avec eux.

Les Français se mariant entre eux seulement, fournissent à Philippeville comme dans l'Algérie entière, la moitié à peu près des unions totales; ils s'allient, en outre avec les Etrangers presque aussi souvent que ceux-ci le font entre eux.

L'Espagnol se marie plus souvent avec un Français (127) qu'avec un compatriote (108); il en paraît être de même de l'Allemand (108 croisements avec Français contre 65 unions nationales), mais si ce fait est, ou plutôt était vrai, au point de vue des nationalités, il ne l'était pas au point de vue ethnique, car ces alliances sont presque toutes contractées entre Allemands (Bavarois et Badois) et Alsaciens. Il n'y a donc pas croisement dans le sens exact du mot. Les Suisses, plus même que les deux peuples précédents, affectionnent l'alliance Française, car c'est presque la seule qu'ils recherchent.

L'Italien a montré moins de tendance à s'allier à nous qu'à des compatriotes, enfin le Maltais se croise fort peu.

Quelles raisons peut-on assigner à ces préférences si opposées, et qui caractérisent si bien chacun des peuples? C'est ce qu'il sera plus convenable et mieux à sa place de rechercher en étudiant d'une façon plus intime les alliances de chaque nationalité.

Cette étude analytique va faire l'objet des tableaux suivants, dans lesquels les mariages seront présentés non plus en chiffres absolus, mais en chiffres proportionnels à 1,000 mariages.

FRANÇAIS

Pour 1,000 MARIAGES dont l'époux est français, en quelles proportions l'épouse est-elle française et étrangère ?

NATIONALITÉS	GARÇONS ÉPOUSANT				VEUFS ÉPOUSANT				TOTAUX par Nationalités
	des Filles		des Veuves		des Filles		des Veuves		
	nées en Algérie	nées en Europe	nées en Algérie	nées en Europe	nées en Algérie	nées en Europe	nées en Algérie	nées en Europe	
Françaises.....	116	505	4.2	89	3.4	53	1.3	32.7	804
Espagnoles.....	9	38.7	1.3	12.4	1.3	2.7	1.3	3.4	68
Italiennes......	11.8	26.5	»	6	»	1.3	»	2·7	48
Maltaises.......	13	4.7	»	3	»	5.6	»	2	28
Allemandes	0.7	26.5	»	5.5	»	2.8	».	2.7	38
Suisses.........	1.3	10.3	»	1.3	»	1.3	»	»	14

Sur 1,000 mariages, la moitié sont contractés avec des filles Françaises nées en Europe (505) et plus d'un dixième avec des jeunes filles Françaises nées en Algérie (116). Les veuves Françaises sont également recherchées, plus même que les filles étrangères, les veuves nées en France en plus grand nombre, cela se conçoit, les Algériennes sont encore jeunes et leur veuvage, rare naturellement, a été précoce. Les veufs épousent plus fréquemment des filles que des veuves, mais celles-ci et celles-là sont, pour une faible proportion, nées en Algérie.

Dans leurs croisements les Français, veufs ou garçons, préfèrent les Espagnoles, et la proportion paraîtra d'autant plus forte, que la population Espagnole est ici numériquement inférieure aux populations Italienne et Maltaise. Et parmi ces Espagnoles, ce ne sont pas seulement les jeunes filles mais aussi les veuves, surtout celles nées en Europe, que les Français épousent. Quant aux femmes, filles ou veuves nées en Algérie, si elles sont peu nombreuses, c'est que la colonie Espagnole est dans notre ville de date récente et son accroissement rapide remonte à quelques années à peine.

Les filles Italiennes plus nombreuses que les Espagnoles sont moins recherchées cependant, sauf celles nées en Algérie.

Les Maltaises n'attirent que 27,6 Français sur 1,000, et cependant les jeunes filles Maltaises nées en Algérie, sont de toutes les jeunes filles étrangères, celles que les Français épousent le plus. Cette particularité s'explique par l'ancienneté de la colonie Maltaise à Philippeville ; elle remonte à la fondation, elle était même à cette époque la plus importante des colonies étrangères. Elle tend à se laisser dépasser, l'immigration Maltaise ne se recrutant plus, tandis que l'immigration provient, depuis quelques années plutôt des péninsules Italique et Ibérique.

Si les Français recherchent peu les Maltaises venues d'Europe, la chose se conçoit, elles sont incultes, bien différentes des Maltaises-Algériennes qui ont été élevées dans nos écoles, dressées à nos mœurs et nos façons.

Les Allemandes, du moins celles nées en Europe, il en survit trop peu de celles nées en Algérie, paraissent être assez recherchées des Français, en réalité il n'en est rien, car ces Français sont des Alsaciens.

Les jeunes filles Suisses épousées par les Français, sont originaires des cantons dits français de la Suisse, nous verrons ci-après que les Italiens et les Suisses en épousent également.

En résumé sur 1,000 mariages les Français épousent 804 Françaises, 68 Espagnoles, 48 Italiennes, 38 Allemandes, 28 Maltaises et 14 Suisses.

ESPAGNOLS

Pour 1,000 MARIAGES *dont l'époux est espagnol, en quelles proportions l'épouse est-elle espagnole et étrangère?*

NATIONALITÉS	GARÇONS ÉPOUSANT				VEUFS ÉPOUSANT				TOTAUX par Nationalités
	des Filles		des Veuves		des Filles		des Veuves		
	nées en Algérie	nées en Europe	nées en Algérie	nées en Europe	nées en Algérie	nées en Europe	nées en Algérie	nées en Europe	
Espagnoles.....	160	391	»	58	12.8	38.2	»	27	687
Françaises.....	96	71	»	19.2	»	12.8	»	»	199
Italiennes......	12.8	44.8	»	12.5	»	»	»	»	70
Maltaises.......	12.8	19	»	6	»	»	»	»	38
Allemandes.....	»	6	»	»	»	»	»	»	6
Suisses........	»	»	»	»	»	»	»	»	«

Sur 1,000 mariages, les Espagnols s'allient 198 fois avec des Françaises.

Ce rapport serait sans doute plus élevé encore si l'on prenait pour centre d'investigation la province d'Oran, dans laquelle la population Espagnole surpasse la population Française.

Les Françaises-Algériennes fournissent la moitié de ces alliances avec les Espagnols qui eux aussi, sont nés en Algérie.

Les Italiennes sont également recherchées des jeunes gens Espagnols, mais en moindre proportion, les Maltaises moins encore, les Allemandes par exception, les Suisses jamais.

Ce sont encore les Françaises dont l'alliance est la plus recherchée par les Italiens; mais tandis que les Espagnols préfèrent les Françaises-Algériennes, ce sont celles nées en Europe que semblent préférer les Italiens.

Les Maltaises sont auprès de ceux-ci plus en faveur qu'auprès des Français et des Espagnols, cette préférence s'explique aisément, les Maltais ayant l'Italien pour langue écrite, et pour langue parlée un jargon composé de termes arabes et italiens. Il faut aussi tenir compte du voisinage des deux pays.

ITALIENS

Pour 1,000 MARIAGES *dont l'époux est italien, en quelles proportions l'épouse est-elle italienne et étrangère ?*

NATIONALITÉS	GARÇONS ÉPOUSANT				VEUFS ÉPOUSANT				TOTAUX par Nationa-lités
	des Filles		des Veuves		des Filles		des Veuves		
	nées en Algérie	nées en Europe	nées en Algérie	nées en Europe	nées en Algérie	nées en Europe	nées en Algérie	nées en Europe	
Italiennes	67.84	525	»	41.29	»	12	2.98	18	667
Françaises	26.5	117 9	»	23.6	»	11.79	»	9	188
Espagnoles.....	23.60	26.5	»	11.90	»	»	»	3	65
Maltaises.......	26.5	23.59	»	9.84	»	2.98	»	»	63
Allemandes.....	»	15	»	»	»	»	»	»	15
Suisses.........	»	3	»	»	»	»	»	»	3

MALTAIS

Pour 1,000 MARIAGES *dont l'époux est maltais, en quelles proportions l'épouse est-elle maltaise et étrangère ?*

NATIONALITÉS	GARÇONS ÉPOUSANT				VEUFS ÉPOUSANT				TOTAUX par Nationa-lités
	des Filles		des Veuves		des Filles		des Veuves		
	nées en Algérie	nées en Europe	nées en Algérie	nées en Europe	nées en Algérie	nées en Europe	nées en Algérie	nées en Europe	
Maltaises.......	250	347	7	101.3	14	44	»	27	790
Françaises	3.5	58	»	»	»	»	»	3.5	65
Espagnoles.....	14	47	3.6	3.6	»	»	»	3.3	71
Italiennes	10.1	40.4	»	7	»	3.5	»	»	61
Allemandes.....	»	10.1	»	»	»	»	»	»	10
Suisses.........	»	3.3	»	»	»	»	»	»	8

C'est surtout entre eux que les Maltais se marient, ils se croisent à peu près également avec les Françaises, les

Espagnoles et les Italiennes. Parmi les Françaises celles nées en Algérie veulent peu les Maltais ; ce sont fréquemment des Alsaciennes que ceux-ci choisissent, et nous allons voir les Allemands rechercher les Maltaises beaucoup plus que les Espagnoles et les Italiennes. Tandis que les Maltais épousent 65 Françaises, les Français épousent 27,6 Maltaises seulement.

Les Maltais sont de tous les peuples ceux qui ont le plus de filles nées en Algérie mariées ; nous avons déjà signalé que leur âge moyen est le plus précoce au jour du mariage.

SUISSES

Pour 1,000 MARIAGES *dont l'époux est suisse, en quelles proportions l'épouse est-elle suisse et étrangère ?*

NATIONALITÉS	GARÇONS ÉPOUSANT				VEUFS ÉPOUSANT				TOTAUX par Nationalités
	des Filles		des Veuves		des Filles		des Veuves		
	nées en Algérie	nées en Europe	nées en Algérie	nées en Europe	nées en Algérie	nées en Europe	nées en Algérie	nées en Europe	
Suisses.........	37.03	74.06	»	37.03	»	»	»	»	148
Françaises	»	259.2	»	37.03	»	37.03	»	74.06	417
Espagnoles.....	»	»	»	»	»	»	»	»	»
Italiennes	37.03	74.06	»	37.03	»	»	»	»	148
Maltaises.......	37.03	37.03	»	»	»	»	»	»	74
Allemandes.....	»	148.14	»	74.06	»	»	»	»	22

Les Suisses auxquels nous faisons ici une place, en raison moins de leur chiffre de population que du nombre relativement élevé de leurs mariages, s'allient surtout aux Françaises, puis avec les Allemandes et enfin avec les Italiennes aussi fréquemment qu'avec des filles de leur nationalité.

Ainsi, en habitant l'Algérie, les Suisses conservent les affinités propres à leurs cantons qui suivant leur proximité des pays limithrophes sont Français, Italiens ou Allemands. Dans leurs alliances, les Suisses recherchent assez fréquemment parmi les filles nées en Algérie, leurs concitoyennes, les Italiennes et les Maltaises et cela dans des proportions égales. Quant aux Françaises et aux Allemandes épousées par des Suisses, elle sont toutes nées en Europe.

ALLEMANDS

Pour 1,000 MARIAGES *dont l'époux est allemand, en quelles proportions l'épouse est-elle allemande et étrangère ?*

NATIONALITÉS	GARÇONS ÉPOUSANT				VEUFS ÉPOUSANT				TOTAUX par Nationalités
	des Filles		des Veuves		des Filles		des Veuves		
	nées en Algérie	nées en Europe	nées en Algérie	nées en Europe	nées en Algérie	nées en Europe	nées en Algérie	nées en Europe	
Allemandes.....	24.59	336	»	82.7	»	24.59	»	40.9	459
Françaises	24.59	254	»	65.4	»	49.1	»	49.1	444
Espagnoles.....	8.19	8.19	»	»	»	»	»	»	17
Italiennes	»	24.59	»	»	»	8.19	»	»	32
Maltaises.......	26.60	8.20	»	»	8.2	»	»	»	41
Suisses,........	»	»	»	8.19	»	»	»	»	8

Après leurs concitoyennes, ce sont les Françaises que les Allemands épousent le plus, mais ces Françaises sont généralement des Alsaciennes.

Les Maltaises les attirent plus que les Italiennes et les Espagnoles, et, fait à noter, le Maltais recherche les Allemandes (10) moins que les Maltaises ne recherchent les Allemands (40,17). De même les Allemands épousent peu de filles Suisses, tandis que les Suisses épousent très fréquemment des Allemandes.

Dans cette succession de tableaux l'époux a été choisi comme facteur principal, parce que c'est lui qui donne la nationalité au mariage contracté. Mais si nous avons distingué chez les époux leur état antérieur de célibat ou de veuvage, nous n'avons pu comme pour les épouses, faire la part des époux nés en Algérie et des époux nés en Europe.

Cette distinction eût compliqué nos tableaux inutilement, à cause du nombre relativement restreint des hommes nés en Algérie, contractant mariage, inutilement en ce sens aussi, que le lieu de naissance ne modifie pas la nationalité du mariage.

Toutefois, cette connaissance est loin d'être indifférente si l'on veut élucider ce point : les enfants du pays sont-ils ou non plus enclins aux croisements que leurs concitoyens originaires de la métropole ? Nous avons dressé un cadre plus vaste où cette indication a trouvé sa place.

Ce tableau compliqué, en raison de la multiplicité de détails auxquels il doit répondre, indique comment les hommes et les femmes (célibataires ou en veuvage) nés en Algérie ou en Europe s'allient, étant donné sur l'autre conjoint les mêmes renseignements de sexe, d'état civil et de lieu de naissance.

Et enfin comme dans toutes ces questions de croisements, l'intéressant pour nous c'est de connaître pour quelle part y contribuent les Français, le Français époux ou épouse, a été pris comme facteur principal. Pour ce même motif, au lieu de faire la proportion pour 1,000 mariages nationaux comme dans les tableaux ci-dessus, nous avons donné le nombre absolu des mariages.

L'avantage des chiffres réels sur les chiffres proportionnels est de mieux renseigner sur l'importance numérique et la valeur réelle des mariages croisés.

Avec la proportion par rapport à 1,000 mariages nationaux, le nombre réel échappe, surtout pour celles des nationalités qui ne comptent pas 1,000 mariages, les Suisses par exemple.

Une dernière raison a motivé l'adoption des chiffres absolus dans le tableau récapitulatif : éviter les doubles emplois et combiner un cadre qui ne soit pas la répétition de ceux qui précèdent. Il est inutile de rappeler que l'étude ci-après est basée sur les mariages contractés à Philippeville, pendant une période de 25 années. Nous croyons avoir amplement démontré qu'une recherche aussi analytique, embrassant l'Algérie entière était impossible à tenter.

Les totaux prêtent à réflexion : les mariages entre Français sont trois fois plus nombreux que ceux avec des nations étrangères ; puis les Français se croisent le plus souvent et par ordre de fréquence avec les Italien-

Tableau récapitulatif indiquant : par sexes, état civil et lieux de naissances le nombre absolu des mariages contractés par les Français entre eux et par croisement avec chacune des nationalités Européennes
(1854-1878)

NATIONALITÉS	FRANÇAIS — GARÇONS nés en Algérie épousant des filles — nées en Algérie	des filles — nées en Europe	des veuves — nées en Algérie	des veuves — nées en Europe	GARÇONS nés en Europe épousant des filles — nées en Algérie	des filles — nées en Europe	des veuves — nées en Algérie	des veuves — nées en Europe	VEUFS nés en Algérie — des filles — nées en Algérie	des filles — nées en Europe	des veuves — nées en Algérie	des veuves — nées en Europe	VEUFS nés en Europe — des filles — nées en Algérie	des filles — nées en Europe	des veuves — nées en Algérie	des veuves — nées en Europe	FILLES nées en Algérie — des garçons — nés en Algérie	des garçons — nés en Europe	des veufs — nés en Algérie	des veufs — nés en Europe	FILLES nées en Europe — des garçons — nés en Algérie	des garçons — nés en Europe	des veufs — nés en Algérie	des veufs — nés en Europe	VEUVES nées en Algérie — des garçons — nés en Algérie	des garçons — nés en Europe	des veufs — nés en Algérie	des veufs — nés en Europe	VEUVES nées en Europe — des garçons — nés en Algérie	des garçons — nés en Europe	des veufs — nés en Algérie	des veufs — nés en Europe	TOTAUX
Français	23	15			145	711	6	128	2			1	3	77		47																	1.158
Espagnols....	2	3		1	11	50		15			1		3	1		4	4	11		3		13		2						3			127
Italiens.......		2			17	36		9						2		4		11		2		31		8						8		3	193
Maltais.......	2	1			18	6	1	1						8		1		1		1		17										1	98
Allemands....					1	38		8						8		4		3				27		8						5		6	108
Suisses.......		1			2	14		2						1								7										3	30
Totaux	4	7		1	49	144	1	35			1			22	1	18	4	26		3	3	95		18						18		18	

	GARÇONS	VEUFS	FILLES	VEUVES	TOTAUX
Sous-totaux	12 — 229	37	33 — 116	29	
Totaux par croisements	241	37	149	29	1.614
	278		178		
		459			

nes, les Espagnoles, les Allemandes, les Maltaises et les Suisses.

Mais comme la colonie Espagnole est à Philippeville moins nombreuse que la colonie Italienne, alors que, dans la province d'Oran, les Espagnols sont plus nombreux même que les Français ; comme d'autre part, les Espagnols se marient moins souvent entre eux, qu'avec des Français, tandis que les Italiens se marient beaucoup plus souvent avec leurs nationaux qu'avec nous, il est permis d'avancer que dans leurs croisements les nationaux Français recherchent surtout les nationaux Espagnols, ce sont surtout les Français qui épousent des filles Espagnoles (91), tandis que les Françaises ne choisissent que 36 époux Espagnols. Ce croisement avantageux à la nation française qui acquiert 91 filles et n'en perd que 36, ne surprendra pas celui qui connaît la fille Espagnole dont le type, les allures, les habitudes sont beaucoup plus attrayantes que chez les filles des autres nationalités.

Le croisement Italien est également plus recherché par les époux Français que par les épouses (70 contre 63) ; notre nationalité y gagne cependant moins qu'avec le croisement Espagnol.

Le croisement Allemand en apparence assez important devient fort réduit au point de vue ethnique, si l'on se rappelle que les Alsaciens ou Alsaciennes en font surtout les éléments.

Le croisement avec Maltais devient plus rare ; il nous fait encore gagner 38 filles et en perdre 30. Ce peu d'attrait pour la Maltaise s'explique par la rudesse des mœurs, les habitudes de superstitions religieuses et enfin par les charmes moins élégants que ceux de l'Espagnole.

Les Maltaises nées en Algérie ont beaucoup acquis à notre contact, à notre éducation aussi ; sur 38 alliances, 21 sont contractées avec des Maltaises-Algériennes. Par contre, les filles Françaises-Algériennes ne se marient pas avec des Maltais.

Dans leurs croisements avec les Suisses, les Français gagnent 20 filles et n'en perdent que 10.

En lisant les totaux dans le sens vertical, on voit sur 456 mariages croisés, les Français fournir 278 époux et 178 épouses, soit un gain de 100, le quart presque.

Si l'on décompose ces mariages, les enfants nés en Algérie, garçons ou filles, y contribuent le moins (ces dernières un peu plus) ; parmi les Français nés en France, les hommes sont au contraire plus nombreux que les femmes et même les veufs que les veuves.

A côté de ces unions croisées on peut faire ressortir que les Français nés en Algérie se marient entre eux bien plus souvent (23 fois) qu'avec les enfants de nationalités étrangères nés en Algérie (8 fois). On peut donner à cette différence les deux explications suivantes : les Français-Algériens sont plus instruits et recherchent dans leurs alliances des femmes dont le niveau intellectuel et l'instruction soient plus élevés que ceux des filles étrangères qui, hormis celles nées en Algérie, sont généralement illettrées. D'un autre côté beaucoup de mariages avec des femmes étrangères sont la régularisation de ménages anciens illégaux.

Cette dernière raison est surtout vraie pour les mariages remontant aux premières époques de la période étudiée. Actuellement, les croisements entre enfants du pays de nationalités différentes, deviennent plus fréquents. Et si l'on constate que les hommes et les femmes nés en Europe s'allient plus facilement avec des hommes ou des femmes nés en Algérie, c'est que les premiers sont venus ici très jeunes et peuvent passer pour Algériens.

§ VII

DEGRÉ D'INSTRUCTION DES FIANCÉS

Le dépouillement des actes de mariages permet d'apprécier quel est, dans une certaine mesure, le degré d'instruction des fiancés et, par extension, de préjuger la faveur dont jouit l'instruction dans le pays. Nous disons dans une certaine mesure, car la seule formalité exigée des époux est de signer leur nom ; or si la déclation : *ne savoir*, prouve l'absence complète de culture intellectuelle, le fait de signer l'acte ne suffit pas à établir un degré élevé d'instruction, tout au plus est-il l'indice d'une instruction primaire suffisante. Cependant si la proportion des conjoints sachant apposer leur signature au bas de l'acte est considérable, si le manque de signature est une exception, il est permis de supposer dans ce pays un niveau intellectuel élevé coïncidant avec une diffusion sérieuse de l'instruction en général, de l'instruction primaire en particulier.

Une enquête officielle sur ce sujet n'ayant jamais été, que nous sachions, entreprise en Algérie, nous avons dû tenter une recherche personnelle en compulsant les actes de mariages célébrés à Philippeville, durant les dix dernières années. Ces recherches ont fait la distinction par sexes, par nationalités, et par lieux de naissance des fiancés; nous avons enfin poussé plus loin l'investigation analytique, en étudiant à part les mariages par croisements.

NATIONALITÉS	Proportions pour 1,000 des Actes de mariages signés			
	par les deux époux	par l'époux seul	par l'épouse seule	par aucun
Français................	926	49	21	4
Espagnols...............	286	235	145	334
Italiens	330	194	131	345
Maltais.................	370	161	124	345
Allemands	857	72	71	»

La supériorité des Français sur les autres peuples, apparaît incontestable; elle se traduit par des chiffres qui dénotent un développement sérieux de l'instruction dans la colonie. C'est aux Français bien certainement que l'Algérie est redevable du rang élevé qu'elle occupe parmi toutes les nations du monde. Elle a en effet le second rang, le premier étant occupé par le Canada, une ancienne colonie française, dans la statistique des pays classés d'après le nombre d'enfants fréquentant les écoles primaires.

Les Allemands ont tous leurs actes signés, mais leurs

fiancés moins souvent que les Français sont lettrés l'un et l'autre.

Les peuples latins sont bien inférieurs ; ils ont à peu près le même nombre d'illettrés, les Italiens et les Maltais sont au-dessous des Espagnols.

Nous pouvons envisager à part chaque nationalité de façon à relever qui des époux nés en Algérie ou de ceux nés en Europe, signe le plus souvent.

Français. — Quand les deux époux sont nés en France, 765 fois ils signent l'un et l'autre ; 180 fois l'époux seul ; 37 fois l'épouse et 18 fois aucun. Ces chiffres moins brillants que ceux fournis par l'ensemble des Français font présager que c'est aux Franco-Algériens que revient la meilleure part. En effet quand les Français épousent nos filles algériennes, 940 fois les actes sont signés des deux, 15 fois par l'époux seul, 45 fois par l'épouse et *jamais* par aucun, ce qui veut dire aussi que l'instruction primaire est en Algérie plus répandue chez les femmes que chez les hommes venus de France. L'instruction est si bien un besoin dans ce pays, que dans le cas d'union entre jeunes gens Algériens et filles Françaises, tous les actes sont signés par les deux. Ce résultat est dû à ce que ces filles sont venues très jeunes en Algérie peu après leur naissance et ont été élevées ici. Enfin et comme confirmation de tous ces faits, quand les deux fiancés sont nés en Algérie ils signent *sans exception* tous les actes.

Espagnols. — Sur 1,000 mariages entre fiancés Européens 486 fois les signatures font défaut, 143 fois il y a deux signatures, 228 celle de l'époux seul, 143 celle de l'épouse. Chez ce peuple ce sont encore les fiancés Algériens qui ont le plus d'instruction, car étant l'un et l'autre nés ici, ils signent 500 fois, 167 fois l'homme, 167 la femme seule et 166 fois ni l'un ni l'autre. Et dans les unions mixtes où l'un des époux tantôt l'homme, tantôt la femme, est Algérien, c'est toujours celui-ci qui signe le plus fréquemment.

Ce fait est commun à tous les autres peuples étrangers ; il faut donc reconnaître qu'ils usent largement des moyens d'instruction que les municipalités algériennes répandent avec une profusion louable. En effet les écoles communales gratuites sont fréquentées par les Etrangers, sui tout par leurs filles.

Italiens. — 70 fois seulement les deux époux (694 fois aucun) signent quand ils sont originaires d'Europe, mais les hommes signent plus souvent; c'est au contraire la femme la plus lettrée quand elle est née en Algérie. Si les deux époux sont nés ici, jamais les deux signatures ne manquent à la fois; 500 actes sont signés par les deux époux, et 500 par l'homme seul. Contrairement aux autres, les Italiens instruisent moins leurs filles.

Maltais. — Ceux originaires d'Europe sont encore plus arriérés que les autres étrangers : 690 fois aucun ne signe, 48 fois seulement on voit les deux signatures, 166 fois celle de l'époux, 96 celle de l'épouse. Mais quand une Algérienne intervient, 375 fois elle signe seule et 50 fois seulement sa signature fait défaut. De même le jeune homme né en Algérie signe 357 fois tout seul et manque 72 fois de le faire. Puis quand les deux époux sont nés en Algérie, 769 fois ils signent tous deux, 77 fois l'époux seul, jamais l'épouse seule et 154 fois seulement absence de toute signature.

On voit quelle différence il y a entre le Maltais venu d'Europe inculte, ignorant, et ses enfants qu'il a su faire profiter des moyens d'instruction mis à sa portée. 690 fois aucun des parents ne savait signer, 154 seulement des enfants sont restés dans la même ignorance.

Allemands. — Ils sont supérieurs aux peuples latins, et comme eux, leurs enfants nés en Algérie (ils sont si peu nombreux ceux qui atteignent l'âge adulte, que la proportion sur 1,000 est basée sur un très petit nombre de cas) savent tous signer; tandis que parmi ceux venus d'Europe l'un ou l'autre des fiancés était illettré.

Mariages croisés. — Les chiffres suivants justifieront amplement par leurs résultats l'idée d'avoir recherché à part, comment se répartit l'instruction parmi les époux dans les mariages avec croisements.

CROISEMENTS entre		Proportion pour 1,000 des Actes de mariages signés			
		par les deux époux	par l'époux seul	par l'épouse seule	par aucun
Français et	Espagnoles.	777	203	»	20
	Italiennes ..	526	284	»	190
	Maltaises ..	746	209	45	»
	Allemandes	845	»	42	113
Françaises et	Espagnols..	695	100	205	»
	Italiens.....	812	68	82	38
	Maltais.....	750	»	167	83
	Allemands..	743	252	5	»

Les unions croisées confirment les observations fournies par les mariages entre nationaux ; les Français sont les plus instruits : quand l'homme se croise, il est supérieur à la fille étrangère, quand c'est la femme qui épouse un étranger elle lui est également supérieure.

Et, comme dans ces mariages, rarement l'acte est dépourvu des deux signatures, tandis que c'est le cas le plus fréquent dans les mariages où n'intervient pas un Français, il faut conclure que l'alliance française est recherchée par les époux ou épouses de nationalité étrangère les plus instruits.

Il suffit de signaler ces particularités pour faire pressentir leur importance dans une colonie où une race Franco-Algérienne est en voie de formation.

Nous pourrions pénétrer plus intimement dans le sujet et rechercher dans ces croisements la part des époux, Français ou Etrangers, nés en Algérie ou en Europe. Afin de ne pas trop multiplier les chiffres, nous nous contenterons d'énumérer les résultats tels qu'ils nous apparaissent des faits par nous recueillis à ce sujet : les fiancés nés en Algérie signent le plus fréquemment, et la règle est que tous les actes de mariages entre Algériens sont signés des deux époux.

Nous signalerons les mariages suivants : entre un Français européen et une Juive algérienne ; entre une Française européenne et un Arabe ; entre une Française algérienne et un Arabe ; entre une Maltaise algérienne et un Arabe, tous ont signé.

Les croisements peuvent se faire entre époux de nationalités étrangères, mais différentes, c'est-à-dire sans l'intervention d'un élément Français. Dans ce cas les actes sont moins souvent signés par les deux époux, que lors de croisements avec Français, mais les signatures doubles ou uniques figurent sur les actes bien plus souvent que dans les mariages entre gens de même nationalité étrangère, les Allemands exceptés.

CROISEMENT d'Étranger		Proportion pour 1,000 des Actes de mariages signés			
		par les deux époux	par l'époux seul	par l'épouse seule	par aucun
avec	un Français...	756	151	29	64
	une Française.	761	120	95	24
	Etranger......	622	174	62	142

Ici encore, quand l'un des époux est né en Algérie, il sait signer et quand le mariage est contracté pour deux fiancés algériens tous deux apposent généralement leur signature au bas de l'acte.

Quelque soin, nous dirions presque quelque prédilection, tant la matière est neuve, attrayante, inédite, que nous ayons mis à épuiser le chapitre des mariages, il est, nous le sentons bien, des points qui n'ont même pas été signalés. Pour quelques-uns notre excuse est le manque de documents, pour d'autres, la rareté des cas et le peu de valeur qu'ils présentent.

Ainsi touchant l'influence matrimoniale sur la mortalité, la criminalité, l'aliénation mentale, le suicide, une telle recherche tentée en Algérie présenterait, outre sa difficulté, étant donné l'état des statistiques, un faible intérêt, vu le petit nombre de cas, et la rareté de ces accidents pathologiques et vices sociaux.

Il en serait de même de la fréquence des mariages entre parents. Dans une société qui se forme avec des éléments venus de pays différents et éloignés, ces sortes d'alliances sont, on peut l'avancer, une véritable exception, exception d'autant plus frappante, que les alliances mêlées, internationales sont, au contraire, un phénomène journalier et constant. La question de la consanguinité aurait donc peine à trouver des arguments pour ou contre, parmi les nombreuses unions conjugales qui se célèbrent en Algérie.

L'influence de *l'habitat* mérite peu l'attention. Les statistiques générales ne font pas la part des fiancés habitant la ville, celle des fiancés habitant la campagne.

Cette distinction serait souvent difficile : des centres ruraux étant les annexes des communes urbaines et célébrant leurs mariages à la ville. Il n'y a d'ailleurs pas en Algérie de migration sensible des campagnes vers les villes, et il y a tout lieu de supposer que notre population agricole fidèle à ses champs, s'y marie comme le font les citadins : dans les mêmes proportions, et aux mêmes âges.

Il y aurait quelques mots à dire sur la distribution annuelle des mariages et leur variation selon les mois. Pour avoir des renseignements sur ce point, nous avons compulsé les mariages célébrés pendant dix années à Philippeville. Puis ramenant tous les mois à 31 jours, nous avons établi le tableau pour 12,000 mariages annuels ; ce chiffre étant celui adopté par M. Bertillon, nous permettra de comparer nos résultats avec ceux de la France.

	ALGÉRIE	FRANCE		ALGÉRIE	FRANCE
Janvier.......	948	1.278	Juillet........	1.104	941
Février......	**1.380**	**1.541**	Août ....-	915	724
Mars........	636	516	Septembre ...	828	895
Avril........	**1.236**	1.095	Octobre	900	1.008
Mai..........	1.068	968	Novembre....	900	**1.815**
Juin.........	1.092	1.161	Décembre....	996	559

Le mois de février, en Algérie et en France, est celui où se célèbrent le plus de mariages, sans doute pour le même motif : le chomage sacré du carème ; puis, y a-t-il peut-être ici plus d'accommodement avec le ciel, la mi-carème permet une reprise, aussi les mois de mars et d'avril sont plus chargés. La recrudescence du mois de novembre si sensible en France (elle se remarque également dans d'autres pays d'Europe), n'existe pas en Algérie. La répartition des mariages se fait d'ailleurs d'une façon plus uniforme chez nous, et l'on se marie surtout dans les mois qui précèdent les fortes chaleurs de l'été et les travaux de la moisson et de la vendange.

Il est enfin deux questions dont il serait intéressant dans une certaine mesure, de chercher la solution, si l'absence ou l'imperfection des documents n'y faisait obstacle : nous voulons dire la fréquence de la stérilité, et la durée de l'union conjugale.

La stérilité et sa fréquence comparée à celle accusée par chacune des nationalités dans sa patrie européenne, serait le complément de nos recherches sur la fécondité des unions algériennes.

A défaut de chiffres, on peut pressentir un nombre de mariages stériles inférieurs à ceux d'Europe, vu le nombre plus considérable de mariages célébrés en Algérie, vu aussi la fécondité supérieure que toutes les nationalités, sans exception, acquièrent en vivant en Algérie.

Même présomption à l'égard de la durée du mariage. Si l'on ne peut par des chiffres directs démontrer une durée du mariage moindre ici qu'en Europe, cette conclusion peut facilement être admise, si l'on tient compte du nombre élevé des veuves signalé à différentes reprises. C'est donc la mort qui, en Algérie, rompt surtout l'association conjugale, sans que nous puissions fixer un terme précis à sa durée ; quant aux ruptures par séparations, soit volontaires, soit légales, il est probable, sans vouloir nier leur fréquence, que cette cause intervient pour une moindre part.

Après cette énumération des quelques *desiderata* que présente notre étude sur les mariages, on pourra se convaincre de leur intérêt secondaire, à côté des questions bien autrement nombreuses que nous nous sommes efforcé d'éclairer et de résoudre en nous appuyant sur des documents soit officiels, soit personnels.

Et ce sont précisément ces questions les plus importantes par le nombre, qui l'emportent également par
l'intérêt ; car, en insistant surtout sur les croisements,
elles fournissent les arguments les plus probants peut-
être, en faveur de l'occupation Européenne, Française
en particulier, dans la colonie implantée au nord de
l'Afrique, devenue Française.

———————

CHAPITRE DEUXIÈME

NAISSANCES

Les chiffres absolus des naissances annuelles ont par eux-mèmes peu de signification, surtout dans un pays où, d'une année à l'autre, se manifestent des variations inhérentes à une foule de causes le plus souvent impossibles à démèler. Mais, comme ces chiffres absolus servent de bases aux calculs de natalité, nous allons donner, année par année, les naissances européennes enregistrées en Algérie. Pour être complet, il faudrait faire la part de chacune des nationalités mais cette répartition a été généralement négligée ; par périodes, les statistiques en tiennent compte ; en somme, il n'est pas possible de reconstituer un tableau d'ensemble contenant le nombre des naissances annuelles réparties suivant les groupes de nationalités qui les ont produites.

ANNÉES	NAISSANCES	ANNÉES	NAISSANCES	ANNÉES	NAISSANCES
1830	5	1846	3.860	1862	8.648
1831	53	1847	4.283	1863	8.537
1832	165	1848	4.347	1864	8.408
1833	305	1849	5.206	1865	8.842
1834	319	1850	5.167	1866	8.660
1835	419	1851	5.612	1867	8.791
1836	490	1852	5.706	1868	8.360
1837	630	1853	5.615	1869	8.857
1838	810	1854	6.108	1870	8.968
1839	1.023	1855	6.219	1871	8.756
1840	1.134	1856	6.899	1872	9.639
1841	1.320	1857	6.427	1873	10.181
1842	1.626	1858	6.532	1874	10.930
1843	2.170	1859	6.683	1075	10.419
1844	2.821	1860	7.840	1876	10.886
1845	3.132	1861	8.227	1877	11.883

Ces chiffres ne sauraient avoir qu'un intérèt secondaire si on ne les rapporte pas à la population qui a contribué à ces naissances. Ces valeurs proportionnel-

les qui servent à mesurer l'intensité des naissances seront étudiées sous le titre de *natalité*.

Puis successivement, il conviendra d'étudier différentes catégories de naissances :

Selon qu'elles surviennent dans le mariage ou hors
mariage *(légitimes, illégitimes);*

Suivant les sexes ;

Selon que les naissances sont doubles ou multiples
(jumeaux, trijumeaux);

Enfin suivant que les naissances produisent des enfants vivants ou morts *(mort-nés).*

§ I

NATALITÉ GÉNÉRALE

La Natalité est le rapport des naissances à la population générale. Elle s'obtient en divisant le nombre des
naissances par celui des vivants parmi les quels elles se
sont produites, en adoptant pour unité de temps l'année.

Le rapport pour être plus rigoureux devrait avoir
pour dividende le chiffre des naissances déduction faite
des mort-nés.

Les relevés officiels des naissances font-ils entrer en
compte les mort-nés? M. Vallin, (1) et nous partageons sa manière de voir, estime improbable l'enregistrement des naissances d'enfants mort-nés. C'est en
effet un errement consacré administrativement en Algérie, celui qui est adopté dans les bureaux de l'état civil de
Philippeville où les mort-nés déclarés ne sont pas
inscrits sur les registres des naissances, et figurent
exclusivement sur ceux des décès. Pour justifier cette
supposition, nous avons le volume 1852-1854 (Tableaux
de la situation des Etablissements Français en Algérie),
dans lequel on lit à côté des chiffres de naissances,
des annotations ainsi conçues : « il convient d'ajouter
à ces chiffres les mort-nés *qui figurent aux décès
seulement.* »

Le rapport obtenu en divisant le nombre des nais-

---

(1) Du mouvement de la population européenne en Algérie,
(1867-72). (ANNALES D'HYGIÈNE ET DE MÉDECINE LÉGALE, 1876.)

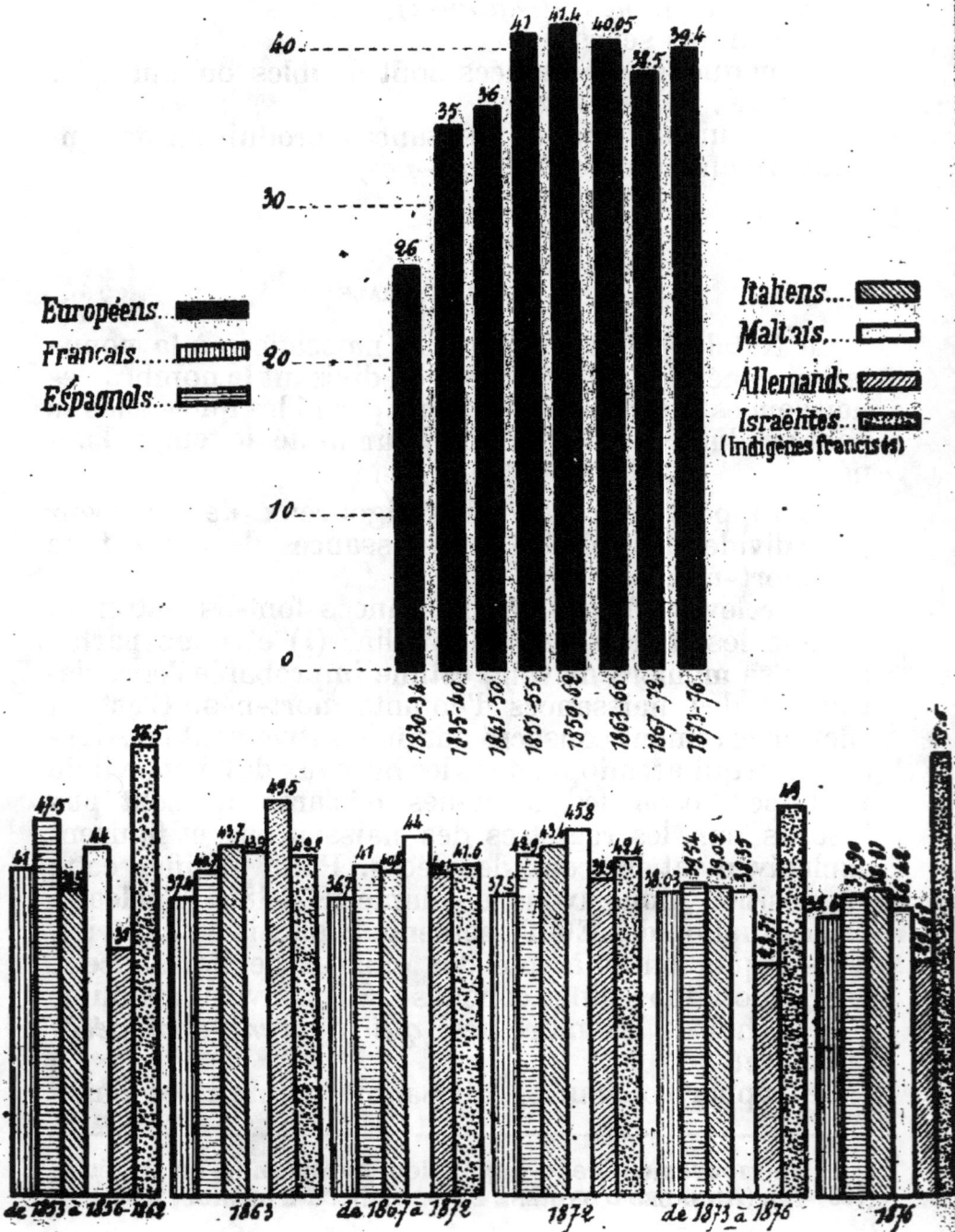

NATALITÉ EN ALGÉRIE

Naissances pour 1000 Habitants

Europóens...
Français...
Espagnols...

Italiens...
Maltais...
Allemands...
Israëlites...
(Indigènes francisés)

sances générales enregistrées par le chiffre de la population ne tiendra donc pas compte des mort-nés.

A l'égard du diviseur, il est des remarques à présenter ; tous les habitants ne contribuent pas également à la production des naissances, qui dit naissance dit accouchement, et, comme les femmes seules y sont aptes, l'indication serait de comparer les naissances aux seules femmes. Cette distinction devrait s'imposer dans un pays comme le nôtre, où le nombre des femmes est, a été surtout, bien inférieur à celui des hommes.

Et puis, ce ne sont pas toutes les femmes sans distinction qui sont aptes à l'accouchement ; il faut déduire les petites filles et les vieilles femmes, et ne tenir compte que des femmes nubiles, c'est-à-dire celles comprises entre 15 et 50 ans.

Ainsi calculée la natalité serait dite *spéciale,* tandis que dans le premier cas dont nous allons suivre les procédés, on a la natalité *générale.*

Pour la population européenne en bloc, sans distinction de nationalités, nous avons pu calculer, année par année, depuis la fondation, combien par 1,000 habitants il y a eu de naissances. Les résultats obtenus figurent dans la partie supérieure du graphique ci-contre pour neuf périodes. On voit la natalité générale faible aux premières années, graduellement s'élever jusqu'en 1862 où elle atteint son *summum ;* puis se maintenant à peu près à la même hauteur dans la période suivante, s'abaisser légèrement de 1867 à 1872, époque néfaste signalée par le choléra, la famine, le typhus, l'insurrection et la guerre. Plus récemment la natalité se relève, sans atteindre le *summum* de 1862, mais le touchant de près. C'est à l'avenir de dire si le taux de 41,4 naissances pour 1,000 habitants européens doit devenir le taux habituel que les dernières calamités ont fait un peu fléchir, ou si, au contraire, ce temps d'abaissement va se maintenir et devenir la moyenne normale.

Quoi qu'il en soit, cet accroissement successif atteignant un *summum* pour décroître ensuite, est le phénomène que nous avons constaté sur le tracé relatif à la matrimonialité.

Le *summum* de 1862 trouve son corollaire et sa confirmation dans le diagramme de la page 44, dont le tracé montre qu'à cette époque l'accroissement de la population a emprunté pour une plus forte proportion, non à l'immigration, mais à l'excédant des naissances sur les décès.

Pour que ce fait ait pu se produire, il a fallu ou compter un plus grand nombre de naissances ou un nombre inférieur de décès. Nous verrons au chapitre des décès, la courbe de la mortalité accuser précisément à cette époque, une décroissance manifeste.

Ainsi donc, nombre de naissances plus considérable qu'aux années précédentes, mortalité décroissante, c'est à ce double phénomène qu'est due la prospérité de l'Algérie et son accroissement si avantageux.

Nous avons pu, pour les Européens réunis calculer la natalité générale, parce que l'administration donne régulièrement chaque année le chiffre des naissances Européennes. Mais si l'on veut établir la part de chacune des nationalités, on ne trouve plus la même prodigalité de renseignements : tantôt il n'existe aucun détail par nationalité, d'autres fois les Européens sont subdivisés en Français d'une part et en Etrangers de l'autre, aussi est-il impossible de dresser un travail complet depuis la conquête.

Contraint et forcé, nous ne pourrons présenter la natalité particulière à chaque nationalité que pour certaines périodes, et, sans avoir à cet égard l'embarras du choix, nous avons pris les années sur lesquelles les chiffres officiels permettaient de faire ce travail.

La partie inférieure du graphique donne donc pour six périodes la natalité, côte à côte, de chaque nationalité européenne, avec celle des Israélites indigènes qui prête à des comparaisons intéressantes.

Dans la période de 1853-1856, les colonnes de natalité sont plus inégales qu'elles ne le seront par la suite ; l'avantage est aux Espagnols et aux Maltais, les Français l'emportent sur les Italiens, tandis que les Allemands sont bien au-dessous.

Pendant l'année 1865 les Allemands ont un grand avantage, les nationalités méridionales étrangères se suivent de près avec un niveau supérieur à celui des Français.

De 1867 à 1872, les sommets des colonnes ont moins de différences ; les Maltais sont le plus favorisés, les Français le moins. C'est la période néfaste, aussi en avons-nous détaché l'année 1872 postérieure à la série de calamités tant de fois énumérées et qui peut être prise pour normale. Les résultats de l'année isolée diffèrent peu des résultats de la période totale si l'on compare les nationalités les unes aux autres ; mais le taux de la natalité est plus élevé, l'accroissement des naissances, phénomène consécutif à toutes les calamités publiques, commence à se faire sentir. Ce progrès s'accentue davantage encore les années suivantes (1873-1876), où toutes les nations atteignent le même niveau, sauf les Allemands en grande décroissance.

L'année 1876 détachée prête aux mêmes constatations avec un léger abaissement de niveau pour toutes les nationalités.

Cet abaissement s'explique : nous avons atteint une période normale et l'exubérance de natalité conséquence forcée des malheurs publics, reprend, si l'on peut dire, son niveau.

Les Israélites indigènes bien que n'appartenant pas aux races européennes, figurent à cette place à cause de leur merveilleuse natalité, et aussi parce que, depuis le décret du 24 octobre 1870, ils ont été décrétés en bloc citoyens Français, et que depuis 1876 leurs fils sont incorporés dans l'armée française. Cette assimilation légale aboutira-t-elle à une fusion réelle ? peut-être, dans un avenir éloigné ; en attendant il est bon de faire ressortir la natalité de ces nouveaux citoyens français.

Les Israélites algériens se maintiennent exclusivement par leur natalité ; les immigrations venant des pays limitrophes africains : Tunisie, Maroc, Tripoli, contribuent pour une faible part à leur accroissement. En effet en 1856 on comptait 21,048 Juifs algériens, en 1872 on en recensait 34,514, sur lesquels 34,000 étaient nés en Algérie. De 1866 à 1872, cette population a fourni 9,040 naissances et 5,985 décès ; c'est un excédant de naissances de 3,055 en six ans.

Aussi le taux de leur natalité est-il plus élevé généralement que celui même des peuples de l'Europe méridionale et cette élévation apparaîtra plus manifeste, quand nous aurons, plus loin, à la rapprocher du taux de la mortalité.

Le tableau ci-après résume et condense les chiffres du graphique relatifs à la natalité européenne et israélite algérienne.

Pour 1.000 HABITANTS *de chaque nationalité, combien de naissances, en chaque période?*

NATIONALITÉS	1853-56	1865	1867-72	1872	1873-76	1876
Français...................	41	37.4	36.7	37.57	38.03	35.6
Espagnols..................	47.5	40.7	41	42.9	39.54	37.9
Italiens...................	38.5	43.7	40.8	43.4	39.02	38.31
Maltais...................	44	43.9	44.0	45.8	38.35	36.42
Allemands.................	31	49.5	40.1	39.9	28.77	29.63
Israélites (indigènes).....	56·5 (1861)	42.8	41.6	42.4	49	53.5

Il conviendrait de mettre en regard des chiffres de natalité propres à chaque peuple ceux de leur natalité dans la métropole. Mais, comme nous avons l'intention d'étudier comparativement, dans un chapitre spécial, la natalité et la mortalité, ces rapprochements seront alors mieux en leur place et prèteront à des comparaisons plus complètes, par conséquent plus instructives.

§ II

NATALITÉ LÉGITIME ET NATALITÉ ILLÉGITIME

L'institution humaine du mariage établit deux espèces de natalité : l'une légale, légitime, l'autre illégitime, en dehors des convenances sociales et des conventions légales.

Le procédé le plus *rigoureux* pour mesurer l'intensité de cette natalité illégale devrait consister à rapporter le nombre des naissances illégitimes aux femmes qui sont aptes à les produire, c'est-à-dire en divisant le nombre annuel des naissances illégitimes par le nombre des filles nubiles (non mariées) et des veuves (non remariées), dont les âges sont compris entre 15 et 50 ans.

Ce calcul exprimerait la *natalité spéciale* des femmes

NATALITÉ EN ALGÉRIE

pour 1000 naissances générales combien d'enfants légitimes
et illégitimes.

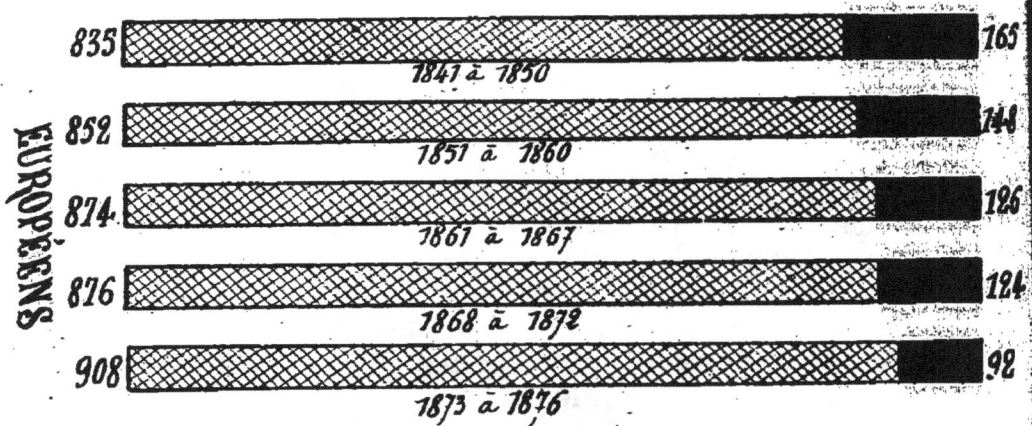

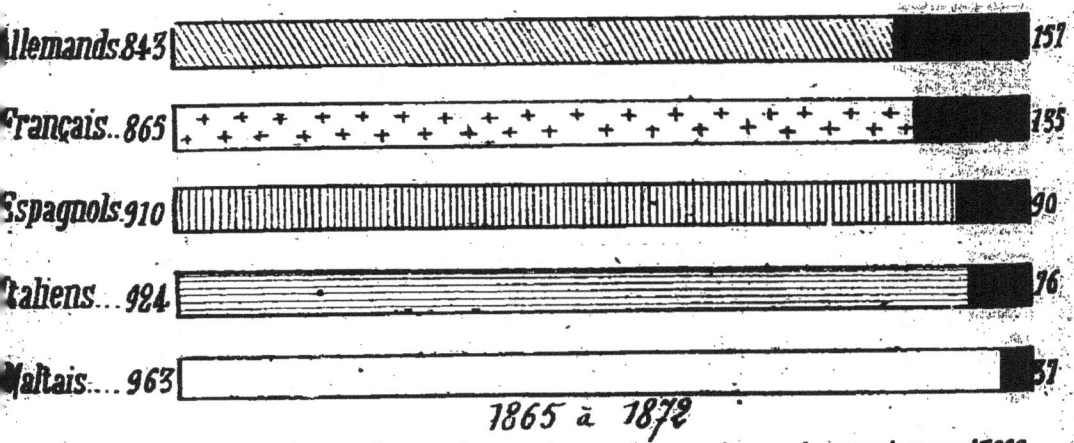

auxquelles la loi refuse le droit de mettre des enfants au monde.

Un second procédé plus usité, mais moins rigoureux consiste à rechercher le nombre des naissances hors mariage, par rapport aux naissances générales; on établit de la sorte le combien de naissances illégitimes sur 1,000 naissances générales.

La différence est grande entre les résultats obtenus par ces deux façons de procéder : dans le premier cas, on obtient la *probabilité* de production des naissances illégitimes, et dans le second cas, on n'a que le *rapport de fréquence* des naissances illégales relativement à la fréquence des naissances légitimes.

Nous aurions voulu calculer *la probabilité* du phénomène, c'est-à-dire *la natalité spéciale* des femmes non autorisées à procréer. Mais, pour ce faire, il eût fallu avoir la population par âge, par sexe et par état civil, avec des détails qui, nous l'avons vu, ne se trouvent pas dans les recensements officiels.

A défaut, nous nous bornerons à présenter le rapport de fréquence des deux sortes de naissances, à rechercher combien il se produit de naissances illégitimes par 1,000 naissances générales.

Nous avons partagé la période de 1841-1878 en cinq périodes, de façon à pouvoir apprécier la progression du phénomène.

Or, du premier coup d'œil jeté sur le diagramme, on constate que le nombre de naissances illégitimes décroît d'une façon très notable et très régulière : de 176 nous tombons actuellement à 92 naissances illégitimes pour 1,000 naissances générales.

Comme les mort-nés ne figurent pas parmi les naissances, il faut tenir compte de ce fait si l'on veut comparer la fréquence du phénomène en Algérie et en Europe.

Cette comparaison il est mieux de la faire par nationalités en rapprochant la proportion des illégitimes fournis par les Français en Algérie et en France, et ainsi pour les autres nationalités européennes.

La distinction des enfants naturels par nationalités est donnée d'une façon bien irrégulière dans les documents officiels; elle est indiquée pour 1865, puis, en 1866, on ne la trouve plus; on la donne encore pour la période 1867-1872 , et depuis lors (1873-1878) les volumes de statistique officiels sont complètement muets sur ce point.

En réunissant les chiffres de ces sept années qui seraient consécutives, n'était le vide de 1866, nous avons pu dresser la partie inférieure du graphique, qui donne le nombre d'enfants légitimes et illégitimes pour *1,000 naissances générales* en chaque nationalité.

Ce sont les Allemands qui ont l'illégitimité la plus considérable, les Maltais la plus faible, celle des premiers étant quatre fois plus forte que celle des derniers.

Les Français viennent après les Allemands, avec une différence bien légère, si on les compare aux Espagnols et aux Italiens, lesquels se rapprochent beaucoup plus des Maltais, tout en ayant une proportion supérieure à ceux-ci.

Tous ces chiffres s'appliquent à une période trop restreinte pour qn'on puisse leur accorder une valeur bien réelle, pour qu'on puisse surtout s'appuyer sur eux avec l'intention d'en déduire les conséquences.

Dans le but de remédier à ces lacunes et de constater si les résultats sont constants, nous avons embrassé une période de 39 ans, répartie en six époques, en relevant les naissances de la commune de Philippeville.

C'est l'objet du graphique qui complète le précédent. A toutes les époques, les Maltais ont l'illégitimité la plus faible, les Allemands la plus forte, les rangs intermédiaires sont tour à tour occupés par les Espagnols, les Italiens et les Français.

Tandis que les Maltais fournissaient très peu de naissances illégitimes au début, aujourd'hui ils en accusent un nombre presque triple, par contre les Allemands ont une situation qui va s'améliorant; puisque leurs illégitimes ont diminué de moitié (1).

A quoi faut-il attribuer la part si faible de l'illigitimité Maltaise ? Est-ce aux croyances religieuses de ce peuple, à l'intensité de sa foi catholique ? Le doute est permis,

---

(1) La proportion des 360 naissances illégitimes Allemandes est uu grossissement, car à l'époque ou elle est constatée, la population Allemande peu nombreuse, fournissait en chiffres absolus de 8 à 10 naissances par an.

NATALITÉ À PHILIPPEVILLE,

pour 1000 Naissances générales en chaque nationalité, combien
d'enfants légitimes & illégitimes.

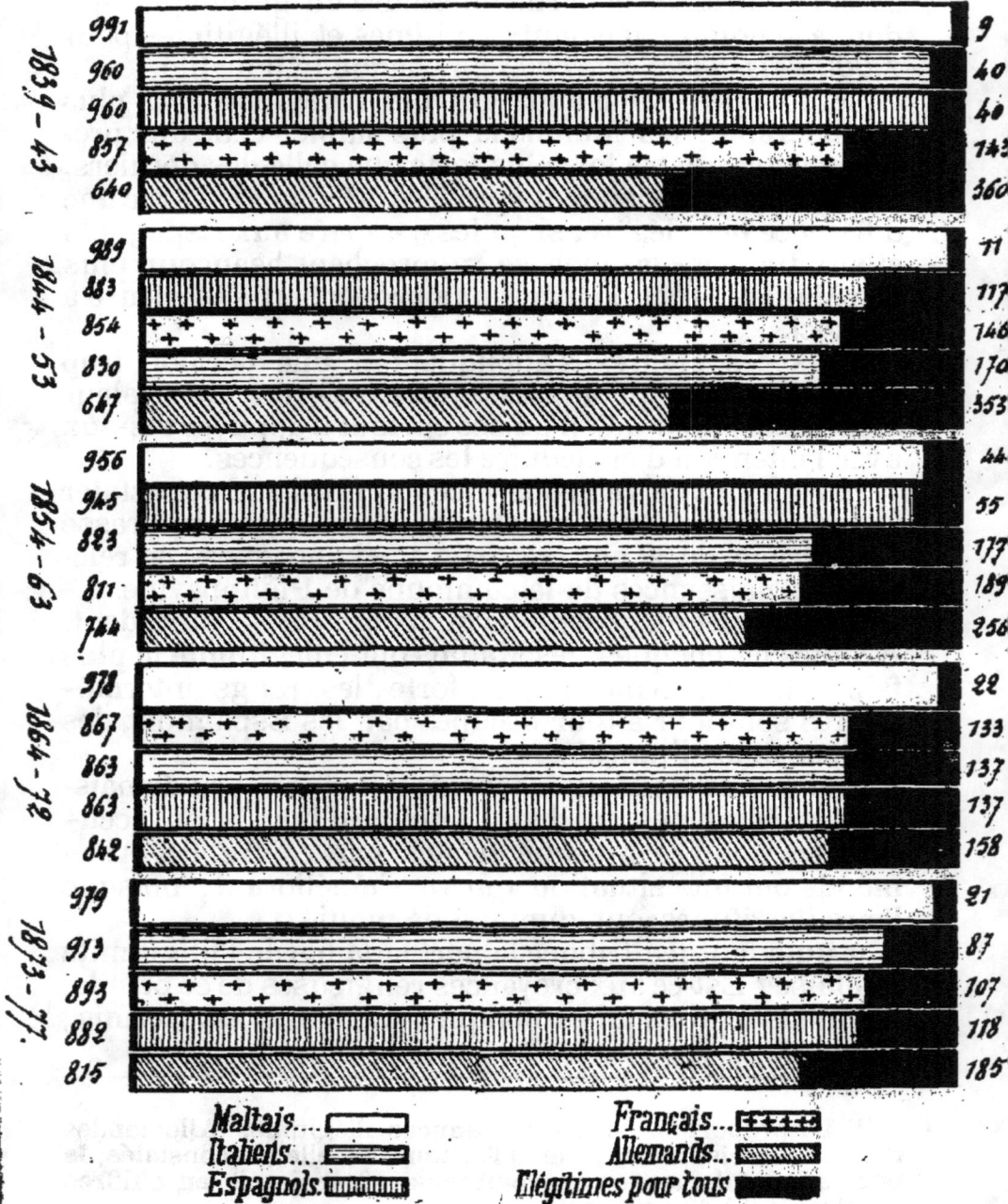

Période	Légitimes	Illégitimes
1839-43	991	9
	960	40
	960	40
	857	143
	640	360
1844-53	989	11
	883	117
	854	146
	830	170
	647	353
1854-63	956	44
	945	55
	823	177
	811	189
	744	256
1864-72	978	22
	867	133
	863	137
	863	137
	842	158
1873-77	979	21
	913	87
	893	107
	882	118
	815	185

Maltais....
Italiens....
Espagnols....
Français....
Allemands....
Illégitimes pour tous

sachant que les pays catholiques, l'Autriche par exemple, sont ceux qui ont le plus d'enfants illégitimes. Le doute s'impose, quand on sait que chez les Maltais de Malte la foi religieuse est encore plus vive et plus pratiquante que chez les Maltais algériens, ce qui n'empêche pas que « de tout temps Malte ait été citée pour la facilité de ses mœurs », comme le remarque le docteur C. Ely.

La vérité est que la Maltaise n'a rien de séduisant (celle du moins qui, aux premières années, venait en Algérie); d'aspect sauvage, de tenue un peu sordide, elle est fort peu recherchée en mariage par les Français et même les Italiens et les Espagnols. On s'explique que les mêmes raisons puissent faire rares les rapprochements hors mariage.

Mais par son séjour en Algérie, la Maltaise a acquis un peu de la grâce et de la tenue qui lui faisaient défaut; les jeunes filles Maltaises nées en Algérie sont, sous tous les rapports, bien supérieures à leurs mères. Nous les avons vu recherchées en mariage par d'autres hommes que leurs compatriotes; de même quelques-unes ont pu céder à des alliances illégales. Aussi l'illigitimité a-t-elle presque triplé dans l'espace de trente années.

Il y aura lieu plus tard au sujet des mort-nés, de rechercher si parmi les naissances déclarées sans vie, l'illégitimité ne réclame pas une forte part.

L'Allemand fournit la part la plus considérable à l'illégitimité, c'est un fait analogue à celui qu'il accuse dans sa patrie.

Rappelons que les Allemands habitant l'Algérie sont presque exclusivement Bavarois et Badois. Or en Bavière près du quart des enfants sont nés hors mariage; en Algérie ils dépassent souvent cette proportion.

C'est la législation odieuse des mariages particulière à ce pays qui est considérée comme la cause de ce phénomène. Dans ce pays le mariage est, du moins était, car la loi a été dans certaine mesure modifiée en 1862, un privilége; il fallait certaines conditions de fortune pour être admis à le contracter.

Qui sait si cette raison généralement admise, dont l'influence ne peut être mise en doute, est la seule à expliquer le nombre si excessif des naissances illégales?

Ne pourrait-on admettre l'influence d'un penchant naturel? En effet aucune loi n'entrave en Algérie le mariage des Allemands, et cependant ils conservent et exagèrent le privilége national de fournir une part énorme à l'illégitimité.

Le duché de Bade, dont les sujets sont ici très nombreux, compte près de 151 naissances illégitimes c'est un peu moins que la Bavière qui en a 236.

Les Français ont une natalité illégitime assez élevée; elle n'atteint jamais celles des Allemands et, comme la leur, elle tend à diminuer considérablement.

Comparée à celle de France, l'illégitimité des Français en Algérie est excessive, ce qui s'explique dans un pays en voie de formation et où le sentiment et le besoin de la famille n'ont pu se développer que lentement et progressivement. Ainsi, bien qu'à toutes les périodes nous comptions ici plus d'enfants illégitimes qu'en Franc e, la progression est en sens inverse. Tandis que depuis le commencement du siècle la proportion des naissances illégitimes s'est accrue en France de près de moitié et que celle des naissances légitimes a diminué d'un trente-huitème, en Algérie la proportion

	PROPORTION, SUR 1,000 NAISSANCES, DES			
	NAISSANCES LÉGITIM S		NAISSANCES ILLÉGITIMES	
PÉRIODES	en France	en Algérie	en France	en Algérie
An X-XI	952.2	»	48.8	»
1804-10	948.2	»	51.8	»
1711-20	936.7	»	63.3	»
1821-30	928.2	»	71.8	»
1831-40	926.2	835	73.8	165
1843-50	928.5	852	71.5	148
1851-60	926	874*	74	126*
1861-70	924.3	876**	75.7	124**
1871-64	927.3	908***	72.7	92***

* 1851-67. — ** 1868-72. — *** 1873-76.

a baissé très sensiblement. M. Gustave Lagneau dans un mémoire lu à l'Académie de médecine (séance du 13 août 1878) a dressé un tableau auquel nous ajoutons deux colonnes pour montrer la progression inverse en Algérie.

Il serait important d'avoir des renseignements assez précis pour savoir à quelles régions, à quelles provinces appartiennent les Français ayant le plus d'enfants illégitimes, si ce sont ceux nés en Algérie, ou ceux nés en France, qui y contribuent le plus. Faire la part des diverses régions de la France est impossible, mais on peut avancer comme chose certaine, que la jeunesse algérienne a peu de naissances illégitimes étant donné sa matrimonialité très forte et l'âge moyen au jour du mariage bien moins élevé que celui des hommes ou femmes nés en France.

Les Italiens et les Espagnols ont une natalité illégitime presque semblable et se traduisant souvent par les mêmes chiffres. Ces deux nationalités offrent d'ailleurs cette autre particularité d'avoir aujourd'hui plus d'enfants illégitimes qu'aux premières années, et d'arriver à atteindre et même dépasser le taux des Français dont la progresstion se fait en sens contraire.

Sur 1,000 naissances (mort-nés exclus), *combien d'illégitimes en c·aque nationalité en Algérie et en Europe?*

NATIONALITÉS	EN ALGÉRIE			EN EUROPE
	Philippeville		Colonie entière	
	1839-43	1873-77	1835-72	
Français..............	143	107	135	75 (1856-65).
Espagnols............	40	118	90	55.
Italiens..............	40	87 ·	76	66 (1868-72).
Maltais,.............	9	21	37	» **
Allemands...........	360	185	157	236 . Bavière. 151 Bade.

* Dans les périodes précédentes, les Italiens comptent 137 et 177 enfants illégitimes pour 1,000.
** On manque de documents sur la fréquence de l'illégitimité dans l'île de Malte.

Le tableau ci-dessus donne les chiffres d'enfants illégitimes comparés, pour chaque nationalité, en Algérie et dans la mère-patrie. Comme en Algérie les mort-nés ne sont pas comptés, nous avons emprunté les chiffres du docteur Bertillon (mort-nés exclus) pour les populations de l'Europe (1).

Au sujet des chiffres relatifs à l'Algérie il convient d'indiquer que, dans nos recherches sur Philippeville, nous avons compris sous le nom de *légitimes* les seuls enfants nés de mariages accomplis légalement, tandis que sous le nom *d'illégitimes* nous avons englobé les *légitimés* après mariage, les *reconnus* et les *non-reconnus*.

Les relevés officiels sur lesquels sont basés les calculs de la période 1865-72 comprenant l'Algérie entière, confondent, au contraire, sous la même appellation les légitimes et les légitimés, tandis que les reconnus et non-reconnus seuls composent le groupe des illégitimes. Ainsi s'expliquent les nombres moins élevés fournis par toutes les nationalités, puisqu'on compte en moins à leur actif, les enfants légitimés par un mariage consécutif. Les Maltais, malgré cette déduction, ont un chiffre plus élevé, ce qui porterait à croire qu'à Phitippeville (ville où ils sont en plus grand nombre) ils vivent dans une situation plus régulière qu'ailleurs.

§ III

NAISSANCES PAR SEXES

Parmi les nouveaux-nés, quelle est la proportion des sexes ou, en d'autres termes, pour 100 naissances filles combien naît-il de garçons ?

Les documents officiels permettent généralement de répondre à cette question, puisqu'ils donnent les chiffres respectifs des naissances par sexes : masculin et féminin. En réunissant ces chiffres, nous avons pu constituer le tableau suivant :

---

(1) Consulter les articles : *Bavière, Bade, Natalité* du Dict. Encyc. des Sciences méd., tous dûs à la plume de notre vénéré maître le professeur Bertillon.

Rapport des sexes des nouveaux-nés en Algérie

PÉRIODES	GARÇONS	FILLES	Pour 100 Filles combien de Garçons
1830-1853	30.177	25.728	117
1854-1856	9.885	9.317	106
1859-1863	20.973	19.062	110
1867-1872	27.574	25.797	107
1873-1877	27.646	26.671	103
Totaux.....	116.255	106.575	109

Ainsi donc, depuis l'occupation française le nombre de garçons a toujours été supérieur à celui des filles, dans des proportions variables, mais se résumant au total par 109 naissances masculines pour 100 féminines.

La proportion va d'ailleurs en diminuant; car, aux premiers jours de la conquête, pour 100 filles, il y avait 117 garçons et, dans les années les plus récentes, il en naît 103 seulement avec des intermédiaires de décroissance. Cette prédominance du sexe masculin existe également en Europe; nous en verrons tout à l'heure les rapports chez les diverses nations. Dans le tableau précédent il est question des seuls enfants vivants, sans compter les mort-nés. Nous aurons à examiner si le rapport sexuel varie en tenant compte des mort-nés, et en distinguant les naissances légitimes et illégitimes.

En limitant l'attention aux naissances vivantes proprement dites, nous voyons les chiffres ci-dessus s'appliquer à l'ensemble des populations européennes; mais, pour savoir si chaque nationalité en particulier a un nombre supérieur de garçons, on trouve les documents administratifs moins riches, car ils ne fournissent que par intervalle des renseignements dont il soit possible de tirer parti.

Ainsi de 1830 à 1856 parvient-on seulement à faire la part des Français, les autres nationalités européennes étant confondues sous le titre d'Etrangers. Voici le parti qu'on peut tirer des chiffres administratifs.

NATIONALITÉS		GARÇONS	FILLES	Pour 100 Filles combien de Garçons
Français...	1830-53	16.395	13.538	121
	1854-56	5.663	5.282	107
Étrangers...	1830-53	13.782	12.190	113
	1854-56	4.222	4.035	104

Le sexe masculin a encore l'avantage dans tous les groupes, mais le rapport plus élevé même dans la première année baisse sensiblement. Cet abaissement se poursuit-il, va-t-il s'accentuant ? Les derniers volumes de statistique — et c'est fort regrettable — se contentent de donner le nombre de naissances par sexes pour la population Européenne en bloc, et ne donnent pas la part de chaque nationalité. Il est donc impossible de constater si la décroissance persiste dans les années contemporaines en chaque nationalité, comme pour la population totale.

Si maintenant on veut décomposer la catégorie des Etrangers et faire la part de chacun des groupes ethniques dont elle se compose, comme nous avons fait celle des Français en particulier, on se heurte à des difficultés inconcevables. En parcourant les volumes de la *Situation des établissements Français en Algérie* (1853-1856), nous avons pu additionnant deci delà, faire cette part de chaque nationalité, telle qu'on peut la lire au tableau ci-après. Ces volumes, nous aurons à le constater au chapitre des décès, contiennent une foule de détails, présentés sans ordre, ni soin, avec un luxe de détails inutiles; c'est un fouillis, mais duquel, avec beaucoup de patience on peut tirer des choses utiles. En dehors de ces deux volumes impossible de rien trouver; les plus récents eux-mêmes, ne prêtent à aucune recherche. Ils donnent le nombre de naissances par sexes pour la population totale; puis, quand ils distribuent ces naissances par nationalités, ils omettent de donner simultanément les sexes. C'est ici surtout qu'éclate le manque d'unité, de méthode, et surtout l'absence d'esprit scientifique dans la rédaction de ces énormes volumes in-folios, remplis d'inutilités et qui ne peuvent répondre aux questions les plus simples de la Démographie.

Nous serons donc condamné à limiter la recherche du rapport des sexes par nationalités à la période déjà ancienne 1853-1856.

NATIONALITÉS		GARÇONS	FILLES	Pour 100 Filles combien de Garçons
Français...	1830-56	22.058	18.820	117
	1853-56	7.164	6.695	107
Espagnols..........		3.671	3.536	103
Italiens		717	647	110
Maltais		608	557	109
Allemands..........		356	349	102

La période étudiée est trop courte, de date un peu trop ancienne, pour que ces résultats puissent être donnés sans réserves. On le voit surtout en comparant les Français dans les années antérieures; cette période paraît être exceptionnelle pour eux en raison de la chute constatée. Les Italiens et les Maltais ont une proportion un peu plus favorable pour le sexe masculin.

Les Espagnols et les Allemands ont moins de garçons que les Français, mais chez eux aussi le rapport est défavorable aux filles.

Différence des sexes chez les mort-nés. — La multiplicité et l'importance des questions que présentent les mort-nés, nous font une obligation de les rapprocher, les traiter d'ensemble dans un paragraphe spécial.

*Différence des sexes chez les enfants légitimes et illé-
gitimes.* — Lequel des deux sexes a la prédominance
parmi les nouveaux-nés légitimes, lequel parmi les illégitimes? Est-ce co   me pour les naissances générales,
le sexe masculin? Et, dans ce cas, le rapport est-il plus
ou moins élevé?

Pour satisfaire à ces demandes nous avons peu de
documents. Les volumes officiels si imparfaits, nous
l'avons vu, quand il s'agit de présenter d'une façon
complète les rapports des sexes en général, sont encore
moins complets quand il s'agit de distinguer les naissances légales et celles hors mariage.

En fouillant dans la collection on arrive à faire cette
distinction, mais seulement pour les années 1845, 1855-
1856 et 1859-1863.

PÉRIODES	LÉGITIMES		ILLÉGITIMES		Pour 100 Filles, combien de Garçons	
	garçons	filles	garçons	filles	légitimes	illégitimes
1845	1.211	1.187	264	241	102	109.5
1855-56	»	»	960	924	»	103.5
1859-63	18.366	16.483	2.607	2.619	111.4	99.5

Les populations Européennes étant confondues, la
proportion des garçons l'emporte toujours dans le cas
de naissances légititimes; dans le cas contraire, les garçons l'emportent en deux périodes et dans la troisième
ils sont un peu inférieurs aux filles. Cette dernière
période comprenant cinq années entières et consécutives, tandis que les périodes précédentes sont de deux
années, peut-être faut-il accorder plus de valeur aux
chiffres embrassant un plus grand laps de te mps et un
nombre plus considérable de faits. On serait alors et
dans une certaine mesure autorisé à admettre que, dans
les naissances hors mariage, les filles paraissent l'emporter, alors que régulièrement, c'est le contraire dans
les naissances issues d'unions légales. Sans être aussi
affirmatif, on peut du moins admettre que l'illégitimité

diminue le nombre des mâles dans une proportion assez sensible : au lieu d'atteindre 108 et 111, le rapport de prédominance masculine descend à 103 et 101, quand il n'est pas inférieur à 100.

C'est d'ailleurs un phénomène constant dans toute l'Europe, l'illégitimité fait baisser la prédominance que le sexe masculin accuse d'une façon si marquée parmi les nouveaux-nés légitimes.

Les documents sont bien plus insuffisants pour faire la part des nationalités ; l'année 1845 est la seule qui prête à cette recherche, et encore à côté des Français, les Etrangers sont-ils confondus.

NATIONALITÉS	LÉGITIMES		ILLÉGITIMES		Pour 100 Filles, combien de Garçons	
	garçons	filles	garçons	filles	légitimes	illégitimes
Français..	622	502	166	158	105.9	105
Étrangers.	589	595	98	158	98.9	118

§ IV

NAISSANCES MULTIPLES

Est-il fréquent de voir en Algérie, les grossesses se terminer par des naissances doubles ou même triples ? Les relevés officiels ne se préoccupent jamais de ce cas et, pour l'élucider, il faut se livrer à des recherches personnelles. C'est ce à quoi nous nous sommes décidé en relevant toutes les naissances multiples déclarées à Philippeville depuis sa fondation (1838).

Dans l'intervalle compris entre cette date et l'année 1878 incluse, il n'y a pas eu de grossesse multiple en 1838, en 1839, en 1840, de même en 1848 et en 1868. En dehors de ces exceptions, chaque année il a été enregistré des grossesses multiples, les Français en ont toutes les années, sauf en 1867. Enfin en 1876 on trouve une naissance trigemellaire, la seule enregistrée pendant la période, composée de deux garçons et une fille de nationalité Italienne.

Dans le tableau ci-dessous, nous avons résumé par nationalités, le nombre de grossesses doubles en distinguant celles composées de deux enfants de même sexe et ceux de sexes différents, avec combinaisons sexuelles de ces naissances.

Enfin la dernière colonne indique combien pour 100 naissances générales on compte de naissances doubles.

NATIONALITÉS	Grossesses doubles			Totaux	Pour 1,000 grossesses géa'rales combien de doubles
	Unisexuées		bi-sexuées		
	masculines	féminines			
Français............	20	24	18	62	9.6
Espagnols..........	3	8	5	16	14
Italiens*...........	5	8	12	25	12.4
Maltais............	5	16	5	26	12.5
Allemands	4	1	3	8	15.5
Totaux.....	37 57		43	137	12.8
	94				

* En 1876, les Italiens ont une grossesse trigemellaire composée de 2 garçons et 1 fille; c'est, par rapport à leur population, 4,9 pour 10,000 Dans leur patrie européenne, les Italiens comptent 16,6 grossesses trigemellaires pour 10.000. Cet écart s'explique par la faible population relative des Italiens à Philippeville. — Il convient, à cette grossesse trigemellaire dont les enfants ont été déclarés vivants, d'ajouter pour la même période une grossesse trigemellaire 2 garçons 1 fille chez les Français, et une autre 1 garçon et 2 filles chez les Maltais dont les enfants étaient mort-nés.

En Algérie, ou du moins à Philippeville, sur 1,000 grossesses 13 environ ont chance de se terminer par une naissance double. Chaque nationalité contribue pour une part bien différente. En chiffres absolus ce sont les Français qui enregistrent le plus de naissances doubles (62) puis viennent les Maltais (26) les Italiens (25) les Espagnols (16) les Allemands (8).

Mais si l'on compare ces grossesses doubles aux grossesses générales de chaque nationalité, la propor-

tion assigne des rangs différents, les Français prennent
le dernier, les Allemands le premier et intermédiaire-
ment avec des valeurs fort rapprochées, les Espagnols,
les Maltais et les Italiens (1).

En Europe, les rapports de gemelléité propres à
chaque nation sont constants dans une succession
d'années et l'arrangement des sexes ne l'est pas moins.
« Ainsi en France, dit M. Bertillon, les combinaisons
sont telles que sur 100 grossesses doubles il y a 65 fois un
seul sexe, tandis qu'en Prusse il n'y a que 62 à 63 ;
encore là, ces rapports sont si constants, que jamais
pendant douze ans que j'ai étudié les documents prussiens, jamais, dis-je, je n'ai trouvé un chiffre de plus de
62 ou 63 et en France 65 jamais 63 ou 62. Ainsi, non-
seulement la gemelléité, mais encore les combinaisons
sexuelles de ces grossesses doubles sont caractéristi-
ques de chaque nation. » Il serait difficile d'affirmer une
régularité analogue en Algérie, car nous n'avons sous
les yeux que les chiffres d'une localité, qui compte des
populations d'origine ethnique très variée, et dont l'intensité est bien différente. Cependant il est remarquable
que, sur le 137 grossesses doubles recueillies, la proportion donne 67 pour 100 de grossesses unisexuées.
Les Français qui en France en ont 65 pour 100, en auraient 70 en Algérie ; les Allemands ont ici 62, chiffre
précisément égal à celui constaté chez les Prussiens par
M. Bertillon. Nous trouvons pour les autres peuples, les
proportions suivantes : Espagnols 69 ; Italiens 52 ;
Maltais 81.

Parmi ces grossesses unisexuées lequel des deux
sexes rencontre-t-on le plus fréquemment ? C'est le sexe
féminin sauf chez les Allemands et dans les proportions
suivantes pour 100.

(1) Cette répartition par nationalités donne lieu à la réflexion
suivante : auquel des deux, du père et de la mère, faut-il faire
honneur de la double production ? Pour l'état-civil c'est au père
et la naissance gemellaire, est enregistrée sous sa nationalité.
Mais avec la fréquence des mariages croisés, il peut arriver
que deux jumeaux soient nés d'une Italienne et d'un Français ou
réciproquement. Pour se flatter de faire une étude complète,
ne faudrait-il pas rechercher si les unions croisées sont plus ou
moins fécondes en grossesses doubles, et, dans ce cas, bien
distinguer les nationalités des père et mère ?

NATIONALITÉS	Unisexuées			bisexuées	Total
	masculines	féminines	Total		
Français............	32	38	70	30	100
Espagnols.........	19	50	69	31	100
Italiens............	20	32	52	48	100
Maltais............	19	62	81	19	100
Allemands	50	12.5	62.5	37.5	100

Voici maintenant comment chaque nationalité se comporte en Algérie et en Europe

NATIONALITÉS	POUR 1,000 GROSSESSES GÉNÉRALES COMBIEN DE GROSSESSES DOUBLES	
	en Algérie	en Europe
Français.............	9.6	9.9
Espagnols...........	14	»
Italiens	12.4	11.4
Maltais	12.5	»
Allemands	15.5	12.5 (Prusse)

§ V

MORT-NÉS

Les rédacteurs des statistiques officielles font encore moins de cas des mort-nés que des jumeaux. Ces derniers se réduisent pour eux à deux naissances enregistrées à la suite, sans indication du lien qui les rapproche. Les mort-nés, eux sont inscrits sur les registres des décès, et jamais sur les registres de naissances. Singulière façon de comprendre la comptabilité humaine, tenir compte d'une sortie sans l'avoir fait figurer aux entrées.

Avec des errements pareils, les statistiques officielles ne peuvent guère servir à élucider et traiter dans ses détails, la question des mort-nés.

La première mention d'enfants mort-nés est faite en 1853 et encore consiste t-elle en annotations placées à côté des chiffres des naissances et ainsi conçues : « il convient d'ajouter les mort-nés inscrits aux décès seulement. » On nous apprend de cette façon incidente, que dans les deux années 1853-54 il y a eu 475 mort-nés, et que pour l'année 1853 seule, les Français en ont eu 120 et les Etrangers 98. Par la suite, on ne rencontre même plus ces mentions sommaires et il faut arriver en 1877 et 1878 pour voir reparaître un renseignement sur les mort-nés. Deux brochures intitulées : *Etat actuel de l'Algérie* signalent que sur le nombre des décès imputables à ces deux années, il faut compter 964 mort-nés : 577 garçons et 387 filles. Puis on les répartit par nationalités, mais sans donner simultanément les sexes en sorte qu'on ne peut dire si la prédominance si considérable du sexe masculin constatée sur l'ensemble, se conserve dans chaque groupe national.

Voici les chiffres par nationalité.

Français....	495	Maltais....	41
Espagnols...	280	Allemands.	38
Italiens.....	85	Autres	25

Avec des renseignements aussi peu nombreux et aussi peu précis, comment tirer des conclusions (1) ?

Tout au plus peut-on dire que dans la proportion des sexes les garçons l'emportent ; quant au rapport des mort-nés aux naissances générales, nous verrons plus loin à le faire ressortir.

Nos recherches personnelles auxquelles il était indispensable de recourir , ont relevé sur les registres de l'état civil de Philippeville, tous les mort-nés par sexes, état civil *(légitimes ou illégitimes)* et nationalités , en

---

(1) Une nouvelle brochure recemment parue, enregistre en 1878 : 518 mort-nés, sans autre détail.

distinguant en outre, ceux des mort-nés provenant des grossesses multiples.

Cette multiplicité de détails jointe à l'étendue de la période (40 ans — 1838-1878) nous permettra d'élucider quelques-uns des points relatifs à ces naissances suivies de mort.

Avant d'aborder chacun des points, il nous a paru indispensable de fixer la détermination des mort-nés. L'Algérie régie par les règlements de la France en matière d'état civil, enregistre sous le nom de mort-nés tous les nouveaux-nés qui, venus au monde vivants ou non, sont morts avant la déclaration et leur inscription sur les registres.

En sorte que, sous cette appellation sont confondus, et l'enfant n'ayant pas respiré, mais ayant au moins six mois de vie intra-utérine (c'est là le mort-né scientifique) et celui qui a vécu après l'expulsion, mais ayant cessé de vivre au moment de la déclaration à la mairie.

Cette indication faite, et l'on voit que l'Algérie est comparable à la France dont elle a adopté le mode vicieux de procéder, nous allons successivement étudier :

I. La proportion des sexes dans les mort-nés.

II. L'influence de l'état civil sur la proportion des sexes.

III. La mesure de production des mort-nés (mortinatalité).

I. PROPORTION DES SEXES. — Au paragraphe III, nous avons constaté que pour les *naissances vivantes* le rapport des sexes était à l'avantage des garçons : pour 100 filles on comptait de 103 à 117 garçons, suivant les périodes. En est-il de même pour les mort-nés en particulier ? La réponse n'est pas douteuse en consultant le tableau suivant, l'on voit même que la proportion des mort-nés garçons est supérieure, et cela pour tous les peuples, les Italiens surtout ; chez ces derniers elle dépasse même la double.

Pour 100 filles mort-nées de chaque nationalité combien de garçons?

Français.....	146	Maltais...........	131,8
Espagnols....	150	Allemands........	135,4
Italiens......	231	Européens (ensemble)..	151,5

Les mêmes résultats se retrouvent avec les chiffres officiels comprenant la colonie entière, ainsi ils donnent 144 garçons pour 100 filles (Européens confondus) un peu moins que pour les Européens de Philippeville (151,5).

C'est d'ailleurs le phénomène relevé en Europe, en Belgique notamment (pays qui a la statistique des mort-nés la mieux comprise) où l'on compte 136 garçons pour 100 filles.

II. INFLUENCE DE L'ÉTAT CIVIL SUR LA PROPORTION DES SEXES — Un second fait ressort en Belgique, c'est que parmi les naissances illégitimes, la prédominance des garçons diminue sensiblement.

Cette similitude se présente aussi en Algérie mais avec deux exceptions.

NATIONALITÉS	POUR 1,000 FILLES MORT-NÉES, COMBIEN DE GARÇONS CHEZ	
	les légitimes	les illégitimes
Français.............	160	117
Espagnols...........	165	120
Italiens	244	206
Maltais.............	122	166
Allemands	127	146
Européens (ensemble).	161	135

Les deux exceptions se rencontrent chez les Maltais et les Allemands, leur prédominance masculine est plus élevée dans l'illégitimité. Ce sont précisément les deux peuples qui ont l'un, la plus forte illégitimité et l'autre la moins forte, avec des écarts très considérables, dans les naissances vivantes et, dans le cas particulier des mort-nés, ces deux peuples tendent à se rapprocher des autres.

III. MESURE DE LA PRODUCTION DES MORT-NÉS : — *Mortinatalité.* — Après avoir recherché la fréquence relative de quelques groupes de mort-nés, il nous reste à déterminer leur fréquence absolue. Pour obtenir cette fréquence, nous rapporterons le nombre des mort-nés (ou du moins déclarés tels) aux naissances générales (mort-nés inclus).

Ce rapport est le seul rigoureux, car la probabilité de production d'un mort-né doit se calculer, comme toutes les probabilités, en considérant le nombre des cas favorables à l'événement considéré (le nombre des accouchements produisant un mort-né) par le nombre des tous les cas qui peuvent le produire (c'est-à-dire tous les accouchements).

En divisant donc le nombre des mort-nés par le nombre des naissances générales (mort-nés compris) nous obtiendrons un rapport qui donnera la probabilité de ces naissances suivies de mort, rapport que M. Bertillon a heureusement exprimé par le terme de *mortinatalité.*

1° *Mortinatalité générale.* — En ne tenant compte ni des sexes, ni de l'état-civil, la mortinatalité générale des Européens est ici de 73,02 pour 1,000 naissances générales.

En faisant la part de chaque nationalité, on voit les Allemands y contribuer pour la meilleure part (124,4) suivis de près par les Maltais (110,8).

Bien au-dessous arrivent les Français (68), les Espagnols (61,5), les Italiens (56,3). Ces taux sont inférieurs à ceux constatés en Europe, et cependant la natalité générale ici est plus forte et nous pourrions signaler une cause certaine d'aggravation : le manque de secours au moment de l'accouchement, et l'ignorance des matrones qui y président.

Aux premières années de la colonie les sages-femmes étaient loin de justifier de connaissances bien sérieuses, aujourd'hui de grands progrès, il est juste

de le reconnaître, ont été accomplis, dans les villes du
moins; car, dans les villages, il faut recourir à des matrones sans instruction ni brevet. Aussi est-ce dans les
premières années que nous avons relevé les cas les plus
fréquents, et si nous avions basé nos calculs sur deux
périodes, nous aurions constaté une grande amélioration dans la période contemporaine. Une remarque nous
a également frappé dans nos recherches et elle justifie
ce que nous venons d'avancer : la même femme contribue pour 3 et même 4 mort-nés à intervalles très
courts. Ne sont-ce pas là des cas de dystocie, et ne
se seraient-ils pas terminés le plus souvent d'une façon
heureuse si l'on avait eu recours à un homme de l'art. ?

Notre pratique obstétricale est déjà assez riche de
faits et d'observations pour nous permettre d'avancer
que la mortinatalité a diminué depuis peu, d'un bon tiers.
Elle est destinée, nous en avons la conviction, à s'abaisser encore, si les jurys d'examen se montrent sévères
pour la délivrance des diplomes de sages-femmes, et si
celles-ci ont assez d'intelligence et de cœur pour comprendre que lorsqu'elles réclament dans des cas difficiles l'aide d'un médecin, elles ne font pas un sacrifice
d'amour- ropre, elles assurent le bénéfice de l'existence
et les joies de la maternité à deux êtres qui y soupirent
ardemment.

2° *Mortinatalité selon le sexe et l'état civil.* — Chez
les Européens confondus la mortinatalité des garçons
est de 44 et celles des filles 29,02, c'est-à-dire celles de
ces dernières étant 100, celle des premiers serait 150, ce
phénomène est analogue à celui reconnu en Europe.
Mais le rapport se renverse et devient tout-à-fait l'opposé de celui constaté en Europe, si l'on envisage les
légitimes et les illégitimes. La mortinatalité légitime est
de 29,6 pour les garçons et 18,37 pour les filles; la mortinatalité illégitime, bien inférieure encore, est de 14,4
pour les garçons, et 10,65 pour les filles.

Ainsi donc, tandis que dans tous les pays d'Europe la
mortinatalité croît partout avec l'illégitimité, en Algérie
elle diminue au contraire et de près de moitié, avec
l'illégitimité.

Un pareil renversement dans le même phénomène,
ne nous surprend guère, nous l'aurions pronostiqué
avant nos calculs. En Algérie comme dans toutes les

colonies, l'esprit de tolérance est large, le préjugé ne poursuit pas, aussi l'illégitimité n'est-elle pas marquée d'un sceau d'infamie comme en Europe.

Dans ces conditions pourquoi la fille-mère chercherait-elle à dissimuler et même à faire disparaître le fruit de sa faute ? Elle n'ignore pas que beaucoup dans son cas, ont pu trouver un époux qui même a reconnu leur enfant. Ces légitimations par mariages de la part d'hommes n'ayant certes pas la prétention d'avoir été les pères de ces enfants qui deviennent leurs, ces légitimations sont fréquentes et journalières. Les liens réguliers de la famille ne se constatent dans les colonies qu'après un certain temps. Nous sommes certainement arrivés à cette époque de régularité et de mœurs plus avouables, mais nos recherches remontent jusqu'aux premières années de l'occupation. Ne faut-il pas tenir compte aussi du nombre restreint des femmes pour expliquer cette facilité que rencontrent les filles-mères à se faire épouser par la suite ?

En Europe, trop souvent les mort-nés dissimulent des avortements provoqués ou non ; mais en Algérie, nous venons d'expliquer pourquoi, ces infanticides méconnus n'ont pas, si l'on peut oser dire, leur raison d'être. La preuve en est que les enfants illégitimes figurent moins souvent parmi les mort-nés, tandis que nous les avons constatés si fréquents dans les naissances vivantes. Il faut donc attribuer la meilleure cause de la mortinatalité des Européens en Algérie, non à des tentatives coupables, mais plutôt au manque de secours et de soins auprès des accouchées et surtout aux connaissances insuffisantes des personnes qui les assistent.

Avant de relever comment se comporte chaque nationalité, nous allons réunir en un tableau, les chiffres sur lesquels nous avons basé les remarques ci-dessus relatives aux Européens pris ensemble, et les chiffres particuliers à chaque peuple.

Pour 1,000 NAISSANCES GÉNÉRALES (mort-nés inclus) *de chaque nationalité, combien d'enfants présentés sans vie ?*

NATIONALITÉS	GARÇONS		FILLES	
	légitimes	illégitimes	légitimes	illégitimes
Français....................	26.5	13.8	16	11.7
Espagnols..................	27.1	9.8	16.4	8.2
Italiens	27.3	12	11.2	5.8
Maltais....................	45.7	17.3	37.4	10.4
Allemands.................	39.4	32.3	30.6	22.1
Européens (ensemble).....	29.6	14.4	18.37	10.65

Les Français ont parmi leur mort-nés plus de garçons et, dans l'un et l'autre sexe, les illégitimes fournissent le plus faible contribution. C'est le contraire en France, où durant la période 1841-70, l'accroissement dû à l'illégitimité est dans le rapport de 100 : 195. Nous avons expliqué les raisons d'une telle différence dont voici les chiffres :

	GARÇONS		FILLES	
	légitimes	illégitimes	légitimes	illégitimes
France (1841-70)...........	43.82	78	31.3	66.52
Algérie (1838-78)...........	26.5	13.8	16	11.7

En somme la mortinatalité est bien faible ici, comparée à celle de notre mère-patrie.

Les Espagnols ne peuvent, faute de documents, être comparés avec ceux d'Europe; en Algérie leurs légitimes fournissent à peu près le même tribut que les nôtres, mais leurs illégitimes en fournissent un plus faible encore que chez nous.

Il en est de même des Italiens, mais leurs filles, surtout les illégitimes, contribuent bien moins à la mortinatalité. Les Maltais eux ont une mortinatalité bien supérieure à la notre et à celle des Espagnols et des Italiens. L'illégitimité surtout masculine, fournit un taux bien plus considérable, et il faut rappeler que parmi les naissances vivantes, leur illégitimité est presque insignifiante.

Ce fait modifierait un peu la bonne opinion que l'on pouvait avoir eu des Maltaises, et donnerait à supposer que, dans le cas de grossesses illégales, elles se montrent moins résignées que les femmes des autres nationalités.

Les Allemands dont l'illégitimité est si forte au cas de naissances vivantes, ont la mortinatalité illégitime un peu plus faible, et comme chez les autres peuples elle tend à se rapprocher de celle des mort-nés légitimes.

3° *Mortinatalité dans les grossesses multiples.* — Etant donné e nombre assez restreint de grossesses multiples (trigemellaires surtout) sur lesquelles nous pouvons opérer, étant donné surtout le nombre insignifiant de mort-nés dans ces catégories, il est assez difficile de faire la part de la mortinatalité dans les grossesses doubles. Voici cependant les résultats comparés.

La Suède, seul pays d'Europe qui fournisse un document de cette nature, accuse une mortinatalité triplée pour les naissances doubles et plus encore, pour les

Pour 1,000 NAISSANCES GÉNÉRALES (mort-nés inclus), combien en trouve-t-on de mort nés dans les naissances simples, doubles et triples ?

NATIONALITÉS	NAISSANCES SIMPLES			NAISSANCES DOUBLES			NAISSANCES TRIPLES		
	Garçons	Filles	deux sexes	Garçons	Filles	deux sexes	Garçons	Filles	deux sexes
Français...	39.5	26.7	33.1	155	136	145.5	200	100	150
Espagnols..	28.7	25.3	27	363	»	181.5	»	»	»
Italiens.....	39.8	17.4	23.6	45.5	35.7	35.6	»	»	»
Maltais.....	62.7	46.8	54.75	133.3	51.2	92.25	100	200	1:0
Allemands..	68.3	52.4	60.35	272.8	200	236.40	»	»	»
Européens..	43.39	28.56	35.97	163.9	86.9	125.4	100	100	100

triples. Il en est a peu près exactement de même ici, pour l'ensemble des Européens, et aussi pour les Français et les A'lemands en particulier. Les Maltais chez lesquels la mortinatalité des grossesses simples est très forte, ont celle des grossesses doubles relativement et proportionnellement moins élevée ; c'est le contraire chez les Espagnols, les Italiens sont en somme les plus favorisés.

Il importe à un autre point de vue, de signaler que généralement dans les décès de mort-nés ce sont les enfants issus d'une même couche qui sont déclarés sans vie, et plus rarement au contraire, on constate un seul des deux mort-né et l'autre survivant. Ainsi parmi les Français sur 21 cas de mort-nés dans les grossesses multiples : 7 couples des jumeaux, plus les produits d'une grossesse trigemellaire (soit 17 produits accouplés) sont mort-nés tandis que 4 fois seulement les mort-nés sont pour ainsi dire dépareillés. Le même phénomène se constate chez les autres peuples.

CHAPITRE TROISIÈME

DÉCÈS

Les chiffres absolus des décès annuels n'ont aucun intérêt sinon de faire voir les variations excessives qui se produisent d'une année à l'autre. Aussi, et comme nous l'avons fait pour les naissances, inscrirons-nous ces chiffres absolus parce qu'ils servent de base aux calculs de la natalité. Nous aurions à rééditer les réserves du chapitre précédent : nous avons les chiffres de décès Européens pour toutes les années, sans exception, comprises entre 1830 et 1877 inclus, mais la répartition de ces décès suivant les nationalités, n'a été donnée que pour de rares périodes.

ANNÉES	DÉCÈS	ANNÉES	DÉCÈS	ANNÉES	DÉCÈS
1830	2	1846	5.826	1862	5.903
1831	119	1847	5.163	1863	6.347
1832	320	1848	4.835	1864	5.497
1833	318	1849	10.493	1865	6.783
1834	384	1850	7.138	1866	6.768
1835	696	1851	7.188	1867	8.714
1836	704	1852	6.552	1868	9.951
1837	1.039	1853	5.427	1869	7.483
1838	843	1854	6.991	1870	8.162
1839	1.663	1855	6.627	1871	8.590
1840	1.480	1856	5.242	1872	8.220
1841	1.738	1857	6.312	1873	7.716
1842	2.425	1858	6.409	1874	8.087
1843	2.707	1859	6.637	1875	9.943
1844	3.505	1860	6.365	1876	9.573
1845	4.139	1861	5.850	1877	9.798

Pour mesurer l'intensité de la mort, il faut comparer ce phénomène par rapport à la population au sein de laquelle il s'est produit. Or comme le chiffre de la population est très variable dans une colonie, dans un temps déterminé, comme son accroissement se fait par bonds des plus irréguliers, c'est dans une colonie surtout qu'il est intéressant d'étudier le rapport des décès à la population.

Ce rapport s'exprime d'un mot : la *mortalité* ; celle-ci est au phénomène des décès, ce que la *natalité* est à celui des naissances. Mais il convient d'insister sur la valeur et la signification du mot *mortalité* ; toujours, dans le langage vulgaire, et souvent dans les œuvres scientifiques, il est employé d'une façon vicieuse.

Dire par exemple : la mortalité de telle ville a été de 300 décès cette semaine est une faute, car on cite alors un chiffre absolu, tandis que la mortalité doit exprimer une comparaison dont un des termes est le chiffre absolu des décès survenus en un temps donné, et le second terme, le chiffre de la population sur lequel le tribut de la mort a été prélevé.

Nous étudierons donc la *mortalité* dans l'acception véritablement scientifique de ce terme, et nous passerons en revue

La mortalité générale, c'est-à-dire relative à l'ensemble de la population ;

La mortalité spéciale, c'est-à-dire envisagée suivant l'âge, le sexe et la nationalité.

§ I

MORTALITÉ GÉNÉRALE

Lorsqu'on divise le nombre des décès envisagés pendant l'unité du temps, l'année, par le chiffre de la population, le rapport obtenu exprime la mortalité générale.

Nous venons de donner le nombre des décès annuels depuis 1830 et, comme d'autre part, nous avons dressé un tableau de la population réelle ou calculée, année par année, pendant la même période, nous avons tous les éléments pour calculer le chiffre de la *mortalité générale annuelle des Européens* en Algérie.

On peut lire à la partie supérieure du graphique, combien par ériodes, 1,000 habitants européens fournissent de décès.

Le taux de la mortalité excessif au commencement puisqu'il dépasse 43 décès pour 1,000 habitants, continue à s'élever les années suivantes, pour atteindre 48 décès quinze années après l'occupation française.

MORTALITÉ en ALGÉRIE

Décès pour 1000 Habitants.

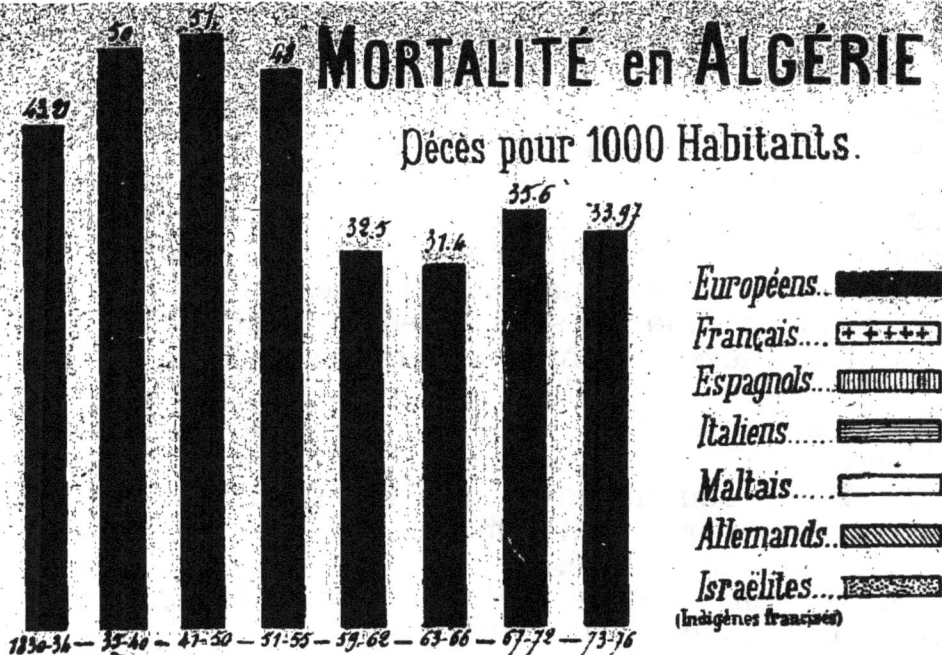

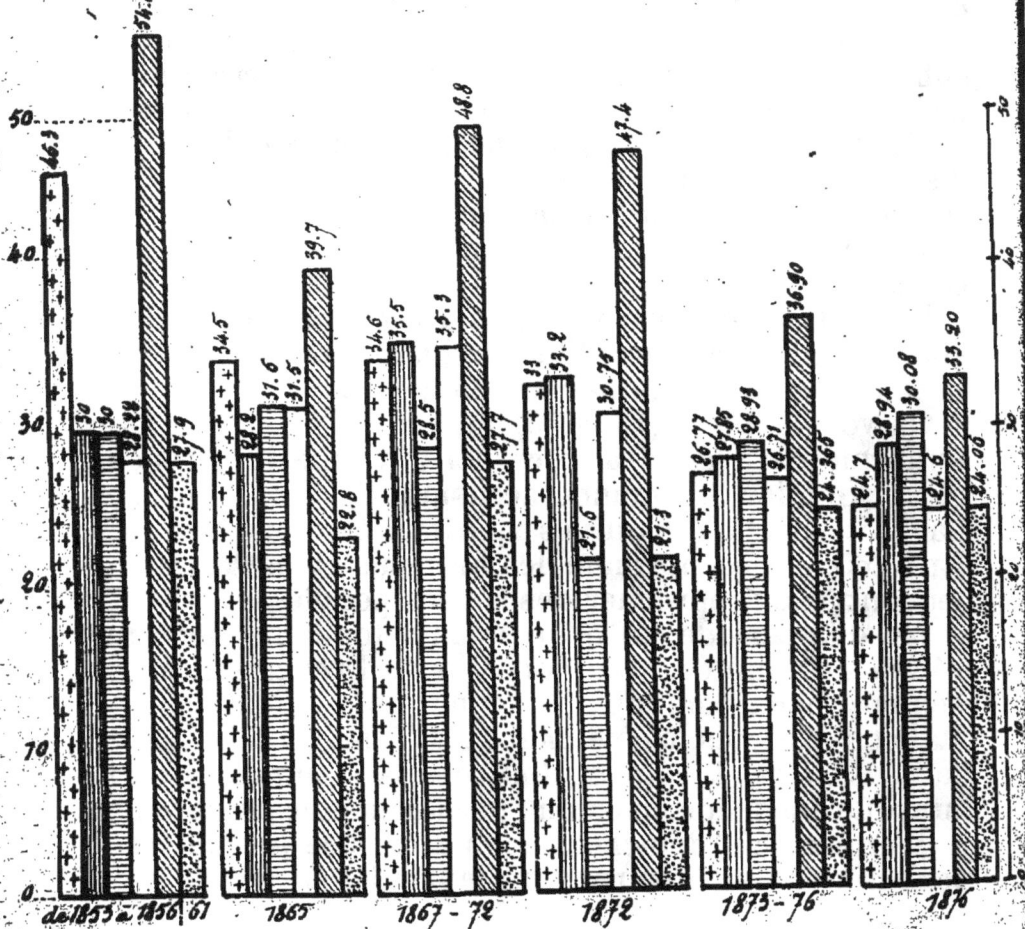

Légende :
- Européens...
- Français....
- Espagnols...
- Italiens....
- Maltais....
- Allemands..
- Israélites...
  (Indigènes francisés)

Premier graphique (Européens), décès pour 1000 habitants :
- 1836-36 : 41.7
- 35-40 : 50
- 47-50 : 51
- 51-55 : 47
- 59-62 : 32.5
- 63-66 : 31.4
- 67-72 : 35.6
- 73-76 : 33.97

Second graphique (par nationalité), décès pour 1000 habitants :
- de 1855 à 1856 : 46.9 ; 30.0 ; 30.33 ; 27.9
- 57 : 34.5 ; 27.8 ; 31.6 ; 31.5 ; 39.7 ; 28.8
- 1865 : 34.6 ; 35.5 ; 27.5 ; 35.9 ; 27.1 ; 48.8
- 1867-72 : 33 ; 33.8 ; 30.75 ; 27.6 ; 47.4 ; 18.1
- 1872 : 26.77 ; 27.05 ; 28.93 ; 28.71 ; 36.90 ; 23.08
- 1873-76 : 24.7 ; 25.94 ; 30.08 ; 24.6 ; 35.90 ; 24.08
- 1876

A partir de 1859 la mortalité s'abaisse d'une façon sensible au point de ne plus compter (1863-66) que 31 décès pour 1,000 habitants.

C'est précisément à cette époque que nous avons signalé la natalité la plus riche coïncidant avec un accroissement de la population dû en plus forte proportion à l'excédant des naissances sur les décès.

Cette amélioration ne se maintient pas; car, bientôt la mortalité s'élève pendant la période néfaste de 1867-72, pour redescendre de 1873 à 1876, période encore éprouvée. Mais l'abaissement ne va pas jusqu'aux résultats si heureux de l'année 1863.

Envisagée dans sa marche générale la mortalité tend donc à diminuer, et cette amélioration apparaît manifeste en suivant le tracé.

Si maintenant, nous voulons envisager la mortalité générale de chaque nationalité, nous pouvons le faire mais pour quelques périodes seulement. Il en est des décès comme des naissances, l'administration ne les a subdivisés par groupes nationaux que très irrégulièrement. Cependant cette distinction par nationalités ayant été faite simultanément pour les naissances et les décès, il sera possible de calculer la mortalité aux mêmes périodes que la natalité. Plus tard nous pourrons, grâce à cette coïncidence, faire des rapprochements et tirer des conclusions intéressantes.

La partie inférieure du graphique traduit, répartie en six périodes, la mortalité de chaque nationalité européenne et celle des Israélites indigènes.

On voit d'abord (1853-56) une mortalité à peu près uniforme chez les étrangers méridionaux, les Français et surtout les Allemands accusant un taux plus élevé par suite du choléra qui les a particulièrement éprouvés. En 1865, année normale, les Français et les Allemands tendent à se rapprocher des autres peuples.

Avec la période 1867-75, nous retombons dans une série de calamités, mais combien les Français s'en ressentent peu, comparés aux autres populations, les Italiens exceptés, à côté même des Maltais dont la mortalité s'élève, à côté surtout des Allemands qui sont presque aussi éprouvés que par l'épidémie précédente.

L'année 1872 détachée, est postérieure au choléra, à la famine et à l'insurrection, aussi les Français de se rapprocher des peuples méridionaux tandis que la situation des Allemands ne s'améliore pas.

L'épidémie scarlatineuse frappe ensuite les Etrangers méridionaux plus que les Français, et ce résultat ne surprendra personne, si l'on se rappelle que la mort survenait chez ceux-là pendant la convalescence, parce que sans soins pour leurs enfants, ils les laissaient vagabonder à peine l'éruption disparue.

Les Français plus soigneux et plus attentifs aux recommandations du médecin, n'ont pas éprouvé la mortalité, excessive par anasarque, angine, etc.

En 1876, les Français ont la mortalité la plus faible, les autres populations continuent à souffrir de l'épidémie qui ayant débuté en 1875, s'est prolongée pendant les premiers mois de l'année 1876, pendant lesquels les Français continuent à recueillir le fruit des bons soins dont ils entourent leurs enfants.

Ainsi que nous l'avons fait de leur natalité, nous avons noté la mortalité des Israélites indigènes ; elle est toujours très inférieure à celle des autres races.

Il y aurait lieu de jeter un regard d'ensemble sur la marche suivie par la mortalité dans chaque groupe, depuis l'occupation, de comparer cette marche à celle de la natalité, de la comparer également avec la mortalité de chaque peuple en sa mère patrie, mais tous ces rapprochements seront mieux en leur place dans un chapitre spécial que nous comptons leur consacrer.

En attendant nous résumons en un tableau les chiffres de mortalité.

Pour 1,000 HABITANTS *de chaque nationalité combien de décès en chaque période* (mort-nés déduits)?

NATIONALITÉS	1853-56	1865	1867-72	1872	1873-76	1876
Français..............	46.3	34.5	34.6	33	26.77	24.7
Espagnols......·.........	30	28.2	35.5	33.2	27.85	28.94
Italiens.................	30	31.6	28.5	21.6	28.93	30.08
Maltais.................	28.22	31.5	35.3	30.75	26.71	24.6
Allemands......·........	54.8	39.7	48.8	47.4	36.90	33.20
Israélites (indigènes).....	27·9 (1861)	22.8	27.7	21.3	24.36	24.08

Dans tous les calculs ayant pour objet de déterminer les coefficients de mortalité, il faut ne pas perdre de vue que les mort-nés sont, en Algérie, toujours compris dans le nombre des décès, tandis et nous l'avons établi, qu'ils ne comptent pas parmi les naissances. En France, au contraire, les mort-nés ne figurent pas dans le total des décès. Nous avons donc essayé d'alléger les décès algériens du nombre des mort-nés.

Pour cela, nous avons suivi l'exemple de M. le professeur Vallin, et, ainsi qu'il l'a fait pour la période 1867-1872, nous avons déduit 1 à 2 décès de mort-nés pour 1,000 habitants. « En France il y a chaque année 45 à 48,000 mort-nés qui réduisent d'autant le chiffre des décès; pour 1869 par exemple, il y a en France 23,4 décès pour 1,000 habitants, non compris les mort-nés et 24,6 si l'on ajoute les 45,280 mort-nés qu'a fournis cette année la population Française. Pour rendre les choses comparables, il faut donc retrancher les mort-nés du chiffre des décès algériens; nous supposerons leur proportion égale en Algérie à ce qu'elle est en France depuis 10 ans quoiqu'elle doive être beaucoup plus forte en Algérie, pour des raisons diverses, parmi lesquelles la proportion double des naissances illégitimes. » (*loc. cit.* p. 10). Nous avons adopté le procédé de M. Vallin, pour faire disparaître des décès le nombre des mort-nés, avec cette réserve que la supposition émise par le professeur du Val-de-Grâce touchant la plus grande fréquence des mort-nés en Algérie, ne se trouve pas confirmée par nos recherches personnelles sur la mortinatalité. La proportion plus grande des enfants illégitimes très réelle en effet, ne contribue pas à élever le taux de la mortinatalité en Algérie, nous l'avons démontré (page 137) et nous croyons en avoir donné une explication très satisfaisante.

La statistique des décès empruntée aux recueils officiels est passible de bien d'autres critiques: tantôt les décès militaires sont confondus avec ceux de la population civile ; tantôt on oublie de comprendre parmi les décès civils, ceux survenus dans les hôpitaux militaires. Cet oubli est dû à ce que dans la plupart des localités les hôpitaux civils sont ouverts aux femmes seules, les hôpitaux militaires recevant dans des salles spéciales, les malades hommes de la population civile.

Toutes ces irrégularités, ces causes d'erreurs ont été minutieusement relevées et critiquées avec un grand sens par M. le professeur Vallin. Aussi avons-nous pensé ne pouvoir mieux faire qu'en lui empruntant ses chiffres corrigés.

§ II

MORTALITÉ SPÉCIALE

Tous les coefficients de mortalité ci-dessus ont été calculés par rapport à la population générale, c'est-à-dire sans distinction d'âges. Or, comme les chances de mort varient au plus haut point, avec les âges, comme l'enfance et la vieillesse y contribuent pour une part beaucoup plus considérable que les âges intermédiaires, on conçoit combien la mortalité ainsi calculée a une valeur et une signification bien restreintes.

Si, encore dans tous les pays chaque groupe d'âge était en proportions égales, la mortalité générale pourrait à la rigueur servir de mesure relative. Mais à cet égard la composition des populations varie d'un pays à l'autre ; tel a beaucoup d'enfants, qui compte peu d'adultes ou peu de vieillards et réciproquement.

Ainsi tandis qu'en Prusse pour 1.000 habitants de tout âge on compte :

348 enfants au-dessous de 14 ans ;
595 adultes entre 14 et 60 ans ;
56 vieillards au-dessus de 60 ans ;

En France il y a :
257 enfants,
635 adultes,
108 vieillards.

La France a donc moins d'enfants, mais plus d'adultes et plus de vieillards.

Comment en Algérie se répartissent ces trois groupes d'âges ? La recherche est généralement impossible, faute de renseignements analytiques convenablement disposés ; le recensement de 1866 seul assez bien présenté, nous permet d'établir que pour 1.000 habitants européens nous avons :

312 enfants au-dessous de 14 ans ;
35 vieillards au-dessus de 60 ans ;
653 adultes entre 14 et 60 ans.

Nous avons donc ici , beaucoup plus d'enfants qu'en France, à peu près autant qu'en Prusse ; le nombre de nos adultes est supérieur à celui de France, plus favorisée elle-même, à cet égard, que la Prusse ; quant aux vieillards nous en avons trois fois moins que la France et à peu près la moitié de la Prusse.

Ces rapprochements suffisent à montrer quelles différences se remarquent d'un pays à l'autre, dans la force respective des divers groupes d'âges et par suite, combien doit varier la mortalité générale calculée sur des groupes dont la mortalité particulière est si différente.

« Nous ne disons pas, pense M. Bertillon, qu'il faille absolument rejeter ce rapport , le seul que l'on ait souvent, *par exemple, pour l'Algérie.* »

Cette constatation est malheureusement trop exacte aujourd'hui encore. Les documents officiels sont dressés de telle sorte qu'il est impossible, même pour les années récentes, de calculer la *mortalité spéciale* par âges et par sexes.

En effet pour ce faire, deux documents sont nécessaires :

1° les relevés des décès par années d'âges et par sexes ;

2° la connaissance des vivants par âges et par sexes.

Or, les relevés donnent généralement les décès annuels par nationalités et par sexes, jamais par âges et jamais *simultanément* avec ces trois ordres de documents.

Par exception les volumes des années 1853, 1854, 1855 et 1856, très complets , répartissent les décès par âges, sexes, nationalités, en distinguant en outre si les décédés étaient nés en Algérie ou non , et s'ils provenaient de mariages croisés. Mais comment tirer parti de ces richesses quand les relevés de population afférents à ces quatre années, ne donnent pas la distinction des vivants avec les renseignements analogues.

D'autres fois en 1866, par exemple, la population est soigneusement relevée par groupes d'âges ,mais ce sont alors les relevés mortuaires qui sont muets sur ces renseignements.

En 1872 et en 1876, dates des deux derniers recensements effectués, un tableau récapitulatif relève bien la population par âges et par état civil, mais les Arabes et les Israélites indigènes sont confondus avec les Européens. Cette confusion ayant été faite dans chaque localité, il est impossible de séparer cette gangue indigène et, par suite, tout calcul devient absolument impossible.

En face de ces *impedimenta*, nous avons essayé de faire le travail pour notre localité et nous allons successivement exposer les résultats de nos recherches personnelles.

Nous passerons successivement en revue *la mortalité spéciale :*

I. Par sexes ;
II. Par saisons ;
III. Par âges ;
IV. Par âges, sexes et nationalités.

§ III

MORTALITÉ PAR SEXES

L'excédant des naissances mâles que nous avons vu se rencontrer si régulièrement ici comme en Europe, a-t-il pour corollaire un excédant de décès du même sexe ?

On peut *a priori* le supposer, étant donné qu'en Europe c'est régulièrement le sexe mâle qui fournit le plus de décès, soit parmi les adultes soit parmi les enfants. On peut même prévoir que la mortalité masculine devra être supérieure en Algérie, chez les adultes notamment, puisque nous avons vu les hommes être toujours en nombre de beaucoup supérieurs aux femmes.

Pour résoudre ce point, les documents administratifs sont bien défectueux : de 1830 à 1853 ils ne distinguent que les sexes masculins et féminins (enfants et adultes sont confondus). Depuis 1854 on parvient à faire pour certaines années cette distinction, et à côté des hommes et des femmes, on trouve les garçons et les filles. Mais tous ces renseignements sont donnés pour la population Européenne ensemble et non par nationalités, et cette lacune existe même dans les statistiques les plus récentes.

Cependant dans les volumes des années 1853, 1854, 1855, 1856 où déjà nous avons signalé un amas confus de chiffres et de renseignements, nous avons pu recueillant et additionnant de ci de là, faire la part pour chaque nationalité. Malheureusement ces années sont déjà éloignées, appartiennent à une époque où les femmes étaient encore moins nombreuses et en disproportion bien plus accentuée que de nos jours ; de plus ces années ont été éprouvées par une forte épidemie de choléra.

Quoi qu'il en soit, voici les conclusions que nous avons pu tirer de tout cet ensemble de chiffres incomplets et disparates.

De 1830 à 1853 pour 100 décès du sexe féminin, on en compte 160 du sexe masculin, c'est beaucoup plus qu'en Europe où, suivant les pays, les décès masculins sont de 104 à 108 contre 100 décès féminins.

En distinguant les Français des Etrangers on trouve pour les premiers 170 décès masculins et pour les seconds 151 seulement, toujours contre 100 décès du sexe féminin.

Une différence aussi considérable avec l'Europe s'explique sans peine si l'on se rappelle combien à cette époque les femmes étaient rares, étant 100 pour 150 hommes. Rien de plus naturel d'ailleurs que de voir la mort frapper sur les hommes. Peut-être aussi les décès militaires sont-ils compris dans le nombre et viennent-ils accroitre la dîme masculine. Il est difficile de distinguer si cette confusion n'a pas été faite, au moins pour certains groupes d'années, car nous n'avons pas les décès d'enfants désignés à part.

Etudions maintenant les années où cette désignation a été faite.

PÉRIODES	DÉCÈS				Pour 100 femmes combien d'hommes	Pour 100 filles combien de garçons	Pour 100 individus féminins combien de masculins
	Hommes	Femmes	Garçons	Filles			
1854-56	5.338	2.537	5.794	5.203	210	111	160
1859-63	8.633	4.509	9.562	8.388	191	114	152
1867-72	13.416	8.089	17.432	11.957	165	145	155
1873-77	7.590	4.259	7.496	6.403	178	117	147

Adulte ou enfant, le sexe mâle est toujours, et de beaucoup, plus éprouvé que le sexe féminin, mais l'homme à un plus haut degré que le petit garçon.

Cette différence est assez sensible pour qu'on se demande si parmi les hommes ne figurent pas les décès de l'armée. Au premier coup d'œil cette confusion paraît vraisemblable, d'autant mieux que pour la période 1867-1877 où nous sommes certains que la confusion n'existe pas, l'écart entre les deux sexes est moins grand que pour les périodes précédentes.

Un autre fait porterait également à admettre la confusion parmi les décès civils, des décès militaires, c'est l'écart entre les garçons et les filles s'accentuant dans les années contemporaines, alors qu'il diminue entre les hommes et les femmes.

Toutefois, comme en tenant compte uniquement du sexe, sans distinction d'enfants et d'adultes, on constate un taux à peu près uniforme au désavantage du sexe masculin, taux égal à celui constaté pour la période 1830-1853, l'hésitation est permise et sans être absolument affirmatif, on peut supposer que les décès militaires n'ont pas été fusionnés avec ceux de la population civile.

Cette supposition sera corroborée si plus loin nous voyons les nationalités étrangères accuser un taux analogue à celui des Français, elles qui ne fournissent pas à la mortalité militaire.

Il résulte subsidiairement de ce tableau que l'enfance fournit bien plus de décès que l'âge adulte (vieillesse comprise), nous avons il est vrai plus d'enfants ici qu'en Europe, mais pour 1,000 habitants il y a certainement moins d'individus au-dessous de 14 ans qu'au-dessus de cet âge.

Ce fait est à enregistrer, car les documents administratifs ne permettent pas d'établir régulièrement la mortalité par âges.

Les garçons comparés aux filles, meurent-ils plus en Algérie qu'en Europe ? Pas sensiblement, car en Europe, alors qu'il meurt 100 petites filles, il succombe 116 à 117 garçons, et en Algérie nous voyons la différence osciller entre 111 et 117, sauf la période 1867-1872 (choléra, typhus, variole) où elle atteint 145.

Etudions maintenant le phénomène chez les divers

peuples, en faisant observer que la période 1853-1856, la seule où nous ayons pu déterminer cette part, a été ravagée par le choléra. On ne saurait donc admettre ces chiffres comme ceux d'une période normale.

NATIONALITÉS	DÉCÈS				POUR 100		
	Hommes	Femmes	Garçons	Filles	Femmes combien d'Hommes	Filles combien de Garçons	Individus féminins combien de masculins
Français...	5.069	1.942	4.657	3.074	267	117	192
Espagnols..	819	764	1.609	1.577	107	102	104
Italiens.....	338	113	274	219	305	137	221
Maltais.....	191	82	262	218	240	122	181
Allemands .	291	220	242	567	166	95	130

Toutes les nations contribuent sans exception, à la mortalité supérieure du sexe masculin et chez les adultes et chez les enfants. Les Allemands toutefois sont seuls à perdre moins de garçons que de filles.

Il est encore difficile de démèler si les décès militaires n'ont pas été confondus. La chose ne paraît pas douteuse à voir chez les Français la différence sexuelle de la mortalité adulte et infantile, mais chez les Maltais la différence existe analogue, et chez les Italiens n'est-elle pas plus accentuée encore ? Ces inconséquences, ces contradictions, sources d'hésitations continuelles, proviennent sans doute, de fautes d'addition ou d'erreurs d'impression et sont le témoignage palpable du manque de soins apporté à la rédaction des statistiques officielles.

En définitive et pour résoudre ce point de savoir si les décès militaires comptés à tort, ne grossissent pas outre mesure, le contingent des décès hommes, nous avons parcouru les registres de Philippeville des années 1874 à 1878. Afin d'échapper à toute cause d'erreur, nous avons non-seulement défalqué les décès militaires mais encore les décès des personnes étrangères à la localité qui y sont décédées, et dont les décès figurent sur les registres.

Cette radiation des personnes dites étrangères était indispensable pour deux raisons. Philippeville est une localité importante, dotée de deux hôpitaux, militaire pour les hommes, civil pour les femmes ; entourée de centres agricoles très importants.

Ces villages évacuent sur la ville leurs malades dont les cas sont graves ou chroniques afin de les faire traiter dans nos hôpitaux. La mortalité sévit inévitablement dans cette catégorie de malades transportés, mais on ne saurait la faire supporter à la ville où le décès se produit.

D'autre part, Philippeville est une ville de passage, le port d'arrivée ou de départ qui dessert la majeure partie de la province de Constantine. Bien des gens sans domicile légal, et souvent réel, y séjournent et y meurent, surtout à l'hôpital. Or cette population flottante, que le dicton populaire a d'une façon pittoresque qualifiée *l'armée roulante*, se compose surtout d'hommes, ouvriers sans travail ou peu désireux d'en trouver.

Il est d'autant plus juste d'éliminer ces décès, pour le cas qui nous occupe, qu'ils surchargeraient indûment la mortalité masculine.

Ces particularités connues, et défalcation faite des éléments pouvant obscurcir la question, voici la répartition des décès par sexes et nationalités à Philippeville (1874-1878 les deux termes inclus).

NATIONALITÉS	DÉCÈS				POUR 100		
	Hommes	Femmes	Garçons	Filles	Femmes combien d'Hommes	Filles combien de Garçons	individus masculins combien de féminins
Français...	224	128	249	190	170	131	150
Espagnols..	54	35	44	48	154	91	122
Italiens.....	87	33	103	111	263	92	177
Maltais.....	72	16	60	49	450	122	291
Allemands..	12	12	13	12	100	108	104

Impossible d'en plus douter, les militaires avaient été

compris dans les relevés officiels de 1855-1856, car pour
100 décès de femmes on comptait 267 et maintenant
nous en trouvons 170 seulement dans le tableau relevé
à Philippeville, dans lequel toute confusion a été minutieusement écartée. Les Français se comportent donc
comme les autres peuples.

Les Maltais et les Italiens ont un peu plus de décès
masculins, cela peut tenir à ce que dans ces années figure 1875 avec son épidémie de scarlatine qui a été meurtrière pour ces deux nationalités. Nous estimons aussi
que cet excès de décès masculins est dû à la forte
immigration ouvrière, masculine et célibataire, que
l'Italie surtout déverse sur nos chantiers de travaux
publics.

Il est enfin une confirmation de la coutume vicieuse
adoptée dans les documents officiels de faire figurer les
décès militaires. En parcourant le tableau des décès par
âges, sexes et nationalités on trouve dans la catégorie
de 21 à 30 ans: 436 décès d'hommes français pour 85 seulement de femmes (1855) ou 332 d'hommes pour 69 de
femmes (1856). Comment s'expliquerait une pareille
différence entre les deux sexes, si l'on n'admettait pas
l'inscription des soldats décédés, d'autant plus que
pareil écart ne se rencontre plus chez les étrangers
qui eux, ne contribuent pas aux décès militaires.

Si nous nous sommes ainsi appesanti sur ce point,
c'est avec l'intention de faire ressortir par un nouvel
exemple, les vices des statistiques officielles, leur manque de sens scientifique, et pour montrer combien est
indispensable la plus scrupuleuse attention, si l'on ne
veut pas se laisser entraîner à des déductions et à des
conclusions exagérées ou hasardées.

§ IV

MORTALITÉ SUIVANT LES SAISONS

Pour se rendre un compte exact de l'influence que les
saisons ont sur la mortalité, il faudrait faire intervenir
simultanément la considération des âges.

La vieillesse ne supporte pas comme l'enfance l'influence saisonnière, et les enfants se comportent diffé-
remment dans les premiers jours de la vie et dans la

seconde moitié de la première année. A défaut de cette analyse complexe sur la mortalité, simultanément par mois de l'année et par âges, il y a en Algérie, un intérêt particulier à rechercher comment les décès se répartissent suivant les mois.

C'est un fait de connaissance vulgaire que la saison des chaleurs est la plus pénible à supporter, celle en conséquence durant laquelle sévissent avec le plus d'intensité les maladies d'origine palustre.

Il est bon de mesurer cette intensité par des chiffres, et de faire ressortir par une proportion suivie, la bénignité des mois reconnus pour être moins tributaires de l'endémie paludéenne.

C'est ce que nous avons recherché localement, en choisissant parmi les années dont la mortalité n'a pas été grossie par un fléau épidémique, en un mot, nous nous sommes efforcé d'établir la marche habituelle de la mort et non la marche d'une épidémie accidentelle.

Il résulte de nos calculs que, sur *10,000* décès, on en compte en :

Janvier....	795	Avril......	588	Juillet..... 1.060		Octobre... 1.060	
Février ...	714	Mai	598	Août...... 1.147		Novrmbre.	940
Mars......	761	Juin	714	Septembre	853	Décembre.	750

Le *minimum* de la léthalité est donc au mois d'avril, l'augmentation est peu sensible dans les deux mois suivants, puis en juillet et en août accroissement considérable, qui se maintient à peu près au même point en octobre, après une légère rémission en septembre. Enfin la mortalité commence à décroître assez régulièrement jusqu'au mois d'avril choisi pour point de départ. Les mois de juillet et d'août sont les plus meurtriers, après eux, viennent septembre, octobre et novembre; les influences saisonnières, estivale et automnale sont sensibles, alors que l'hiver et le printemps, au contraire, jouissent auprès d'elles, d'une grande bénignité.

Cette constatation ressort d'une façon plus évidente avec les chiffres suivants :

Sur 1,000 décès annuels
209	ont lieu en	hiver (*janvier, février, mars*);
196	—	en printemps (*avril, mai, juin*);
314	—	en été (*juillet, août, septembre*);
281	—	en automne (*octobre, novembre, décembre*).

§ V

MORTALITÉ PAR AGES

De toutes les influences qui agissent sur la mortalité et font modifier son intensité, l'âge est la plus forte, la plus inéluctable.

La première enfance ne meurt pas comme la vieillesse, comme l'âge mûr encore moins.

Il faut donc isoler cette cause accélératrice ou modératrice des décès et montrer comment elle agit aux diverses époques de la vie humaine.

Pour mesurer cette force, il ne suffit pas de dresser la liste des décès par âges, considérés isolément, de comparer ces décès au nombre total des décédés et dire, par exemple : pour *1,000 décès annuels*, il y en a eu *tant* appartenant au sexe et à l'âge donné. Cette méthode est défectueuse, car le nombre des décédés à un âge donné, est indépendant du nombre des décès généraux, mais répond au contraire au nombre des vivants du même âge parmi lesquels la mort a frappé. Ainsi, la Prusse compte *263* décès de 0 à 1 an (sur 1,000 décès) et la France *214*, faut-il conclure que la mortalité prussienne de la première année est supérieure à celle des Français? Non, car pour 1,000 habitants, nous ne comptons que *23* bébés de 0 à 1 an et la Prusse 84. Il est fort naturel qu'ayant une population plus touffue, cette nation compte plus de décès enfantins. Aussi, et en réalité, c'est la France qui a la mortalité de la première année la plus considérable.

De ces faits, il reste à conclure que la liste des décès par âges ne suffit pas à faire connaître la mortalité afférente à cet âge, qu'il faut encore comparer les chiffres des décès, non pas avec les décès généraux, mais avec les décès de l'âge correspondant.

Si nous voulons donc chercher à déterminer la mortalité âge par âge, il nous faudra deux sortes de documents :

1° Le relevé du nombre des vivants âge par âge;
2° Les relevés des décès par année.

A la seule énumération des documents indispensables pour tenter l'étude des décès par âges que nous voudrions entreprendre, on voit les difficultés qui se présentent.

Les recensements, nous l'avons signalé, sont très imparfaitement présentés dans les statistiques officielles. Sauf en 1866, ils ne donnent jamais la répartition par âges, et encore l'ayant fait à cette date, c'est avec des divisions trop rares et des intervalles trop grands. Ainsi le premier groupe d'âge, constitué par les enfants de 1 jour à 7 ans, le second par ceux de 7 à 14 ans, comprend des unités qui sont loin d'être tributaires de la mort d'une façon égale.

Les recensements postérieurs à 1866 n'ont pas même donné la population par âges.

D'un autre côté, les relevés mortuaires ne sont pas dressés avec plus de détails et les décès par âges ne sont jamais indiqués. Par exception, les volumes des années 1854, 1855 et 1856 contiennent tous ces renseignements, mais comment en tirer parti, le recensement correspondant à ces années, ne donnant pas la population par âges. Il est de toute impossibilité, cela est manifeste, de comparer les décès au nombre des habitants de l'âge correspondant.

Ainsi donc la mortalité par âges ne peut être à aucune époque étudiée pour l'Algérie entière. En présence de ce manque de documents officiels complets se rapportant à l'ensemble de la colonie, — nous en avions fait l'expérience dans nos travaux antérieurs, — nous avons alors essayé d'étudier la mortalité par âges, en interrogeant les recensements et registres de l'état civil de Philippeville.

Mais ces recensements officiels se présentent avec le défaut plus haut signalé : les âges sont subdivisés par intervalles quinquennaux ou décennaux, trop vastes pour résoudre et éclairer sérieusement la mortalité envisagée sous cette face. Nos recherches ne dépassaient pas d'ailleurs l'âge de 15 ans, mais comme elles distinguaient les enfants nés en Algérie et ceux nés en Europe il y aura quelque intérêt à rappeler les résultats obtenus dont voici les éléments rapprochés pour 1866 et 1872.

AGES		Nombre des Décès annuels		Population au Recensement général		Proportion pour 100 des Décès à la population d'âge correspondant	
		1866	1872	1866	1872	1866	1872
Nés en	de 1 jour à 5 ans.....	137	132	1.820	1.475	7.5	8.9
Algérie	de 5 à 15 ans.........	8	13	1.240	1.458	0.64	0.88
Nés en	de 1 jour à 5 ans....	2	7	160	120	1.3	5.8
Europe	de 5 à 15 ans...,......	8	3	520	337	1.16	0.89

L'année 1866 a été normale et ses chiffres plus satis-faisants, prouvent une mortalité moindre aux deux grou-pes d'âges et parmi les deux populations, qu'en 1872, durant laquelle la variole a fait de nombreuses victimes parmi les enfants. Cette réserve faite, et il y avait lieu de la rappeler pour ne pas faire croire à une mortalité infan-tille allant en s'aggravant au lieu de diminuer, il résulte que la mortalité est bien plus forte dans les cinq pre-mières années de l'existence que dans les dix années qui viennent à la suite, elle s'accroît beaucoup plus avec une épidémie, mais les enfants originaires d'Eu-rope à tous les âges s'en ressentent davantage et sont plus éprouvés.

Sans nier la valeur de ces résultats, il faut néanmoins regretter de ne pouvoir calculer la mortalité des cinq premières années, année par année.

Pour essayer de combler dans la mesure possible cette lacune, nous avons pris le dernier recensement opéré (1876) à Philippeville, et non satisfait des cadres réca-pitulatifs de l'administration, toujours insuffisants et remplis souvent de fautes de transcription et d'erreurs de calcul, nous avons entrepris un travail dont on peut pressentir la longueur, la difficulté et l'ingratitude : (1)

---

(1) Nous ne saurions trop nous appesantir sur la longueur, les difficultés d'un pareil travail, car nous n'en sommes pas l'auteur exclusif.

La partie la plus fatigante et la plus longue a été faite avec une patience et un dévouement au-dessus de tout éloge, par M. Bertrand, chef du bureau de l'Etat civil à la mairie de Phi-

pointer un à un, les habitants européens de notre commune, pour les classer par âges, sexes, état civil et
nationalités.

Puis relevant sur les registres de l'état-civil tous les
décès des troisannées 1876, 1877, 1878 (celle du dernier
recensement et les deux qui lui sont postérieures),
nous avons établi la moyenne des décès, année par
année, jusqu'à 5 ans, puis de 5 en 5 ans jusqu'à 20 ans
et par groupement décennal, pour les âges au-dessus.

Grâce à ces deux séries de documents dont la rigueur
a été poussée à la minutie, nous pourrons étudier les
décès non-seulement par âges, mais encore par sexes
et par nationalités.

§ VI

MORTALITÉ PAR AGES, SEXES ET NATIONALITÉS.

A ces considérations sous lesquelles il reste à envisager la mortalité, il faudrait ajouter celle de l'état civil.
Comment se comportent vis-à-vis de la mort les célibataires, les individus des deux sexes, vivant de la vie
conjugale ou dans l'état de veuvage? Ce serait une recherche d'autant plus intéressante que les résultats obtenus
montreraient si en Algérie, de même que l'a établi M. Bertillon pour l'Europe, chacune de ces conditions sociales
influence à sa manière la prédisposition à la mort.

Mais nos recherches sont trop restreintes, limitées à
une seule ville et à une période de trois années, pour
que l'influence de ces divers états puisse se manifester
d'une façon suffisamment probante, et autorise des conclusions définitives. Et pour aboutir à un résultat aussi
imparfait, nous eussions compliqué un labeur déjà bien
surchargé.

Ce n'est donc pas sans motif justifié que nous limite-
rons cette étude aux conditions d'âge et de sexe et cela
pour chacune des nationalités étudiée à part et pour
les Européens ensemble. Si nous parvenons à établir

lippeville. Il serait injuste de ne pas le reconnaître, et de lui
mesurer l'expression de notre gratitude. Sans ce précieux concours le temps la patience peut-être, nous auraient fait défaut,
et nous aurions dû renoncer à tenter ces recherches sur la mortalité par âges, dont l'intérêt est pourtant si capital.

comment à chaque âge, et notamment dans la première
année de l'enfance, on est ici tributaire de la mort, nous
aurons non-seulement réalisé une recherche absolument
inexplorée mais nous aurons encore fourni de précieuses indications sur la résistance propre à chaque race
pour affronter les phénomènes d'acclimatement et se
plier à ceux qui atteignent particulièrement les enfants
nés dans la colonie. Nous n'hésitons pas d'ailleurs à
reconnaître que nos résultats, étant donné le petit
nombre de faits dont ils découlent, fournissent tout au
plus des indications, bien loin de viser à la prétention
de résoudre la question si complexe de l'influence de
l'âge sur la mortalité.

Etait-ce pressentiment ou expérience des déboires
auxquels doit s'attendre ici le chercheur, nous étions
bien inspiré en employant cette forme réservée et dubi-
tative de langage, car, en fin de compte, nous nous
heurtons à l'impossibilité de recueillir le fruit de fasti-
dieuses recherches, de résoudre, dans la mesure restreinte que nous avions ambitionnée, la question de
mortalité suivant les âges.

Après avoir soigneusement relevé tous les noms, un
par un, les avoir classés par groupes de sexes et d'âges
et cela dans un cadre particulier pour chaque nationalité,
quand les sommes ont été faites, nous avons aussitôt
constaté un déficit de 3,000 habitants environ sur la
récapitulation générale du recensement officiel. Cette
énorme différence entre l'ensemble des totaux partiels
et le total général, tient à plusieurs causes dont quelques-
unes seulement ont pu être démêlées.

Ainsi un grand nombre de feuilles individuelles ou de
famille n'ont pas été reportées sur les listes récapitula-
tives dont une vingtaine de pages ont été laissées en
blanc.

A cette négligence que nous appellerions locale, si
nous n'étions certain qu'elle n'est pas isolée et que dans
les communes algériennes les archives sont assez né-
gligées, s'ajoutent d'autres causes d'erreur et des lacunes imputables à la façon dont sont tracés les cadres
envoyées aux municipalités pour leurs recensements.

La population recensée en bloc est une source de con-
fusions, sur lesquelles nous avons suffisamment insisté.

Une autre, non moins importante, provient des naturalisés ; ils sont inscrits parmi les Français, alors que nous avions relevé leurs décès sous la nationalité originaire du père, précaution indispensable si l'on veut apprécier les influences de race.

Il est enfin une cause générale d'erreur : les municipalités ont intérêt à grossir leur population Européenne et à diminuer celle des Indigènes, car la répartition de l'octroi de mer, la meilleure des ressources budgétaires communales, se fait par tète d'Européen, les Israélites et les Musulmans ne comptant que pour un huitième.

Cette confusion est facilitée par la disposition des cadres réservant une colonne pour les Français, et une pour les sujets français. L'erreur de colonne, à la supposer involontaire, est presque inévitable et la récapitulation s'en ressent.

Aussi quand avec des éléments pareils, si disparates, nous avons eu calculé nos proportions, nous avons obtenu des résultats monstrueux, dont l'absurdité était la meilleure preuve de leur exagération et de leur impossibilité.

Ne pouvant, d'un autre côté, découvrir toutes les causes d'erreurs, corriger celles qui nous apparaissaient palpables, il a fallu nous résigner à ne pas publier la série des six tableaux établis sur le modèle ci-contre dans lesquels nous avions calculé la mortalité, par âges et par sexes, des Européens ensemble et en particulier des Français, des Espagnols, des Italiens, des Maltais et des Allemands.

L'enquète est donc à recommencer et elle ne pourra être reprise avant le prochain recensement (1881) et encore si l'administration veut bien modifier ses cadres et recommander aux municipalités d'apporter plus de soins et de scrupules à ce travail. Cependant, nous n'avons pas remué une telle quantité de chiffres, sans avoir entrevu quelques faits, pressenti certaines conclusions.

Nos relevés des décès étaient exacts, seuls les chiffres de population, par groupes d'âges, étaient incomplets. Il en résulte que les proportions obtenues étaient exagérées : ainsi nous arrivions à trouver une mortalité de la première année, oscillant, suivant les nationalités, entre

AGES	DÉCÈS ANNUELS				POPULATION				PROPORTION P. 100 DES DÉCÈS			
	MASCULINS		FÉMININS		MASCULINE		FÉMININE		MASCULINS		FÉMININS	
	nés en Algérie	nés en Europe	nés en Algérie	nés en Europe	né en Algérie	né en Europe	née en Algérie	née en Europe	nés en Algérie	nés en Europe	nés en Algérie	nés en Europe
De 1 jour à 1 an........												
De 1 à 2 ans..........												
De 2 à 3 ans..........												
De 3 à 4 ans..........												
De 4 à 5 ans..........												
De 5 à 10 ans												
De 10 à 15 ans												
De 15 à 20 ans.......												
De 20 à 30 ans........												
De 30 à 40 ans........												
De 40 à 50 ans........												
De 50 à 60 ans........												
De 60 à 70 ans........												
De 70 à 80 et au-dessus												

60 et 80 p. 100. Un pareil résultat avait bien de quoi surprendre en le comparant avec la mortalité du même âge en Europe. N'était-il pas d'ailleurs en contradiction avec les résultats observés touchant l'accroissement de la population? Si encore une proportion aussi élevée et inattendue avait frappé les Allemands, seuls, ou, avec eux les Français, non sans avoir des doutes, encore eût-il fallu s'incliner surtout si nous avions vu, par contre, les peuples méridionaux étrangers conserver leurs taux de l'Europe. Mais ils accusaient une mortalité de la première année s'élevant de 50 à 70 p. 100.

Après toutes les preuves recueillies de leur résistance au climat africain, il était impossible d'admettre des résultats aussi déplorables.

Le taux des proportions entaché d'une exagération manifeste, ne laissait pas cependant de permettre la constatation de plusieurs faits que nous allons présenter sous forme de conclusions provisoires, mais avec une probabilité si proche, à notre sens, de la vérité, que l'avenir, c'est notre conviction, les confirmera grâce à des résultats plus complets et indiscutables.

La mortalité de la première année est ici excessive chez tous les peuples; son taux réel est difficile à fixer, mais nous n'hésitons pas à croire qu'il est supérieur au taux constaté en France et dans les autres pays Européens; c'est un terme moyen entre 20 p. 100, chiffre normal et *minimum* de notre Mère-Patrie, et 70 et 80 *maximum* qui sévit sur les enfants trouvés et assistés. Il y a peu de différence entre les diverses nationalités ; les Italiens nous ont paru les plus favorisés, les Allemands sont certainement les plus atteints. Comme il est peu d'enfants de la première année nés en Europe, venus postérieurement et peu après, en Algérie (le fait a été exceptionnel durant les trois années qui nous occupent) nous n'avons pu établir si ces jeunes immigrants sont plus menacés que leurs semblables nés en Algérie. Nous inclinons cependant à le croire.

Il ne serait d'ailleurs pas inutile pour résoudre toutes les questions relatives à la première année, de distinguer, jour par jour, puis par semaines, les décès du premier semestre de l'existence.

La seconde année est moins éprouvée et la mortalité

nous paraît diminuer des trois quarts, en atteignant surtout les enfants nés hors de la colonie.

Avec la troisième année les chiffres deviennent comparables à ceux de l'Europe, aussi croyons-nous pouvoir formuler cette loi : « *La première année de l'existence est, en Algérie, difficile à franchir pour tous les Européens, nés ou non, sur le sol africain ; la seconde année est pour les enfants une épreuve assez sérieuse ; passé cet âge, l'enfant a acquis toutes les chances ordinaires de survivance.* »

Faisons tout d'abord ressortir que, malgré sa teinte sombre — nous ne cherchons pas à l'adoucir, — ce tableau est loin d'être aussi noir que celui de l'Egypte et du Sénégal ; là, la mortalité atteint ou dépasse 1,000 pour 1,000, et la totalité des enfants européens disparaît sans exception. Encore une fois, et sans avancer un chiffre pour exprimer le *summum* de la mortalité de la première année, nous ne croyons pas qu'il dépasse 40 à 50 pour cent.

Faut-il attribuer cette mortalité évidemment supérieure à celle de l'Europe aux influences du climat, aux épreuves d'acclimatement qui attendent les nouveaux-nés ? Oui assurément, et encore peut-on estimer que, si l'on étudiait à part, les enfants issus de parents nés en Algérie, ceux-ci apparaîtraient jouissant d'une grande immunité relative. Nous avons notre expérience paternelle et médicale pour affirmer de la façon la plus positive, que les enfants de la seconde génération ont acquis, de par leurs auteurs, une résistance plus grande aux épreuves de l'acclimatement.

L'influence du climat n'est pas aussi absolue qu'on pourrait le croire, et d'autres causes étrangères y contribuent pour une part importante : les soins hygiéniques si défectueux donnés aux enfants à la mamelle, leur alimentation mal conduite, etc., etc. Combien de mères aident l'allaitement au sein par des boissons lactées, coupées de tisanes féculentes et même, par des aliments plus solides. Les médecins ont fort à faire pour combattre ces préjugés ; on écoute rarement leurs conseils et leurs critiques. De plus l'industrie nourricière fait aussi de nombreuses victimes en Algérie. Bien des jeunes mères étrangères se placent comme nourrices dans les familles aisées, abandonnant leur propre enfant à des nourrices mercenaires dont le lait est hors d'âge, quand il n'est pas tari et remplacé par une nourriture demi-solide. A ces conditions déplorables s'ajoutent la malpropreté des nourrissons abandonnés demi-nus, sordides, aux intempéries des saisons.

Si nous avions à exprimer par une proportion saisissante l'influence relative des faits que nous signalons, nous dirions : la mortalité de la première année est imputable pour les deux tiers, aux épreuves climatériques, aux accidents de dentition et autres inhérents à cet âge, et, pour l'autre tiers, à l'insouciance, aux préjugés et aux abus de l'alimentation vicieuse.

Touchant les sexes, la mortalité du sexe féminin est bien plus faible, et ce fait ne s'éloigne pas de celui qui est constant dans tous les pays d'Europe.

A partir de la cinquième année, la mortalité a une chute subite et sensible; nous n'osons pas avancer de chiffres, mais certainement, de 10 à 40 ans, la mortalité frappe beaucoup plus les individus venus d'Europe. De 30 à 50 ans, les Italiens sont les plus éprouvés, et cela n'a rien de surprenant, ce sont tous des immigrants et ils travaillent sur les chantiers de travaux publics.

Il y a, de 50 ans a 80 ans et au-dessus, une forte proportion de décès, surtout français, ce qui porterait à croire que les cas de longévité ne sont pas rares en Algérie, nous le verrons au paragraphe suivant. Les décès de l'âge avancé sont presque tous fournis par des Français, des deux sexes, habitant depuis fort longtemps la colonie, et originaires des provinces méridionales. Les Espagnols ont plus que les autres étrangers des décédés âgés, presque exclusivement des femmes.

Nous devons à l'obligeance de M. Hecquet, inspecteur départemental des enfants assistés, communication de quelques chiffres qui, s'ils ne résolvent pas la question de mortalité des enfants en bas âge, peuvent, faute d'autres, présenter quelque intérêt.

Les enfants en nourrice placés sous la surveillance de l'administration et des comités locaux de protection, étaient dans le département de Constantine au nombre de 140 en 1877.

Sur ce nombre :

20 sont décédés, soit 14,285 pour cent.

En 1878 on comptait :

257 enfants sur lesquels :

28 sont morts, soit 10,63 pour cent.

Ces proportions sont bien faibles et sembleraient promettre une mortalité infantile des plus satisfaisantes, étant donné que les chiffres de population ci-dessus n'ont pas été immuables pendant le cours de l'année. Des enfants ont été retirés par les parents, et, si on les défalquait, la proportion serait moindre encore que celle calculée sur la somme totale des enfants inscrits pendant l'année entière.

La lecture seule de ces chiffres montre que la loi n'est pas encore rigoureusement observée. Il y a certainement dans notre département plus de 257 enfants placés en nourrice, hors du domicile paternel. La loi est récente, et son application est loin d'être facile dans un pays cosmopolite, avec des gens sans instruction comme le sont, en majorité, les nourrices italiennnes, maltaises et espagnoles. L'accroissement qui s'est produit de 1878 à 1879 justifie ces appréciations et prouve que l'administration et les comités font tous leurs efforts pour rendre exécutoire et efficace la loi de protection de l'enfance.

Avec ces réserves, les chiffres précédents prouveraient que la surveillance protectrice est féconde en résultats pour les nourrissons qui en profitent. Et l'on peut sans crainte d'erreur ou d'illusion, avancer que la mortalité des enfants privés de cette protection, doit être, supérieure serait trop peu dire, mais effrayante. Il est avéré que dans les villes où la population israélite est nombreuse, des femmes de cette race font métier de nourrir, pendant *des années* une succession d'enfants qui n'en échappent pas.

En résumé, si les chiffres que nous avons relatés et qui émanent de source officielle sont insuffisants pour apprécier la mortalité du premier âge, du moins ont-ils cet avantage de démontrer combien peut être efficace la loi votée par l'Assemblée Nationale sur l'initiative d'un savant et d'un philanthrope, le docteur Th. Roussel, aujourd'hui sénateur

Nous ferons subsidiairement remarquer que dans les chiffres en question toutes les nationalités sont confondues, et que la distinction par âges est imparfaite. Les nourrissons ont vraisemblablement moins de deux ans,

car les parents sont peu portés à exagérer la durée de
l'allaitement de leurs enfants placés au dehors, mais
encore serait-il intéressant de savoir combien parmi les
254 nourrissons, avaient moins d'un mois, de six mois,
d'un an, combien étaient dans la deuxième année. Et
parmi les décédés des distinctions analogues seraient
indispensables pour pouvoir calculer les proportions de
mortalité.

Nous avons encore pu emprunter aux documents officiels les chiffres suivants qui donnent, pour la province
de Constantine, et par arrondissements (années 1877 et
1878) le nombre de naissances et ceux de décès des
enfants âgés de moins de deux ans accomplis.

Nous avons pu calculer combien pour cent naissances
annuelles il se produit de décès parmi les enfants ayant
moins de deux ans.

Nous résumons ci-après dans un tableau, l'ensemble
de ces documents dont la valeur est bien secondaire,
dont l'exactitude ne nous paraît pas indiscutable, malgré leur origine, car dans ces nombres sont confondues
les naissances musulmanes dont l'inscription n'est ni
sérieuse, ni régulière.

Aussi nous garderons-nous bien de tirer la moindre
conclusion.

ARRONDISSEMENTS	NAISSANCES		DÉCÈS		DÉCÈS POUR 100 NAISSANCES	
	1877	1878	1877	1878	1877	1878
Constantine........	1.815	1.698	420	727	28.65	44.3
Bône..............	1.290	1.563	298	560	23.1	35.8
Philippeville	2.337	2.219	857	562	28.02	25.3
Bougie............	551	269	175	76	31.76	28.25
Sétif	741	349	240	112	32.38	32.09
Guelma	313	250	129	182	41.21	72.8

La forte mortalité infantile qui, en France, préoccupe,
à si juste cause, les philanthropes, les savants et, après
eux, les législateurs, ne mérite-t-elle pas d'attirer non
moins vivement l'attention, car elle est ici plus forte, de
ceux qui s'intéressent aux questions de l'acclimatement
européen dans notre colonie africaine? Ne devient-il
pas urgent de se demander dans quelle proportion cette
moisson de la mort sur le premier âge, peut être compa-

tible avec la conservation de la collectivité algérienne, avec le succès de son développement colonisateur ?

La question nous paraît arrivée à son heure psychologique, et comme elle est complexe assurément, mal déterminée quant à sa valeur réelle, il faut interroger simultanément un autre phénomène qui la tient sous sa dépendance, la *natalité.* « Tant que les naissances, dit M. Bertillon, surpassent les décès, la population peut, *ou plutôt paraît pouvoir* s'entretenir, je dis que la vitalité d'une telle population peut quelque fois n'être qu'apparente. En effet une population qui aurait beaucoup d'adultes et peu d'enfants, aurait un nombre de décès nécessairement restreint : qu'une cause quelconque vienne y accroître considérablement la mortalité, la natalité ne tardera pas à s'accroître dans la même proportion, en vertu d'une concordance démographique très souvent observée. Il pourra se faire que, pendant les premières années, la natalité soit supérieure à la mortalité. Mais qu'un pareil mouvement persiste longtemps, cette population qui, en apparence, présentait les éléments d'une forte résistance, verra peu à peu ses naissances diminuer, sa mortalité s'accroître, et sera fatalement anéantie, sans que la mortalité de chaque âge ait augmenté, sans que la fécondité des femmes nubiles ait diminué. C'est qu'une autre population se sera substituée à celle que nous avons supposée, le temps ayant peu à peu éliminé les adultes, c'est-à-dire les individus qui, dans le principe, donnaient beaucoup de naissances et peu de décès ; la population sera alors composée de beaucoup d'enfants donnant beaucoup de décès, tandis que la population adulte, affaiblie, au moins en nombre, donnera trop peu de naissances pour remplir les vides creusés par la mort dans les jeunes générations, on aura donc bientôt les décès supérieurs aux naissances vivantes. Ces remarques ne sont pas sans application dans l'étude des colonies et dans l'appréciation de l'acclimatement. »

C'est parce que l'importance de ces faits nous semble capitale, qu'il nous a paru utile de reproduire, sans en rien adoucir, tous les traits de cette peinture, mais en faisant aussitôt remarquer, et c'est une constatation satisfaisante, qu'aucun de ces traits ne s'applique à la colonie Algérienne.

En effet, notre population Européenne, Française en particulier, est loin d'avoir beaucoup d'adultes et peu d'enfants. Dès 1866 elle comptait déjà beaucoup plus d'enfants et même d'adultes que la France, et depuis lors, cette proportion s'est maintenue, favorisée par la natalité dont l'intensité s'accroît d'une façon régulière et progressive. Et, particularité non sans réelle importance, nos adultes très exposés à la *mortalité* avec les travaux des champs ou de l'industrie, ne fournissent pas tout ce qu'ils pourraient à la *natalité*, car nous avons une forte population de célibataires ; enfin, comme dernier trait, la natalité n'a pas été activée en Algérie, en vertu de la concordance démographique ci-dessus signalée, par un accroissement formidable de la mortalité ; c'est tout le contraire, la natalité s'est élevée du jour seulement où la mortalité a baissé d'une façon sensible.

Bien loin de s'accroître d'une façon parallèle, concordante, les deux phénomènes ont eu une marche opposée, discordante (1).

Ces considérations viennent mitiger d'une façon heureuse les appréhensions que peut faire naître cette constatation d'une mortalité infantile très élevée ; elles ne doivent pourtant pas faire taire toutes les craintes, elles doivent, moins encore, nous endormir dans une imprudente quiétude en nous portant à négliger les moyens d'y remédier. Et à ce titre, il faut se féliciter de voir appliquée en Algérie, la loi de protection des enfants en nourrice et en bas-âge. Les comités n'ont pas une sinécure à remplir et leur intervention aura sans doute avec le temps, raison des préjugés et de l'ignorance si générale parmi les races étrangères.

_____

(1) La natalité, dans certains pays, paraît l'emporter sur la mortalité, sans qu'on puisse interpréter favorablement ce grand excès ; c'est dans les pays ayant une forte émigration : l'Ecosse par exemple. L'Allemagne a, elle aussi, une mortalité atténuée, et ce résultat tient à ce que beaucoup de ses enfants émigrés vont mourir au loin.

En Algérie, le phénomène est contraire ; nous recevons des immigrants, mais nous n'avons pas d'émigration ; qui est né en Algérie y meurt également. L'excédant de nos naissances n'est donc pas chose artificielle.

Nous voulons d'ailleurs consacrer tout un chapitre à l'étude comparée des deux phénomènes natalité et mortalité.

Mais que l'Administration ne s'en tienne pas à cette promulgation d'une loi utile, il est une obligation à laquelle elle ne doit à aucun prix se soustraire : fournir des matériaux sérieux aux chercheurs, afin de mettre la science en mesure de sonder et apprécier la profondeur du mal. L'administration aura bientôt l'occasion de satisfaire à ces exigences ; c'est, lors du prochain recensement, en disposant des cadres convenables pour recueillir les éléments de cette enquête indispensable.

Quel a été le fruit de nos labeurs, qu'a pu réaliser notre désir de contribuer à cette recherche ?

Bien peu assurément.

Mais, si nous avons éprouvé quelque déception de n'aboutir qu'à ce résultat relatif : formuler des indications, indiquer des probabilités, notre peine n'aura pas été dépensée en pure perte, si nous sommes parvenu à faire ressortir les lacunes, les erreurs des statistiques officielles, et si, cette preuve faite peut activer les réformes que réclament, sans retard, la science et l'intérêt de la colonie.

§ VI

LA LONGÉVITÉ EN ALGÉRIE

La longévité comprise dans le sens de la durée exceptionnelle de la vie, de sa prolongation au delà du terme ordinaire de l'existence, n'est pas facile à étudier parmi nous.

« Les difficultés premières de l'acclimatement, les conditions plus ou moins favorables à l'implantation, la mise en culture des terres longtemps restées vierges, la nostalgie, les déceptions inhérentes aux essais professionnels, etc., prélevant un large tribut sur les adultes des deux sexes, facilitent le retour au pays natal, diminuent d'autant les chances de favoriser ici les cas de macrobiotique. D'un autre côté la statistique démographique est peu développée dans cette colonie en voie de formation, en sorte que les groupements des individus et des races sous le rapport de la dîme mortuaire sur les octogénaires et centenaires, seraient assez difficiles à constituer. » Ces considérations judicieusement développées par le docteur E. L. Bertherand dans son opuscule **(1)** suffisent à nous justifier de ne point apporter à cette étude le tribut de nos recherches personnelles. Nous allons résumer celles de notre savant confrère en signalant les *desiderata* qu'il resterait à satisfaire.

Dans des recherches antérieures M. Bertherand avait produit quelques chiffres sur la longévité dans le nord de l'Afrique à l'époque romaine : il en résultait que sur 94 épigraphes obituaires relevées, 8 concernaient des octogénaires, 4 des nonagénaires et 6 des centenaires (jusqu'à 111 ans). Dans l'opuscule plus récent, il a depuis 1864 jusqu'au 1er juillet 1877, pris note de tous les décès à partir de 80 ans, enregistrés par les principaux journaux de l'Algérie et surtout dans la statistique mortuaire de la ville d'Alger, soit un total de 1,390 décès d'individus âgés de 80 à 118 ans. Ils se subdivisent :

845 de 80 à 90 ans, c'est-à-dire près des 2/3 ou 698 °°/₀₀

383 de 90 à 100 ans — plus du 1/4 ou 275,5 °°/₀₀

162 de 100 ans et audelà — près du 1/8 ou 116,5 °°/₀₀

Les centenaires détaillés à part, comprennent :

88	individus de	100 ans.	3	individus de	109 ans.
1	—	101 —	8	—	110 —
7	—	102 —	2	—	111 —
9	—	103 —	2	—	112 —
15	—	104 —	1	—	113· —
6	—	105 —	2	—	114 —
6	—	106 —	4	—	115 —
5	—	107 —	1	—	117 —
1	—	108 —	1	—	118 —

Total : 162.

Par le sexe, les 1,390 décédés se rapportent à 531 hommes et 859 femmes, ce qui confirme les conclusions de toutes les statistiques mortuaires, à savoir que les femmes fournissent le plus d'exemples de longévité. Ce fait est surtout sensible chez les centenaires : 50 hommes et 112 femmes.

Au point de vue de la nationalité, on compte 104 Fran-

---

(1) *La Longévité en Algérie,* Alger 1877.

çais, 11 Anglo-Maltais , 30 Italiens, 155 Espagnols, 268 Israélites , 841 Musulmans et 1 Allemand.

A partir de 100 ans, ces résultats restent dans la même proportion, ainsi :

4 Français : 3 hommes et 1 femme.

2 Maltais : 1 homme et 1 femme.

2 Italiens : 2 hommes.

11 Espagnols : 3 hommes et 8 femmes.

22 Israélites : 9 hommes et 13 femmes.

121 Musulmans : 33 hommes et 88 femmes.

Après cette énumération notre confrère observe, avec raison, que tous ces chiffres glanés pour la plupart au hasard des nouvelles ne sauraient constituer qu'une simple curiosité. Nous pourrions ajouter que les Israélites–indigènes et les Musulmans entrent pour la meilleure part dans cette statistique, ce qui nous paraît en altérer singulièrement la valeur. Il est vrai qu'allant au-devant de l'objection : les Indigènes ne connaissent pas leur âge, M. Bertherand répond : « C'est une erreur. Nos indigènes–mahométans et hébraïques ont l'habitude de compter leur âge d'après des événements graves ou importants qui ont marqué l'année de leur naissance. Cette méthode, qui paraît peu rigoureuse au premier abord , a cependant un degré suffisant d'exactitude et de précision. Des renseignements, pris à cet égard et à diverses sources, nous confirment dans cette opinion. »

Nous ne partageons pas et d'une façon aussi absolue, cette opinion optimiste. Il nous semble d'ailleurs, que par principe, les statistiques démographiques doivent s'appuyer sur des documents ayant une rigueur moins sujette à contestation.

Aussi accordons-nous plus de valeur aux chiffres suivants, et encore ferons-nous, toujours pour le même motif, des réserves sur les groupes des Indigènes, Israélites ou Musulmans. Le nombre si supérieur de leurs cas n'est-il pas une présomption à l'encontre de leur exactitude ?

AGES	FRANÇAIS		MALTAIS		ITALIENS		ESPAGNOLS		ISRAÉLITES		MUSULMANS		ALLEMANDS	
	Hommes	Femmes	Hommes	Femmes	Hommes	Femmes	Hommes	Femmes	Hommes	Femmes	Hommes	Femmes	Hommes	Femmes
De 80 à 85 ans.....	37	23	1	1	7	5	14	42	44	48	148	249	»	»
De 85 à 90 —	6	19	1	2	2	2	11	24	32	22	47	53	«	»
De 90 à 95 —	3	3	3	»	4	3	6	27	21	30	60	121	»	1 (1)
De 95 à 100 —	»	1	»	1	4	»	2	9	12	13	13	27	»	»
De 100 à 105 —	»	1	»	»	1	»	»	4	»	7	21	69	»	»
De 105 à 110 —	1	»	»	»	»	»	»	»	1	»	2	6	»	»
De 110 à 115 -.	»	»	»	1	»	»	»	»	»	1	1	7	»	»
De 115 à 118 inclus.	»	»	»	»	»	»	»	»	»	»	»	3 (2)	»	»
TOTAUX.....	47	47	5	5	18	10	33	106	110	121	292	535	»	1
	94		10		28		139		231		827		1	
Soit, par an...	0.96		0.74		2.73		10.3		17.1		61.3		0.07	

(1) 1 de 94.

Enfin dans un dernier tableau M. Bertherand réunit les éléments de la longévité comparée en Algérie et dans quelques pays d'Europe, de façon à relever pour 1,000 décès, les proportions de décès au-dessus de 80 ans.

AGES	FRANCE	ITALIE	BAVIÈRE	AUTRICHE	SUISSE	BELGIQUE	HOLLANDE	SUÈDE	ALGER
De 80 à 85 ans.	40.6	33.8	32.1	23.5	43.1	53.9	41.3	55.1	44.0 / 60.0
De 85 à 90	17.4								16.0
De 90 à 95	5.13	3.8	2.1	2.5	3.4	6.1	3.4	4.9	20.3 / 26.0
De 95 à 100	1.3								5.7
De 100 et au-dessus.............	0.14	0.1	0.5	0.1	?	0.1	?	?	9.0

La comparaison eut été plus complète et plus instructive, si les chiffres algériens eussent été décomposés par nationalités, de façon à juger comment chacune d'elles se comporte au point de vue de la longévité en Algérie et dans leur mère patrie.

Il semble résulter de ces chiffres que l'Algérie compte un plus grand nombre de décès après 80 ans, surtout des décès centenaires. « Cette proportion assez considérable des décès, après 80 ans, en Algérie, a-t-elle, se demande l'auteur, une signification intrinsèque de quelque importance? Indique-t-elle une quantité moyenne supérieure de vie dévolue à une collectivité? Une nation compte-t-elle plus de vieillards par ce fait que ses habitants vivent plus longtemps? Mais il ne faut pas perdre de vue que nous sommes ici en présence d'une question fort complexe, que les mouvements migratoires, l'abondance relative des naissances, la sélection qu'imposent à la première enfance des causes nombreuses et énergiques de mort, etc., modifient d'une manière profonde et incessante, le rapport des décès octo-centenaires avec la population. M. Jacques Bertillon fils (1) en a donné un exemple fort concluant, dans la Russie

---

(1) *Dict. Encycl. des Sc. méd.*, art. RUSSIE.

qui a relativement deux fois plus de décès que nous, et compte 5 fois plus de centenaires. »

Nous ajouterons que pour avoir une signification précise, cette proportion supérieure en Algérie, des cas de longévité, devrait s'étayer d'une autre considération : *la durée du séjour* Ces décès dans l'âge avancé se rapportent-ils à des individus habitant depuis longtemps l'Algérie, ou bien la mort a-t-elle frappé des immigrants âgés, peu après leur arrivée ? Qui ne voit la différence des deux situations ? Dans le premier cas, il résulterait que la mortalité que nous avons vue si excessive durant les deux premières années de l'enfance, serait moins meurtrière pour la vieillesse ; le second cas prouverait contre l'acclimatement des gens âgés. Si les chiffres fournis par les Indigènes pouvaient être acceptés sans hésitation, il faudrait conclure (étant nés ici, leur âge exprime la durée du séjour) que la longévité est compatible avec un long séjour en Algérie, ou tout au moins pour les Indigènes et les créoles.

Mais, la longévité exprimant un des modes de la mortalité par âges, il faut rappeler que la comparaison doit porter non sur le nombre total des décédés, mais sur le nombre des vivants de l'âge en question.

Il ne suffit pas de dire : sur 1,000 décès, nous avons *tant* de septuagénaires, d'octogénaires de centenaires, il faut dire : sur une population de *tant* d'individus âgés de plus de 80 ans, il y a eu *tant* de décédés. M. Bertherand aurait été fort empêché de faire cette proportion, les recensements de population ne sont pas présentés de façon à permettre ces calculs.

Ajoutons pour terminer, que du dépouillement de nombreux régistres dans notre ville, il nous est resté cette impression, c'est que les gens âgés, au moment de leur mort, habitaient généralement la colonie depuis vingt ou trente ans.

C'est surtout vrai pour les Français du midi. Nous avons également constaté que les décédés au-dessus de 80 ans étaient presque exclusivement des Françaises et des Espagnoles. Nos observations concorderaient avec celles de notre confrère dans la ville d'Alger.

§ VII

DES CAUSES DE DÉCÈS

Une statistique s'attachant à déterminer les causes de mort, serait le complément précieux des recherches relatives à la mortalité. En effet, et comme l'observe si judicieusement M. Bertillon, « des problêmes considérables restent pendants, pàrce qu'il est impossible de les résoudre sans la statistique nosologique : tels sont ceux de l'antagonisme des maladies, des influences professionnelles, climatériques, géographiques, géologiques, connaissances si importantes en hygiène et pourtant si imparfaites. »

En Algérie ne sommes-nous pas plus particulièrement intéressés à connaître les causes de décès, en raison précisément des influences telluriques si puissantes et souvent si insidieuses dans leurs manifestations, en raison des conditions climatériques toutes nouvelles qui agissent sur les races implantées, et des diversités géographiques très variées sur un territoire relativement restreint ?

Et cependant, nous ne trouvons aucun ensemble de renseignements sur ce sujet. Les premiers volumes de la *Situation des Établissements Français en Algérie*, pour les années antérieures à 1841, contiennent, à côté du nombre des décès annuels, un tableau des maladies ayant occasionné ces décès. C'est une simple énumération sans esprit méthodique, de chiffres et de noms de maladies. On n'y trouve, bien entendu, aucune trace d'observation médicale qui renseigne sur la fréquence relative des affections, et les proportions des décès avec les cas observés.

Reprendre en élargissant son cadre, en perfectionnant ses procédés, cette étude nosographique, nous parait une tentative plus facilement réalisable en Algérie que partout ailleurs.

A quels obstacles, quelles objections se heurte-t-on quand on veut relever les causes de décès? Les médecins seuls aptes à former les éléments de cette détermination, opposent : les uns, une véritable indifférence relativement aux données fournies par la statistique nosologique dont l'importance au point de vue de l'hy-

giène publique, et par suite, de la prophylaxie individuelle paraît leur échapper ; les autres, l'obligation du
secret médical qui, dans certains cas, leur interdit en
effet d'indiquer les noms des maladies auxquelles ont
succombé leurs clients.

De ces deux obstacles, le dernier, nous le verrons
dans un moment, peut être facilement aplani sans violer
la discrétion professionnelle.

Quant à l'indifférence souvent constatée en Hollande,
en Angleterre, puisqu'il a fallu recourir à des législa-
tions, à des pénalités, contre les médecins se refusant
à mentionner la maladie ayant occasionné le décès, une
telle indifférence a pu ici, comme parfois en France, se
constater chez quelques vieux praticiens dont les études
remontent à une date antérieure à l'intervention de la
statistique dans les sciences médicales, mais elle est,
nous pouvons en donner l'assurance, une rareté tout à
fait exceptionnelle.

Et d'ailleurs, l'indication de la maladie sur les bulletins de décès se pratique assez généralement, et sans
objection, sur toute l'étendue de la colonie. Dans quelques villes les municipalités ont des médecins de l'état-
civil ; dans celles où cette institution ne fonctionne pas,
l'Administration municipale n'accorde le permis d'in-
humer, qu'après remise d'un certificat médical indiquant la cause du décès. Dans les localités de moindre
importance, ce certificat n'est peut-être pas rigoureusement exigé, mais il serait facile de l'imposer, et on l'ob-
tiendrait sans peine, parce qu'il n'est pas de petite
agglomération rurale qui ne soit desservie par un médecin de l'administration, et le service des médecins de
colonisation très réglementé, impose l'obligation à ces
praticiens, de constater les décès dans leur circonscrip-
tion. Etant donné ces habitudes acceptées sans répugnance par les familles et par les hommes de l'art, rien
ne serait plus facile que d'obtenir une statistique nosographique algérienne, sous la seule condition de respecter le secret professionnel et de centraliser dans les
mains d'hommes capables de les faire valoir, les documents recueillis dans la colonie par les soins des médecins traitants.

M. le docteur Lagneau vient précisément de lire à l'A-
cadémie de médecine, un remarquable rapport qui nous

parait résoudre cette double nécessité. Le savant académicien, très versé dans les études démographiques,
rappelant les résultats merveilleux obtenus en Belgique
sous l'impulsion scientifique du docteur Janssens,
estime qu'il n'y a pas lieu de recourir à des mesures
pénales pour solliciter le zèle des médecins traitants et
pour les obliger à déclarer la mort de leurs clients,
comme ils sont tenus de déclarer les naissances auxquelles ils ont assisté.

Sans avoir recours à une législation nouvelle, le rapporteur de la Commission académique conseille le
procédé suivant :

Une feuille contenant le certificat de décès serait portée par un employé de la mairie, au domicile du médecin traitant invité à y inscrire l'indication de la
maladie ayant occasionné la mort; le médecin traitant,
s'il le juge nécessaire, pourrait supprimer les nom et
prénoms du décédé inscrits au haut du bulletin, dans une
partie facile à détacher, limitée par une ligne ponctuée
à jour ; enfin ce bulletin nosologique, placé sous pli
cacheté, serait rapporté par l'employé à la mairie et
dirigé de là, sur le bureau de la statistique médicale.

Comme complément de garanties de science et de
discrétion, la Commission croit indispensable qu'au
bureau de la statistique médicale, le dépouillement de
tous les bulletins nosologiques et certificats mortuaires
soit effectué par des médecins attitrés, astreints au
secret professionnel par l'article 378 du Code pénal.

Ces innovations peuvent aisément et dans un bref
délai, être mises en pratique en Algérie, si l'Administration comprend la nécessité d'organiser un bureau
spécial de démographie fondé sur des bases et placé
sous une direction scientifiques. Ce bureau, auquel
ressortiraient tous les faits statistiques qui touchent la
population algérienne, dresserait la formule des bulletins mortuaires à adopter dans les bureaux d'état civil.

Au moment du décès, le médecin traitant recevrait
un bulletin. Et, afin de mieux assurer les garanties de
discrétion et de secret médical recommandées par l'Académie, on pourrait adopter la façon suivante de procéder, et présenter au médecin deux formules à remplir.

L'une, destinée à demeurer aux archives municipales,
contiendrait, avec les nom, prénoms du décédé, son âge,

l'heure du décès, tous les renseignements indispensables pour dresser l'acte mortuaire. L'autre formule, destinée à être enfermée par le médecin lui-même, sous pli cacheté, à l'adresse du bureau central, sans être ouvert, par les bureaux de l'état civil, contiendrait seule le nom de la maladie. On pourrait encore, sur ce second bulletin, imaginer un procédé pour détacher les nom et prénoms, au cas où le médecin y tiendrait absolument; mais un tel luxe de précautions pourra paraître superflu, le dépouillement devant se faire à distance, entre les mains d'hommes tenus au secret professionnel.

Chaque semaine, les bulletins n° 2 conservés cachetés seraient, par les soins des municipalités, dirigés sur le bureau central de l'Algérie et, avec eux, tous les bulletins de mariages, de naissances, tels que les a adoptés et recommandés le Congrès international de Paris (1878).

Le dépouillement de cet ensemble de documents exacts, aussitôt opéré, permettrait de remplir des cadres analytiques complets, répondant aux interrogations du démographe qui, trop rarement, nous l'avons éprouvé, trouve ses investigations satisfaites.

Le bureau central pourrait également, à l'exemple de ce qui existe en Belgique, dresser un bulletin hebdomadaire ou mensuel, donnant la proportion relative, non-seulement des causes de décès, mais aussi de la morbidité, celle spécialement relative aux maladies régnantes ou épidémiques, avec adjonction, si possible, de graphiques rendant plus saisissables les résultats obtenus (1).

---

(1) Notre excellent confrère, le docteur Gibert, directeur du bureau communal de statistique de Marseille, veut bien nous adresser son bulletin mensuel.

Toujours désireux de perfectionner ce travail, M. Gibert, dans le but de concourir à l'unité des travaux, a, depuis la discussion académique sur les causes de décès, adopté le classement présenté par le préfet de la Seine, approuvé par l'Académie de médecine et déjà usité dans plusieurs bureaux de statistique et d'hygiène.

Cette adoption, et d'autres améliorations de détail font du Bulletin de Marseille un excellent modèle, toujours intéressant à consulter, dont on pourrait s'inspirer en Algérie, avec les modifications que nécessiteraient la composition spéciale de notre population européenne, le contact des populations indigènes et la constitution médicale du pays.

Tous les médecins recevraient officiellement le bulletin périodique de *Statistique démographique et médicale de l'Algérie;* ce serait la meilleure manière de les intéresser à perfectionner par leurs communications rigoureuses, ce travail statistique qui deviendrait l'œuvre collective des praticiens algériens.

Ceux-ci, vivant en général éloignés de toute association scientifique, sans relations professionnelles, réduits à leur modeste bibliothèque, trouveraient, à la lecture de ces observations réunies, de précieux renseignements sur l'étiologie des maladies, leur fréquence et, par suite, chercheraient à les prévenir par les mesures hygiéniques les mieux appropriées.

Cette innovation dont l'utilité n'est plus à démontrer, rendra, le jour où elle sera mise en pratique, des services analogues à ceux du bulletin météorologique adressé et affiché chaque jour dans nos ports de mer, et que les navigateurs interrogent avec grand profit.

CHAPITRE IV

NATALITÉ ET MORTALITÉ COMPARÉES

Ces deux phénomènes dont les affinités, les influences réciproques sont si manifestes méritent, en raison même des corrélations entre les deux mouvements, d'être étudiés d'une manière comparative. Une telle étude s'impose en Algérie, où naissances et décès sont loin d'avoir eu une marche régulière, influencés qu'ils ont été au début, par les obstacles qui s'élèvent autour d'une population qui se crée, plus tard, par des séries de calamités qui ont fondu sur la société nouvelle, en voie de formation. De plus, la société algérienne étant composée d'éléments hétérogènes avec leurs similaires dans les diverses races européennes, il résulte de cet état complexe, que la comparaison sur les deux mouvements natalité et mortalité, peut se faire sur deux terrains différents.

On peut, par exemple, rapprocher la marche de la natalité et celle de la mortalité en Algérie, par périodes, pour l'ensemble de la population européenne, et simultanément, pour chacune des races et nationalités.

Cette étude parallèle est intéressante à poursuivre, puisqu'elle permet d'apprécier si les deux phénomènes ont mutuellement agi l'un sur l'autre, dans leur accroissement ou leur diminution.

En second lieu, comme chacune des nationalités a sa source originelle en Europe, on peut encore, se plaçant à un autre point de vue, constater avec quelles différences, chaque nationalité naît et meurt chez elle, et sous le ciel nouveau où elle est venue s'implanter.

Cette comparaison est la résultante des mouvements de populations étudiés jusqu'ici, c'est comme la synthèse de toutes les recherches démographiques en Algérie.

Nous allons successivement envisager ces deux termes de comparaison.

NATALITÉ ET MORTALITÉ

Leur marche parallèle pour chacune des Nationalités

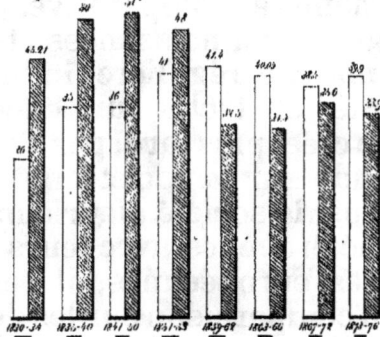

*Le rectangle blanc
indique la natalité.*

*Le rectangle rayé
indique la mortalité.*

EUROPÉENS

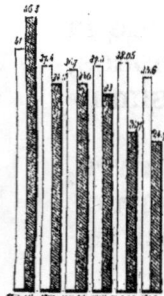

FRANÇAIS

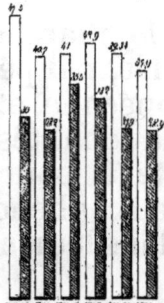

ESPAGNOLS

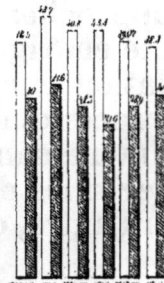

ITALIENS

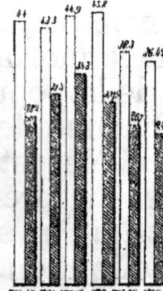

MALTAIS

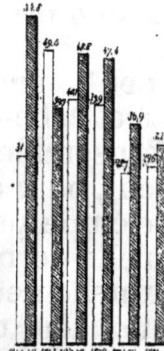

ALLEMANDS

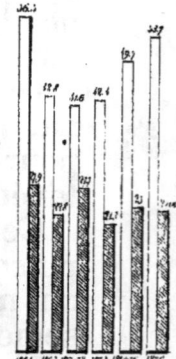

ISRAËLITES

§ I

MARCHE PARALLÈLE DE LA NATALITÉ ET DE LA MORTALITÉ EN ALGÉRIE

Un simple coup d'œil jeté, sur la partie supérieure du tracé ci-contre, fait distinguer deux périodes : durant la première s'étendant de 1830 à 1856, la natalité est toujours inférieure à la mortalité ; durant la seconde, depuis 1859 jusqu'en 1876, le phénomène est inverse et la natalité l'emporte sur la mortalité. Entre 1856 et 1859 il existe une lacune qui ne peut être comblée en l'absence de publications officielles, interrompues pendant deux années.

Tel est le fait que revèle l'examen de la population européenne.

Si l'on veut savoir comment se comporte personnellement chacune des nationalités, impossible de faire cette recherche avant 1853 ; à partir de cette année, avec quelques lacunes, nous pouvons envisager six périodes dont les résultats se lisent à la partie inférieure du graphique.

Les *Français* de 1853 à 1856 période attristée par le choléra, n'ont pu équilibrer leurs décès par leurs naissances. Depuis lors, la natalité, tout en restant à peu près stationnaire, dépasse la mortalité dont le taux s'est considérablement abaissé.

Les *Espagnols,* les *Italiens* et les *Maltais* accusent, à toutes les époques, une mortalité au-dessous de leur natalité.

Les *Allemands* ont une première période avec une mortalité excessive, très supérieure à la mortalité Française ; par exception l'avantage est à la natalité en 1865 ; depuis la mortalité reprend et conserve le dessus.

Les *Israélites-Indigènes* font contraste à côté des Allemands, leurs rectangles de natalité atteignent une hauteur frappante, ceux de la mortalité ayant toujours un niveau plus bas.

Telle est, à grands traits, la marche comparative des deux mouvements de population, et nulle part peut-être, le procédé de figuration ne parle mieux à la vue, ne frappe plus vivement l'esprit et ne traduit avec une vérité plus saisissante la marche des deux phénomènes.

Un second fait ressort de la lecture du graphique :

natalité et mortalié ont une marche connexe, — toutes deux se sont élevées rapidement pour aboutir actuellement, à un mouvement de décroissance.

Pour la mortalité le fait est bien caractérisé. Sauf une petite aggravation dans les années récentes (surtout entre 1867 et 1872), sous l'influence de circonstances évidemment passagères, la mortalité va déclinant d'une façon très rapide.

Bien moins sensible est l'abaissement de la natalité et encore n'est-on pas autorisé à l'admettre sans réserves, en présence de la légère surélévation de la dernière période. C'est bien, si l'on veut, un phénomène naturel ; on peut y voir l'effort en vue de combler le déficit de la période précédente attristée par une accumulation de fléaux. Mais ce mouvement de réaction une fois accompli, peut-être la diminution ne se reproduira pas, et il y a lieu de l'espérer, puis qu'en 1878 on a constaté 82,45 décès pour 100 naissances. En attendant du temps la solution définitive de cette question, on voit en suivant des yeux la natalité particulière à chaque peuple, que d'abord, et chez tous, exubérante, une fois les épreuves du premier établissement passées, la natalité s'est maintenue dans une période d'état, puis oscillant, elle a atteint à l'heure actuelle, un taux un peu moins élevé.

A supposer que la reprise ne se fasse pas, ce fait n'aurait rien d'insolite et l'influence favorable de la colonisation sur les mouvements de population, a déjà été signalée comme n'étant ni indéfinie ni illimitée.

Le professeur Vallin rappelle qu'en Amérique, dans les vieux États de l'Union, dans ceux de l'Est, les premiers colonisés, dans le Maine, le Vermont, le New-Hampshire, le Massachusets, le New-York, la Pensylvanie, les registres de l'état civil commencent à constater une diminution notable des naissances: le nombre des enfants était autrefois de 8 à 10 par ménage, il tombe à 2 ou 4. Dans les États de l'Ouest au contraire, dont la colonisation se poursuit ou commence seulement : l'Ohio, le Mississipi, l'Indiana, l'Orégon, l'excédant des naissances est toujours considérable.

La concordance qui tend à se faire entre les deux mouvements est naturelle.

La conquête de l'Algérie a été un débouché nouveau offert à l'activité Européenne.

L'espace ne faisait pas défaut, l'agriculture, le commerce réclamaient des bras. «Là où naît un pain naît, un homme» dit un axiome économique ; la multiplication avait un large champ ouvert et la natalité s'est vite élevée. Aujourd'hui la société algérienne est assise, la famille est constituée, il est plus difficile de se créer une position. Les causes économiques qui ont excité la multiplication, commencent à faire place à d'autres considérations conséquences du bien-être et de la civilisation. La natalité pourra se modérer. Mais il est une cause qui influera non moins sûrement : la diminution de la mortalité aura, a eu déjà, pour résultat de diminuer la natalité de toutes les naissances qui, au début, quand la mortalité prématurée était forte, devaient combler les vides faits par la mort.

Et, telle est la corrélation et l'influence réciproques des deux mouvements, que la mortalité a été elle aussi, influencée par les causes matérielles, économiques et sociales dont nous avons signalé l'action si puissante sur la marche de la natalité.

En effet, le pays nouveau ouvert à l'activité était dans des conditions de climat et de salubrité bien différentes de celles qui existent dans les pays européens.

Le tribut à payer dans ces contrées vierges, a été considérable, par suite de l'insalubrité de certains régions, de l'ignorance où l'on était des soins prophylactiques et du traitement des maladies endémiques. Puis, peu à peu, les progrès de l'hygiène publique et privée et enfin le bien-être, la situation conquise, la famille fondée, ont fait diminuer la mortalité.

Aussi dans la marche décroissante des deux phénomènes, quelles allures différentes ! La mortalité s'abaisse avec rapidité, la natalité avec une lenteur du meilleur augure ! Cette différence permet de conclure à un accroissement qui se maintient.

Nous le ferons ressortir en étudiant les chiffres eux-mêmes, bien mieux qu'en appréciant par la lecture des résultats figurés.

La comparaison du nombre des naissances à celui des décès peut se faire sous deux formes :

1° *Par division ;*

2° *Par soustraction.*

Par le premier procédé qui consiste à diviser le nombre des naissances par celui des décès, on met en évidence ces deux valeurs relatives par la formule suivante : *pour 1000 décès combien de naissances ?*

Le second procédé soustrait les naissances des décès puis, comparent ce gain au montant de la population moyenne de la période, il détermine la vitesse d'accroissement ainsi formulée : *la population s'est accrue de* TANT *par an et par* 1,000.

1° *Comparaison par division*. — Pour la première période au lieu de rechercher combien de naissances pour 1,000 décès, nous sommes réduit à renverser la proposition et nous demander, les naissances étant au-dessous du chiffre des décès : pour 1,000 naissances combien de décès ?

1830-34, pour 1,000 naissances 1,138 décès.
1835-40,   —   1,428   —
1841-50,   —   1,416   —
1851-56,   —   1,170   —

Le déficit est toujours considérable, mais dans les deux périodes intermédiaires, il atteint des proportions inquiétantes ;

Le déchet de 1,416 s'explique par suite des crises de 1847-1849, Quant au déchet plus fort (1,428) afférent aux années précédentes, il incombe tout entier aux épreuves du premier établissement. Ces épreuves, pendant les quatre premières années, n'avaient pas eu le temps d'atteindre leur *summum* en raison des faibles espaces habités. Mais quand le peuplement a pris un certain développement, on voit la première décimation, celle exclusivement due aux influences du sol, faire plus de victimes que le choléra.

Heureusement le revers de la médaille est plus souriant ; depuis 1859 les naissances surpassent les décès et l'on peut dire :

1859-62, pour 1000 décès 1,273 naissances.
1863-66,   —   1,294   —
1867-72,   —   1,081   —
1873-76,   —   1,174   —

La décroissance de 1867-72 a été produite par la série de calamités qui ont sévi à cette époque ; après 1873 l'amélioration reprend, sans atteindre les avantages des deux premières périodes. La différence tient à l'épidémie de scarlatine.

Ces résultats s'appliquent à la population Européenne tout entière; il nous reste à faire la part de chacune des nationalités.

Afin d'éviter les répétitions, il nous a paru préférable de condenser, plus loin, les résultats dans un tableau qui contiendra également, quand nous les aurons exposés, les résultats de la comparaison par soustraction.

2° *Comparaison par soustraction.* — Le gain faisant complètement défaut pendant la première période, au lieu d'un coefficient d'accroissement, nous aurons un coefficient de diminution. Ainsi la diminution par an et pour 1,000 est:

en 1830–34, de 19,21;
en 1835–40, de 15;
en 1841–50, de 15;
en 1851–56, de 8.

Puis, à partir de 1859 la proportion donne pour 1,000, une augmentation:

en 1859–62, de 8,90;
en 1863–66, de 9,25;
en 1867–72, de 2,90;
en 1873–76, de 5,93.

Avant de donner les résultats par nationalités, il est deux observations à faire, à propos de ces deux procédés de comparaison :

La comparaison par division marque combien de fois les naissances l'emportent sur les décès, ou inversement, sans présumer rien du nombre des vivants ni du temps. Ce rapport indique seulement que lorsque la population diminue de 1,000 par décès, elle augmente, ou non, dans le même temps par naissances, mais sans spécifier la longueur de ce temps.

Au contraire, avec la comparaison par la soustraction, le rapport détermine la vitesse d'accroissement, en spécifiant que la population s'est accrue de *tant*, par an, et par 1,000.

Comparaison des Naissances aux Décès.
(Par Nationalités.)

NATIONALITÉS	PÉRIODES	PAR QUOTIENT		PAR DIFFÉRENCE	
		par 1,000		par 1,000 habitants	
		décès combien de naissances	naissances combien de décès	accroissement annuel	diminution annuelle
Français	1853-56	»	1.129	»	5,30
	1865	1.084	»	2.9	»
	1867-72	1.060	»	2.10	»
	1872	1.136	»	4.5	»
	1873-76	1.421	»	11.28	»
	1876	1.441	»	10.9	»
Espagnols..	1853-56	1.583	»	17.5	»
	1865	1.443	»	12.5	»
	1867-72	1.154	»	11.5	»
	1872	1.292	»	9.7	»
	1873-76	1.410	»	11.44	»
	1876	1.313	»	8.96	»
Italiens.......	1853-56	1.283	»	8.5	»
	1865	1.382	»	12.1	»
	1867-72	1.431	»	12.3	»
	1872	2.009	»	24.8	»
	1873-76	1.350	»	10.1	»
	1876	1.273	»	8.22	»
Maltais.......	1853-56	1.560	»	15.8	»
	1865	1.374	»	11.8	»
	1867-72	1.272	»	9.6	»
	1872	1.489	»	15.05	»
	1873-76	1.434	»	11.60	»
	1876	1.480	»	11.82	»
Allemands..	1853-56	»	1.767	»	23.8
	1865	1.246	»	9.8	»
	1867-72	»	1.210	»	8.5
	1872	»	1.187	»	7.5
	1873-76	»	1.282	»	8.1
	1876	»	1.121	»	3.6
Israélites indigènes..	1861	2.025	»	28.6	»
	1865	1.877	»	20	»
	1867-72	1.501	»	13.9	»
	1873	1.990	»	21.1	»
	1873-76	1.988	»	24.7	»
	1876	2.231	»	29.6	»

Tandis que les races du midi de l'Europe, ont constamment un excès, les Allemands, à une seule exception, ont toujours un déficit, et les Français au contraire, sauf dans la première période, enregistrent un excédant qui, minime d'abord, s'accentue pour égaler même celui des autres races méridionales.

Il est regrettable que le défaut de documents ne permette pas d'établir si, dans l'immense déficit des premières années de la conquête et celui dû au choléra (1849), les nations étrangères ne contribuent pas comme les Français. La chose est probable, si l'on envisage la différence considérable entre les naissances et les décès des Européens, durant les années antérieures à 1856.

Mais ce qui permet de supposer que l'épidémie de choléra de 1849, a frappé également les peuples étrangers, c'est la façon dont ils se sont comportés devant les épidémies postérieures. Ainsi, en 1867 et 1876, la mortalité des Espagnols, des Italiens et des Maltais a surpassé celle des Français.

En résumé, la comparaison des deux phénomènes naissances, décès, se traduit, pour l'ensemble de la population européenne en Algérie, par un excès des naissances, c'est-à-dire par un rapport d'accroissement.

Quelle part prennent les sexes dans cet accroissement?

Est-ce le sexe masculin, dont la part est la plus élevée, comme l'a constaté M. Bertillon en la France?

Voici la succession des chiffres présentés par notre savant démographe, avec les réflexions dont il les fait suivre.

PÉRIODE DÉCENNALE		1801 1810	1811 1820	1821 1830	1831 1840	1841 1850	1851 1860	1856 1865
Pour 1,00 décès de chaque sexe, à chaque période décennale combien de naissances	hommes....	1152.5	1222	1259	1198	1206	1122	1164
	femmes.....	1146	1216	1205	1138	1150	1078	1119
	différence..	6.5	6	54	60	56	44	45

« C'est ce qui explique cette restauration incessante de la population masculine dont les rangs sont, de temps à autre éclaircis par la guerre. C'est ainsi qu'au commencement du siècle nous comptions à peine 950 hommes pour 1,000 femmes, et que, par un accroissement successif, nous étions arrivés, vers 1870, à posséder, à très peu près, 1,000 hommes pour 1,000 femmes. Mais les funestes événements de 1870-1871 nous ont fait rétrograder de cet équilibre, à 992 hommes pour 1,000 femmes. »

En traçant un tableau analogue pour la population européenne en Algérie, on voit, contrairement à ce qui se produit en France, que l'accroissement doit, en Algérie, la meilleure part au sexe féminin.

PÉRIODES		1854-56	1859-63	1867-72	1873-77
Pour 1,000 décès de chaque sexe à chaque période combien de naissances	hommes...	887.9	1.152.6	893.8	1.832.5
	femmes ...	1.203	1.466.4	1.286.9	2.501.5
	différence .	315.1	313.8	393.1	669

Ou bien, renversant les termes et faisant la comparaison par rapport aux naissances, on trouve :

PÉRIODES		1854-56	1859-63	1867-73	1873-77
Pour 1,000 naissances de chaque sexe à chaque période combien de décès	hommes...	1.121	847	1.106.2	621
	femmes ...	797.7	533.6	713.1	399
	différence .	323.3	313.4	393.1	222

Si le sexe féminin est ici plus favorisé, ce n'est pas que le sexe masculin soit mis en coupe périodique par les guerres. Mais il est une guerre de tous les jours, dont il a, il a eu surtout, à supporter les coups. Par ses occupations, l'homme est plus exposé aux effets de l'impaludisme; les travaux des champs, plus que les accidents inhérents à sa vie active, lui font payer un large **tribut à la mort. C'est en temps d'épidémie surtout que**

cet impôt pèse lourdement; si dans les années normales, les naissances masculines surpassent les décès,
quand survient une épidémie, l'équilibre ne se fait pas,
et, pour le sexe féminin, même aux époques éprouvées,
l'excédant des naissances sur les décès est la règle.

Et cependant, nous l'avons établi, les naissances
masculines l'emportent sur les féminines, et, pour les
périodes étudiées, il y a en moyenne, 106 naissances de
garçons pour 100 naissances de filles. Mais, d'autre
part, pour 153 décès masculins nous avons seulement
100 féminins; aussi les filles, malgré leur natalité plus
faible, grâce à leur mortalité également moins élevée,
participent pour une part plus grande, à l'accroissement
de la population.

En présence de ce phénomène tout à fait opposé à
celui constaté en France, faut-il conclure à un effet désastreux pour l'avenir de notre population? Non évidemment, dans la composition de la population algérienne nous avons vu le sexe masculin l'emporter, dans
une proportion moyenne de 140 à 150 hommes pour
100 femmes dans les premières années, et de 113 en
1872.

Nous n'en sommes pas encore à l'état de l'Europe où
partout, régulièrement, le nombre des femmes est supérieur, mais l'équilibre entre les deux sexes tend à se
faire en Algérie, non pas grâce à une immigration incessante, mais par le bénéfice continu des naissances
sur les décès. C'est, en effet, le résultat qui se dégage
des chiffres contenus dans les deux tableaux ci-dessus.

Pour savoir si la part prépondérante du sexe féminin
dans l'accroissement de la population, se retrouve chez
toutes les nationalités, il serait bon de faire des recherches dans une époque récente ou normale. Malheureusement ces recherches ne sont possibles que pour les
années 1853 et 1856, déjà vieilles, et qui ont eu à souffrir d'une épidémie de choléra. On accordera une valeur relative à des résultats ainsi obtenus, mais, faute
de documents plus récents, nous sommes réduit à nous
reporter à la période 1853-1856.

NATIONALITÉS		FRANÇAIS	ESPAGNOLS	ITALIENS	MALTAIS	ALLEMANDS
Pour 1,000 décès de chaque sexe de chaque nationalité, combien de naissances	hommes...	736.5	1.511.9	1.171.5	1.342.16	667.9
	femmes....	1.334.7	1.510.4	1.497.7	1.856.66	443.4
	différence..	598.2	1.5	326.2	514.5	224.5

L'accroissement se fait donc surtout par le sexe féminin, excepté pour les Allemands dont le sexe masculin
a un léger avantage, mais sans que les deux sexes parviennent par leurs naissances à couvrir les décès.

Chez les Espagnols il y a participation égale; chez les
Maltais et les Italiens, la part féminine est beaucoup
plus sensible et beaucoup plus encore chez les Français
dont les décès masculins ne sont pas couverts par les
naissances homonymes.

Ce dernier désavantage ne doit plus être vrai dans les
années contemporaines; il eût été intéressant de faire ce
contrôle si les relevés officiels avaient été mieux présentés.

En renversant les termes et prenant pour point de
comparaison 1,000 naissances, on obtient les résultats
suivants :

NATIONALITÉS		FRANÇAIS	ESPAGNOLS	ITALIENS	MALTAIS	ALLEMANDS
Pour 1,000 nais-sances de chaque sexe, de chaque nationalité, com-bien de décès	hommes....	1.263.5	488.1	828.5	657.84	1.332.10
	femmes....	665.3	489.6	502.3	143.34	1.556.6
	différence .	598.2	1.5	326.2	514.5	775.5

Tout en faisant des réserves sur la valeur actuelle de
ces résultats, on peut conclure que, sauf les Allemands,
toutes les nationalités s'accroissent surtout par le sexe
féminin, et comme chez tous ces peuples la population
féminine est moindre que la masculine, ce phénomène
ne présente donc rien ni d'anormal, ni de regrettable.

NATALITÉ & MORTALITÉ

Comparées en Algérie et en Europe

NATALITÉ

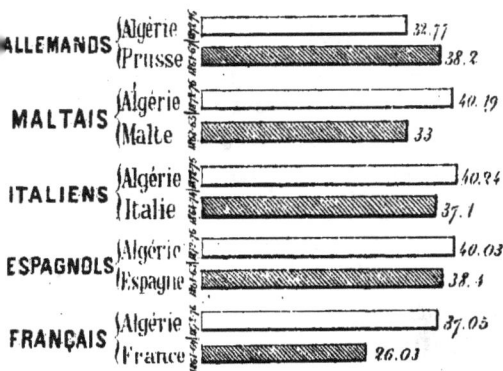

MORTALITÉ

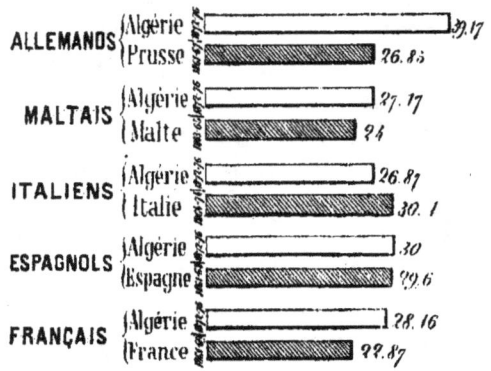

§ II

NATALITÉ ET MORTALITÉ COMPARÉES EN ALGÉRIE ET EN EUROPE

Des peuples transportés dans un pays plus ou moins éloigné de leur Mère-Patrie, sous une latitude différente, appelés à vivre dans des conditions hygiéniques autres, doivent subir une série de transformations qui se traduisent par une manière différente de naître et de mourir. Aussi, avons-nous le plus vif intérêt à rapprocher la natalité et la mortalité nouvelle de chaque peuple, de leurs natalité et mortalité d'Europe.

Le diagramme traduit clairement les modifications subies par ces deux phénomènes : les colonnes de natalité sont plus longues que celles de mortalité, excepté chez les Allemands.

Passons maintenant en revue chaque phénomène chez les divers peuples.

1° *Natalité.* — Sauf les Allemands qui, en Algérie, perdent considérablement, toutes les nations ont une natalité plus riche; chez les Italiens et les Espagnols, la différence est moins tranchée en raison de leur forte natalité européenne; pour les Maltais l'avantage est déjà plus manifeste; ce sont les Français qui, par leur séjour en Algérie, acquièrent une fécondité remarquable. I. est vrai que la natalité de la France est une des plus faibles de l'Europe, et malgré ce grand avantage acquis par les Français en Algérie, ils sont ici, encore un peu au-dessous des populations méridionales.

2° *Mortalité.* — Les Italiens seuls jouissent en Algérie d'une mortalité inférieure; tous les autres peuples voient leur mortalité s'aggraver dans des proportions différentes : à peine pour les Espagnols, un peu plus pour les Maltais, davantage pour les Français, mais, pour les Allemands, l'aggravation est inquiétante, d'autant plus qu'elle coïncide avec une natalité déjà fort diminuée.

La légère élévation de la mortalité des autres races est la conséquence de leur natalité plus accentuée, mais le bénéfice des naissances étant bien supérieur, il faut en conclure que l'implantation en Algérie est favorable à toutes ces races au point de vue de leur développement et de leur accroissement.

Les Français participent, eux aussi, à cet avantage, puisque perdant à peine 6 pour 1,000 ils gagnent par les naissances plus de 11.

Ces rapprochements sont basés, pour l'Algérie, sur la période la plus récente (1872-1876), non qu'elle soit absolument avantageuse, car elle a subi l'épidémie de scarlatine (1875) et la fin de l'épidémie variolique (1872), mais parce qu'elle nous paraît mieux représenter l'état actuel et normal de la colonie.

En Europe, nous avons également choisi des époques normales, évitant pour la France et la Prusse les années 1870 et 1871; pour Malte nous avons dû nous contenter de la seule année sur laquelle il existe des renseignements.

Ce sont, bien entendu, les mêmes périodes qui ont servi pour la natalité et la mortalité.

Le tableau suivant fera ressortir les résultats comparatifs que le graphique traduit d'une façon saisissante. Comme dans le précédent paragraphe, nous ferons cette comparaison sous les deux formes : par division, par soustraction.

Comparaison des Naissances aux Décès
pour chaque Nationalité en Algérie et en Europe

NATIONALITÉS		PÉRIODES	PAR QUOTIENT		PAR DIFFÉRENCE	
			pour 1,000		pour 1,000 habitants	
			décès combien de naissances	naissances combien de décès	accroissement annuel	diminution annuelle
Français...	Algérie....	1872-76	1.315	«	8.89	
	France	1861-73	1.139	»	3.16	
Espagnols.	Algérie....	1872-76	1.334	»	10.03	
	Espagne...	1861-63	1.297	»	8.80	
Italiens....	Algérie....	1872-76	1.497	»	13.37	
	Italie......	1864-71	1.232	»	7	
Maltais....	Algérie....	1872-76	1.479	»	13.02	
	Malte......	1863-65	1.375	»	9	
Allemands.	Algérie....	1872-76	»	1.195	»	6.40
	Prusse.....	1851-57	1.422	»	11.94	«

L'Allemand qui, en Europe, a un des coefficients
d'accroissement les plus élevés est ici, en diminution de
de 7 par 1,000 habitants, (au lieu de 11,35, son accroissement annuel dans sa mère-patrie).

Toutes les autres races accusent une augmentation,
avec un coefficient supérieur en Algérie. Mais ce sont
les Italiens et les Français dont le taux s'accroît davantage. En Italie, les Italiens ont un accroissement annuel de 7, en Algérie, ils dépassent 13. Pour les Français, l'écart n'est pas moins avantageux : nous avons, en
Europe, le dernier rang, avec un accroissement de 3,16
et nous arrivons à atteindre ici près de 9. Notre accroissement absolu, il est vrai, est un peu inférieur à celui
des Italiens, des Maltais et des Espagnols, mais notre
gain, comparé à celui de la Métropole, est de tous (les
Italiens exceptés) le plus considérable, et forme un contraste heureux avec l'écart, dans le sens de la diminution qu'éprouve la race allemande (1).

Ce n'est pas seulement avec les nationaux, mais avec
les Indigènes qu'il faudrait comparer la natalité et la
mortalité des Européens en Algérie. Nous avons repré-
senté, dans les graphiques, la différence avec l'Israélite
indigène. Mais cette race, qui n'est pas exclusivement
algérienne, jouit de privilèges et d'immunités qui se
rencontrent dans toutes les parties du monde où elle
s'établit.

Déjà Boudin avait montré qu'en 1856 les Israélites
comptaient, à Alger, 211 naissances pour 187 décès,
soit un excédant de près d'un huitième. Et le professeur
Vallin, signalant que, de 1861 à 1872, l'excédant des
naissances avait donné à cette race un accroissement
annuel de 21 pour 1,000, concluait « à l'aptitude presque illimitée des Israélites à s'adapter à tous les climats, à plus forte raison sur leur ligne isotherme originelle ». Après avoir enregistré ces résultats indiscutables, il convient de rappeler que la mortalité faible des
Israélites indigènes tient à leurs occupations sédentai-

---

(1) L'accroissement de 3,16 en France se produit dans une
période normale; en Algérie la période est défavorable, et si
l'on interroge les années suivantes moins éprouvées (1873-76)
l'accroissement s'élève, pour les Français en Algérie, à 11,28
c'est-à-dire le taux des peuples étrangers méridionaux.

res, au sein des villes. Ils vivent de négoce, mais ne cultivent pas la terre, et s'ils affrontaient les dangers de la culture, avec ses chances de morbidité et de mortalité, peut-être n'auraient-ils pas à enregistrer des résultats aussi merveilleux.

Les Musulmans, sans être autochthones, les Arabes du moins, occupent le pays depuis tant de siècles, qu'il faut bien leur accorder les qualités des races indigènes africaines. Il est également bien difficile, étant donné leur occupation séculaire, de refuser aux Musulmans le bénéfice de l'acclimatement; ce serait donc une présomption favorable pour les Européens si leur natalité était plus forte et leur mortalié plus faible que celle des Musulmans. Par malheur, l'état-civil est, chez eux, trop irrégulier pour permettre de calculer le taux de ces deux mouvements.

Pour la natalité, les calculs sont impossibles (1), mais la mortalité peut être recherchée sur une catégorie d'indigènes, et comparée avec la nôtre.

Dans l'armée d'Afrique, à côté des troupes d'origine française : zouaves, chasseurs d'Afrique, etc., nous avons six régiments de troupes indigènes : tirailleurs (turcos) et spahis, recrutés à prix d'argent, après une révision sévère, vivant exactement dans les mêmes postes et de la même vie que les troupes françaises, soumises comme elles aux épurations par les réformes et les retraites accordées au moins aussi libéralement qu'aux Français.

M. le professeur Vallin, qui a poursuivi des recherches comparatives dans ce sens, signale les résultats suivants : « En 1873, année normale, sans guerre intérieure, sans épidémie, 10,835 soldats indigènes ont fourni 137 décès, soit 12,6 pour 1,000, tandis que 17,965 soldats français de troupes, dites d'Afrique, ne fournissaient que 167 décès, soit 9 pour 1,000. La mortalité des troupes de France servant passagèrement en Afrique, c'est-à-dire, n'étant nullement acclimatées, était, elle-même notablement inférieure à celle des soldats indigènes : 9,66 sur 1,000 au lieu de 12,6. Le même

---

(1) Cependant, d'après M. Vallin, les Arabes compteraient 123 décès pour 100 naissances. (*Dict ency. des Sc. méd.* article COLONISATION.

calcul fait pour d'autres années antérieures et avec des groupements différents, nous a toujours donné un excès notable de décès du côté des indigènes. »

Ainsi donc, des Français originaires de toutes les régions de la France, du Midi comme du Nord, exposés à une morbidité et une mortalité spéciales, certainement peu favorables, sont moins éprouvés que des Indigènes qui, eux, trouvent à l'armée un bien-être, une hygiène et des soins qui leur font certainement défaut sous la tente et dans leurs gourbis. Placés dans de meilleures conditions, mieux logés, mieux nourris, ceux-ci paient cependant plus fort tribut à la mortalité. Ce fait a une importance capitale que le professeur du Val-de-Grâce a eu raison de mettre en évidence.

LIVRE SECOND

CHAPITRE I

PROLÉGOMÈNES

> « Quelle est la science des collectivités
> » humaines qui en étudie les états, les
> » progrès et les déclins ; qui scrute leurs
> « causes et leurs effets, enfin qui a com-
> » pétence pour présumer et diriger l'ave-
> » nir d'après le passé ?
> » Cette science, c'est la DÉMOGRA-
> » PHIE ; elle devrait être à l'art du légis-
> « lateur et de l'administrateur, ce que la
> » physique et la chimie sont à l'art in-
> » dustriel. »
>
> (Professeur BERTILLON.)

I. — Nous n'essaierons pas de caractériser en d'autres termes, la nature et l'importance du travail qu'il nous reste à poursuivre.

Comment résumer d'une façon plus concise l'œuvre de la Démographie, comment faire plus rigoureusement ressortir, par une comparaison exacte autant qu'ingénieuse, le but final de ses recherches et les applications pratiques qui en découlent.

Et s'il est un pays où l'art du législateur et de l'administrateur ait, plus qu'en un autre, à réclamer de la science son concours, à lui emprunter ses conclusions, à suivre ses enseignements, ce pays est l'Algérie, terre barbare il y a un demi-siècle, sur laquelle le génie de la France poursuit la mission féconde d'implanter une civilisation nouvelle.

Dans cette société qui se forme, où tout était à créer, où il reste tant à compléter, à corriger, à perfectionner, les faits matériels, les phénomènes sociaux, se présentent sous des aspects inusités et imprévus.

Livré à sa seule inspiration, ou puisant dans la routine et l'empirisme, le législateur s'expose à faire école aux dépens de la fortune publique, école plus grave encore, aux dépens de l'existence des colons. Il était sans doute difficile, à la première heure, de prévoir bien des faits, et d'échapper à leurs conséquences, mais aujourd'hui, après une expérience demi-séculaire, le temps est venu de mettre à profit les leçons du passé.

Aussi, quand le Démographe a dressé avec soin et patience, l'inventaire de ce passé, lorsqu'il a étudié la collectivité algérienne dans ses états et ses mouvements, après qu'il a essayé de reconstituer les causes des résultats obtenus, d'en poursuivre les conséquences, son œuvre est loin d'être achevée.

Il ne peut ni ne doit limiter son ambition à enregistrer des nombres et des faits, il lui reste la tâche pratique d'indiquer comment l'avenir peut s'éclairer de l'expérience acquise ?

Cette tâche nouvelle nous apparaît plus grosse de difficultés.

Certes, ça été une besogne fastidieuse de compulser des chiffres dans un amas indigeste de matériaux mal combinés et présentés. Mais, la patience aidant, l'habitude acquise était d'un grand secours, l'on avait des guides précieux dans les méthodes observées par les grands noms de la Démographie et un appui dans les procédés d'investigation et de calcul bien connus.

Maintenant guides et appui font défaut au moment d'utiliser les matériaux recueillis, d'en faire ressortir les conclusions dont puissent tirer parti législateurs et administrateurs, et cela dans un pays nouveau.

Pourquoi se le dissimuler, pour embrasser les questions complexes que soulève la colonisation algérienne, ou du moins, pour les éclairer de l'esprit scientifique, il n'est point inutile d'être doué d'un sens généralisateur, et ce n'est pas toujours le partage de qui a l'esprit patient de recherches.

Plus qu'à tout autre, l'hésitation est permise à un représentant de la jeunesse algérienne; celui-ci, pour ainsi dire, juge et partie dans la cause, peut se sentir troublé par l'alternative de ne pas paraître assez dégagé de toute inclination sentimentale et patriotique, ou, par une exagération contraire, trop porté à pousser à l'extrême les exigences de la preuve scientifique.

Comment ne redouterait-il pas d'afficher trop de prétention et de suffisance, alors même que la conscience de chiffres recueillis avec un esprit impartial et soucieux de la probité scientifique, s'étaye d'une éducation positive et de la méthode philosophique hostile aux conceptions *a priori*, aux conclusions prématurées.

Malgré cette situation particulière dont aucune des difficultés ne nous échappe, sans toutefois nous effrayer au point de nous détourner de la seconde besogne qui s'impose à notre persévérance, nous essaierons de la remplir dans toute son étendue. Puisse notre bon vouloir n'être pas au-dessous de ses obligations.

II. — Une première, ou plutôt une question préjudicielle se présente, qui, résolue dans un sens ou dans l'autre, imposera aux savants des déductions, aux législateurs, une ligne de conduite différentes; l'Algérie est-elle propice à la colonisation ? Notre occupation au nord de l'Afrique doit-elle être étendue, définitive ; peut-elle prétendre au titre de colonie, ou bien, au contraire, notre orgueil national doit-il se résoudre à n'établir ici qu'une station, un comptoir de négoce, un point stratégique ?

Lorsque la Monarchie décida, en 1830, l'expédition d'Alger, aucune de ces préoccupations n'entrait dans ses desseins; elle songeait à tirer vengeance d'une injure faite à son représentant, elle voulait purger la Méditerranée des pirates barbaresques; peut-être avait-elle en vue l'occupation d'Alger, d'un point quelconque pour assurer le succès de son entreprise et en affermir les résultats, mais l'avenir colonial ne lui était certainement pas apparu. Depuis la prise d'Alger, la conquête a été poursuivie, et, à l'heure actuelle la soumission du territoire est complète, la domination française partout reconnue, notre établissement scellé par le sang de nos soldats et celui ides colons.

Que l'on songe aux milliards dépensés pour fonder ou relever des villes, ouvrir des routes, construire des ports et des voies ferrées, et peut-on douter que la France soit aujourd'hui résolue à fonder en Algérie un établissement durable qui nous dédommagera de notre puissance coloniale du siècle dernier perdue, hélas ! sans retour, qui nous dédommagera de notre territoire mutilé par les terribles lois de la guerre ?

Non, le doute n'est plus permis, la France s'est fixée un but, imposé une mission : coloniser le nord de l'Afrique, c'est-à-dire y implanter son drapeau, son nom, y perpétuer sa race et fonder, séparée par le lac méditerranéen, une France nouvelle.

Il faut donc, pour faire souche sur cette terre ouverte à son activité colonisatrice, que le Français donne la preuve de son adaptation au climat africain, et, pour être édifié sur cette qualité indispensable, il faut rechercher si le Français possède cette faculté à un degré moindre ou à un plus haut degré que les races indigènes soumises, que les races étrangères établies à ses côtés et sous sa protection.

La question d'acclimatement est donc la première qui s'impose, que nous ayons à résoudre en scrutant les chiffres statistiques, en interrogeant les faits sociaux dont l'énumération a fait l'objet du premier livre.

CHAPITE II

ACCLIMATEMENT. — ACCLIMATATION. — COLONISATION

I. — Les mots acclimatement, acclimatation ont un sens propre, distinct, dans le langage scientifique, passé même dans la langue usuelle. Il en est de même du mot colonisation.

La solution des problèmes dont nous venons de faire l'énoncé, exige que nous rappelions la valeur et le sens admis de ces termes.

La science positive a renversé la conception métaphysique et les prétentions spiritualistes qui faisaient de la terre le centre du monde, et de l'homme un être à part, auquel le globe terrestre avait été octroyé en apanage de sa royauté sur le monde animal.

L'homme n'est, en réalité, qu'un représentant, le premier. le plus élevé, si l'on veut, du règne animal, mais si par les qualités intellectuelles, les conceptions morales, il est supérieur aux autres animaux, il est leur inférieur par les forces physiques et l'acuité des fonctions sensorielles; en tous cas et pas plus qu'eux, il n'échappe aux lois du milieu dans lequel il est placé. Comme tout être vivant ou inerte, l'homme vit dans un équilibre instable au sein des influences physiques, chimiques et biologiques qui l'entourent.

La *mésologie*, ou science des milieux, aujourd'hui constituée, ne permet plus d'accepter la prétendue universalité de l'homme, son aptitude à vivre, servi par une merveilleuse flexibilité, dans les climats les plus divers, à s'y maintenir, à s'y perpétuer.

L'homme n'échappe pas aux lois que subissent les êtres vivants transportés dans un milieu autre que celui de leur naissance.

Si ce milieu nouveau est différent de celui précédemment habité, des conditions nouvelles d'existence s'établissent, les rapports entre l'individu et le milieu sont changés, il en résulte des modifications ou légères ou profondes, au sein de l'organisme.

Il y a *acclimatement*, quand l'homme s'accommode spontanément et d'une façon permanente, à un climat sous lequel il n'est pas né. Quand cet accommodement ne se fait pas d'une façon spontanée, quand pour se produire il exige le secours de procédés particuliers, l'art qui intervient s'appelle l'*acclimatation*. Cette distinction est importante à retenir : l'acclimatement est l'effort de la nature ; l'acclimatation est l'œuvre de l'industrie humaine.

Nous aurons tour à tour à rechercher si l'Algérie est propice à l'une et à l'autre de ces deux formes de l'adaptation, naturelle ou acquise, des races implantées dans un climat nouveau ; mais pour achever ici, ce qui a trait aux définitions et à l'exposition du sujet, il nous reste à préciser ce qu'il faut entendre par colonisation.

« La colonisation, dit M. le professeur Vallin, est à la race ce que l'acclimatement est à l'individu. Coloniser, c'est implanter sa race sur un sol étranger, c'est adopter pour patrie un pays autre que celui d'origine, un pays nouveau, en voie de formation ou de transformation, et concourir à son développement, à sa culture, à sa prospérité, à sa fécondité. »

Ainsi envisagée, notre étude s'étend et se complique. Ce n'est pas assez de rechercher si tel individu, appartenant à une des nationalités européennes venues en Algérie pour y vivre, peut s'y perpétuer par la famille, il faudra s'enquérir, en outre, si chaque groupe national européen peut se perpétuer, faire souche et créer, soit spontanément par voie d'acclimatement, soit artificiellement par les ressources de l'acclimatation, un type nouveau, non dégénéré, et fécond.

II. — Nous avons reconnu plus haut, nous plaçant au point de vue des intérêts français qui, légitimement, nous doivent préoccuper avant tous autres, que la France ne doit pas seulement viser à une occupation partielle, mais prétendre à une conquête étendue, définitive, à un établissement durable. C'est le cas de distinguer la colonie politique de la colonie véritable, celle que la France précisément a la prétention de fonder sur la terre algérienne.

« La colonie politique n'est souvent qu'un comptoir, un point stratégique, une *station* : c'est Saint-Thomas,

Freetown ou le Gabon, c'est-à-dire un lieu où l'on passe, où l'on va faire sa fortune, comme les Anglais dans l'Inde et les Hollandais à Batavia, ou son service, comme notre armée et nos fonctionnaires dans certains postes de l'Afrique. Dans l'Inde, à Sierra-Leone, à Ceylan, les Anglais ont des troupes, des représentants de leur autorité militaire et administrative, des agents de leur commerce ; ils n'ont pas de colons, *non coloni, sed incolæ* : en 1845, sept ans après le bill du Parlement qui proclama la liberté de la colonisation, il n'y avait dans toute l'Inde anglaise que 24 colons (F. EDWARDS). Pour ces expatriés temporaires, il ne s'agit guère que de résister aux rigueurs du climat ; à peine a-t-on le temps d'arriver à l'acclimatement individuel ; les changements de résidence, les rappels fréquents de service, les départs volontaires, sont la destinée comme l'espérance de chacun. Pour le médecin, ce n'est pas là de la colonisation ; c'est simplement le séjour aux colonies. Le véritable colon renonce complètement à vivre dans la Mère-Patrie ; il s'établit au loin sans idée de retour, aussi bien pour lui-même que pour toute sa lignée ; il ne suffit pas qu'il s'acclimate, il faut qu'il s'implante, qu'il fasse souche, qu'il multiplie son type, non dégénéré » (1).

C'est la colonisation ainsi comprise dont nous aurons à suivre la marche en Algérie, dont nous essaierons d'établir la possibilité et la durée, étude parallèle ou plutôt intimement liée à celle de l'acclimatement.

---

(1) *Vallin, loc. cit*, page 166.

CHAPITRE III

HISTOIRE
DES COLONISATIONS ANCIENNES ET CONTEMPORAINES
AU NORD DE L'AFRIQUE

I. — Avant de faire contribuer les chiffres, résultats de nos investigations personnelles, contenus dans la première partie de l'ouvrage, à l'étude de la double question de l'acclimatement et de la colonisation algériennes, il n'est pas sans intérêt, remontant le cours des âges, de rappeler les faits du passé, puis d'interroger les faits modernes.

L'histoire des migrations a été magistralement exposée par le professeur Bertillon (1). Cette revue, — on ne saurait la résumer sans l'affaiblir, — fait ressortir l'influence du climat comme cause principale du succès ou de l'insuccès de tous ces mouvements tumultueux des peuples, et conclut en formulant les quatre lois suivantes :

1° Tout mouvement migratoire à marche séculaire, résultant plutôt de l'extension des populations de proche en proche, aboutit certainement à l'acclimatement, quelque loin qu'il s'étende (*Migration indo-européenne*);

2° Une migration rapide ne peut constituer une colonie durable et prospère, que si elle a lieu sur la même bande isotherme ou un peu au nord de cette bande. Le succès sera d'autant plus compromis que l'émigration s'éloignera davantage de cette zone pour se porter vers le sud ;

3° Les croisements avec les races aborigènes, s'ils sont eugénesiques, favorisent et accélèrent sans doute l'acclimatement, tandis que la sélection séculaire qui les suit, le consolide ;

4° Et comme corollaire, la race indo-européenne s'est certainement trouvée inacclimatable dans ses nombreu-

(1) *Dict. encycl. des Sc. méd.* ACCLIMATEMENT. — Pages 275 et suivantes.

ses et persévérantes tentatives, sur les versants méridionaux de la côte d'Afrique, et plus particulièrement en Egypte.

Ces faits du passé manquent souvent de la précision et de l'exactitude qui se rencontrent dans ceux du présent, aussi, M. Bertillon n'a pas négligé de poursuivre cette revue contemporaine, par climats médicaux, et dans toutes les parties du monde.

Résumons, parmi ces recherches sur le passé et le présent, les enseignements qui intéressent l'Algérie.

Il résulte de la revue historique sur les migrations des peuples, depuis l'expansion première du tronc *Aryen* ou indo-européen sur l'Europe et sur une partie de l'Asie, jusqu'à nos colonisations contemporaines, que les Romains ayant fait la conquête de l'Afrique carthaginoise, de presque tout le littoral et particulièrement de notre Algérie, n'ont épargné ni la peine ni la dépense pour y fonder une province romaine. Ils ont, sur notre sol, tracé des routes, élevé des villes et des monuments, envoyé des colons, et après une domination de sept siècles, il ne reste de cette puissance rien qui ait vie, mais seulement des ruines imposantes.

Après les Romains, les Vandales. Ces hommes d'origine gothique, sont des métis acclimatés en Espagne par le mélange des sangs. Grâce à l'infusion du sang espagnol, les Vandales se maintiennent en Espagne, tandis que le type Visigoth pur ne peut s'implanter ni en Espagne ni en Italie. Et cependant, malgré ce premier acclimatement, quand les Vandales passent en Afrique, ils ne peuvent s'y maintenir; ils disparaissent en moins d'un siècle, sans autre extermination que celle du climat.

Quelques écrivains, il est vrai, persistent à voir des descendants des Vandales dans certaines tribus de Kabyles à peau blanche, aux yeux bleus et à cheveux blonds.

Il y a quelques années, M. Marial, dans le *Courrier d'Oran*, à propos d'une communication faite par M. Assezat à la Société d'anthropologie, sur l'implantation en Algérie des Alsaciens-Lorrains, protestait dans les termes suivants, contre les doutes émis au sujet de leur acclimatement : « Le meilleur argument en faveur de

» l'acclimatation, disait M. Marial, c'est la persistance
» à travers les siècles, des hommes de race blonde aux
» yeux bleus, que l'on rencontre dans toute l'Afrique
» du Nord, et surtout parmi les Marocains. Cette race
» blonde, loin d'avoir disparu avec la domination des
» Vandales, s'est perpétuée et se retrouve par voie
» d'*atavisme*, dans beaucoup de familles arabes. Que
» peuvent donc les théories des savants contre des faits
» aussi concluants ? »

Le fait n'est pas aussi concluant que paraît l'admettre
le rédacteur du *Courrier d'Oran*. Il n'est pas le moins
du monde certain qu'on puisse faire remonter jusqu'aux
Vandales l'origine des Kabyles blonds; le docteur Pruner-Bey qui a vu ces Kabyles, ne leur reconnaît pas les
caractères ethniques des races gothiques, et d'ailleurs,
deux historiens originaux, Procope, et Scylax (350 ans
avant notre ère), témoignent qu'*à côté* des Vandales, il
y avait des Numides blonds, et que *huit siècles avant,*
ils occupaient déjà ces régions. (*Bulletin de la Société
d'anthropologie, — 1860.* T. Ier, p. 158.)

Toutefois, il paraît démontré aujourd'hui que les
blonds, dont certaines tribus kabyles sont issues, venaient effectivement du Nord (1). M. le général Fai-

---

(1) Le docteur Topinard résume ainsi les cinq opinions principales qui sont en présence pour expliquer la persistance de
ces caractères et l'existence de la race blonde qui s'y rapporte,
disséminée autrefois, vraisemblablement, de la régence de
Tripoli inclusivement jusqu'aux îles Canaries :

1° Ce seraient les restes des Vandales refoulés dans les monts
Aurès par Bélisaire, en 533, hypothèse à peu près abandon-
née, sauf par M. Périer qui établit une distinction entre ce qu'il
appelle les *Kabyles blonds* de l'Aurès et les *Chuouias*. Les premiers seraient le reste des Vandales; les seconds, des blonds
autochtones;

2° Ils proviendraient des mercenaires, et en particulier des
Gaulois que les Romains envoyèrent dans le pays;

3° Une invasion de blonds serait venue de l'Est à l'époque
de l'expulsion des Hycsos de l'Egypte, et auparavant de plus
loin encore vers l'Orient;

4° Une race blonde aurait existé depuis les temps les plus
reculés dans le nord de l'Afrique, et de ce point même aurait
envoyé une expédition vers l'Est que nous font connaître les
Egyptiens lorsqu'ils parlent des Tamahou, et une émigration
dans le Nord, où aurait ainsi passé l'industrie des dolmens à
ses débuts;

5° Et c'est l'opinion aujourd'hui la plus accréditée, les blonds

dherbe leur reconnaît cette origine et pense que ces blonds du Nord « subjuguèrent les Lybiens indigènes ou *s'allièrent à eux*, adoptèrent leur langue et finirent par *se fondre* au milieu d'eux *par croisement* ». Ce fait, il faut le remarquer, ne fait pas évanouir les craintes exprimées par M. Assezat, au sujet de l'émigration alsacienne-lorraine. Car, si l'on voulait s'appuyer sur la persistance des hommes blonds par voie d'*atavisme*, comme l'avance M. Marial, pour démontrer la possibilité d'acclimater les Alsaciens, tout au plus pourrait-on admettre cette possibilité à la condition que ceux-ci s'allieront avec les indigènes : arabes ou berbères, comme autrefois les blonds avec les Lybiens. Or, si l'*acclimatation* des Alsaciens est au prix d'un pareil croisement, il faut convenir, vu les alliances si exceptionnelles des Européens avec les Indigènes, que, malgré tout notre désir de la voir aboutir, elle n'est pas à la veille d'être réalisée.

II. — En résumé, les faits empruntés à l'histoire des migrations paraissent défavorables à l'acclimatement dans notre province africaine.

L'étude contemporaine des migrations destinée à compléter les leçons de l'histoire, puise ses investigations dans les documents qui donnent le mouvement général de la population. Mais les statistiques, de

---

de l'Atlas seraient descendus du Nord au contraire par le Portugal et le détroit de Gibraltar, et auraient apporté avec eux cette industrie des dolmens en voie de décadence.

L'argument le plus convaincant, en faveur de cette dernière opinion, est celui de la tribu des Denhadja, cité par le commandant Sergent. Leurs propres traditions locales les font descendre des constructeurs de tombeaux mégalithiques, que les Arabes appellent des *Djouhala*. Or, tous les membres de cette petite tribu avaient encore, avant l'invasion française, les cheveux plus ou moins blonds et les yeux bleus.

Le second argument s'appuie sur la présence d'une trainée ininterrompue tout à la fois de blonds, et de monuments mégalithiques dans toute l'étendue de l'Algérie jusque dans le Maroc.

Cette hypothèse, qui d'abord parut très hardie, est venue jeter inopinément une lumière tout inattendue sur la question des dolmens de l'Europe occidentale. Elle corrobore la doctrine de M. A. Bertrand, qui fait cheminer la race qui a construit les dolmens du Nord au Midi.

source officielle ou privée, laissent trop souvent à désirer parce qu'elles ne donnent pas tous les détails dont le démographe a besoin.

Sans conclure d'une façon absolue ou définitive contre la colonisation française, M. Bertillon reconnaît que l'Algérie, après avoir fourni pendant une période de 35 années, une grande mortalité et un déficit marqué dans la balance des naissances avec les décès, serait enfin entrée dans une période de mortalité décroissante et de naissances dépassant les décès. Cependant, ajoute-t-il, tout en enregistrant avec empressemeut cet heureux résultat, nous croirions hâtif de conclure déjà à *l'acclimatement.* « Je ne repousse point l'espérance d'un » certain *acclimatement*, encore moins la possibilité » *d'acclimatation.*

Ces appréciations étaient basées sur les résultats suivants :

« Les colons européens (population civile),. dans la » période 1834-1855, ont offert *en moyenne* une natalité » de 0,038, et une mortalité de 0,049. (En France, dans » la même période, natalité : 0,027, et mortalité : 0,023 » à 24.)

» Si, au lieu de prendre toute cette période en bloc, » on la décompose dans les trois périodes 1835-40, » 1841-50, 1851-55, on a successivement pour cha- » cune :

» Natalité... ...   0,035 ; — 0,036 ; — 0,041
» Mortalité......   0,050 ; — 0,051 ; — 0,048

» Si, au lieu des moyennes, nous rapportons les oscil- » lations les plus ordinaires de la mortalité dans cette » période 1835-55, nous avons 0,020 à 0,025 pour la » France, et 0,040 à 0,056 pour l'Algérie.

» Dans la période 1856-62, toujours pour l'ensemble » de la population civile européenne, nous trouvons » une natalité de 0,032, et une mortalité de 0.038. (En » France, dans la même période, natalité : 0,026 ; mor- » talité : 0,024.)

» Dans la petite période 1859 - 62, les coefficients » sont encore plus favorables, natalité : 0,039 ; morta- » lité : 0,030. »

D'après ces chiffres, on voit l'amélioration sensible qui s'est manifestée en Algérie : de 1835 à 1862, la mortalité a baissé de 5 à 3 pour 100, la natalité suivant, au contraire, une marche ascendante.

A supposer que l'on puisse déduire de cette tendance à l'amélioration, la possibilité de l'acclimatement, encore faut-il faire remarquer que les recherches ci-dessus, portant sur l'ensemble de la *population européenne* en bloc, la conclusion serait : vitalité des Européens.

Mais là n'est pas la solution qu'il nous importe de connaître, c'est, encore une fois, l'acclimatement des Français qui nous intéresse. Il faut donc des résultats ci-dessus, dégager la part des différentes nationalités qui composent la population européenne en Algérie, afin de savoir si toutes sont, et d'une façon égale, susceptibles de développer une descendance propre, prolifique et vivace. Cette analyse indispensable, M. Bertillon l'a tentée, mais il n'a pu la démêler dans les documents officiels, que pour les années 1855-56.

Les déductions basées sur les chiffres et présentées par M. Bertillon, peuvent ainsi se résumer :

Les races originaires de l'Europe méridionale : italienne, espagnole, maltaise, ont toutes les qualités du colon destiné à faire souche ; l'acclimatement des Français est encore problématique, celui des Allemands paraît irréalisable.

Ces conclusions, tirées de l'histoire contemporaine, corrigent déjà, dans une large mesure, la quatrième des lois ci-dessus.

En effet, la race indo-européenne était apparue dans le passé, inacclimatable en Afrique, et nous voyons maintenant, à une époque plus rapprochée, des populations européennes, celles du midi, dont l'acclimatement n'est plus douteux en Algérie. Il y a donc une différence entre notre climat et celui de l'Egypte, ce dernier pays, étant définitivement reconnu inclément aux Européens de toutes nationalités, sans exception, car leurs enfants y meurent tous avant l'âge de cinq ans ; ceux qui y atteignent cet âge sont emportés par la méningite. (PRUNER-BEY.)

CHAPITRE IV

I. — Les travaux de M. Bertillon remontent à plus de dix années, et s'ils n'ont rien perdu de leur valeur scientifique, s'il faut toujours, lorsqu'on discute sur l'acclimatement, les citer comme une autorité, toujours est-il que depuis, les faits se sont accumulés.

Dans ces questions de nombres, le temps est un facteur puissant : telle conclusion douteuse, par lui corrigée, acquiert une valeur définitive qu'elle n'avait pas encore.

Si nous osons citer nos tentatives à côté de l'œuvre classique du professeur de Démographie, c'est uniquement parce que nous avons eu l'avantage — c'est le seul à notre actif — d'avoir travaillé après lui, inspiré par ses travaux, excité par ses conseils, soutenu par ses encouragements.

Nos premières recherches, antérieures à celles que nous publions aujourd'hui, étaient limitées à notre ville natale (1); elles ont confirmé les principales conclusions de notre maître : acclimatement non douteux des races originaires de l'Europe méridionale ; impossibilité absolue, non moins évidente, de maintenir la race allemande en Algérie. Quant aux Français, nos résultats plus satisfaisants que ceux de M. Bertillon, ont mis en lumière deux faits importants : la mortalité excessive au début, s'est graduellement améliorée, au point de devenir inférieure à la natalité ; les enfants nés en Algérie montrent assez de résistance pour atteindre l'âge du mariage et donner naissance à la seconde génération, presque nubile à son tour.

Et nos conclusions disaient :

« Parmi les Français, ceux originaires des provinces

---

(1) *Contribution à l'étude de l'acclimatement des Français en Algérie.*   Paris, 1874. — Pages 95 à 100.

méridionales : Provençaux, Gascons, Corses, etc., sont dans des conditions, sinon identiques, du moins très semblables à celles des Espagnols et des Italiens. Si dans la statistique de nos nationaux on pouvait faire la part des provinces méridionales, il ne nous paraît pas douteux que leurs coefficients de mortalité et de natalité donneraient des résultats équivalents à ceux des populations méridionales étrangères.

» Ce qui, à notre sens, exagère les coefficients de mortalité chez les Français, c'est la présence, antérieurement à la dernière guerre, de nombreux Alsaciens qui, Français par la nationalité, se rapprochent cependant beaucoup plus, par les caractères ethniques, des Allemands, que des Provençaux ou des Corses.

» On peut affirmer que si l'acclimatement des Français tend chaque jour à se démontrer davantage, il est permis *scientifiquement*, aujourd'hui, d'admettre pour les Français du Midi la faculté de vivre et de se perpétuer à l'égal des autres populations méridionales de l'Europe. »

Depuis la publication de cette monographie, cinq années se sont écoulées ; le temps est venu ajouter des éléments nouveaux ; nous avons aussi élargi le champ de nos études. C'est à ces recherches plus récentes et plus étendues que nous allons maintenant emprunter pour déduire le degré d'acclimatement propre à chaque nationalité.

II. — Il serait superflu d'insister sur les preuves qui confirment la facilité, depuis longtemps reconnue, des Espagnols, des Italiens et des Maltais, à vivre et prospérer en Algérie. La natalité de ces trois peuples est non-seulement et d'une façon constante, supérieure à leur mortalité, elle est même supérieure à celle de leurs Mères-Patries : ainsi, pour 1,000 décès les Espagnols ont 1,334 naissances en Algérie et 1,297 seulement en Europe ; les Italiens, plus favorisés encore, comptent 1,497 naissances sur le sol africain et 1,232 dans leur pays ; les Maltais, enfin, ont 1479 naissances algériennes pour 1,375 européennes.

Sans multiplier davantage les preuves, ces chiffres suffisent amplement à confirmer le fait signalé par tous les observateurs, que les Espagnols, les Italiens, les

Maltais sont ici comme chez eux, ou plutôt mieux que chez eux.

Si nous passons aux Allemands, nos chiffres ne sont pas faits pour les relever de l'arrêt qui les condamne à ne pas tenter un établissement durable sur la terre algérienne.

Les Allemands se comportent tout à fait à l'inverse des trois peuples dont l'accroissement est si merveilleux, leur mortalité l'emporte toujours sur la natalité, ils ont en Algérie une natalité moindre et une mortalité plus forte qu'en Europe ; on en peut juger par ces chiffres : pour 1,000 naissances ils ont ici 1,195 décès, tandis qu'en Prusse, pour 1,000 décès, les naissances s'élèvent à 1,422.

Et ces résultats sont ceux de l'époque contemporaine, la forte mortalité du début ne s'est pas améliorée comme pour les Français, et leur natalité a subi une marche décroissante !

CHAPITRE V

ACCLIMATEMENT DES FRANÇAIS

I. — Nul ne s'étonnera si faisant, et à part, une large place aux Français, nous cherchons à démontrer, avec plus d'insistance, leur facilité à s'acclimater en Algérie. En outre de l'intérêt national, cette étude plus détaillée se justifie d'elle-même et s'impose précisément en raison des doutes émis sur notre acclimatement.

Tandis que, depuis longtemps, la facilité des Espagnols, des Italiens et des Maltais à s'acclimater en Algérie ne fait plus discussion, tandis que l'impossibilité pour les Allemands d'acquérir ce privilége n'est plus contestée, un reste d'hésitation subsiste peut-être dans certains esprits, à l'égard des Français. C'est que leur réussite en Algérie n'apparaît pas manifeste comme celle des peuples de l'Europe méridionale, difficile comme celle des Allemands.

Le doute d'ailleurs était bien permis quand les prévisions des premiers observateurs disaient : « Les enfants nés en Algérie de père et mère européens, depuis vingt-trois ans sont impitoyablement moissonnés. » (Docteur VITAL, de Constantine.) « Les cimetières sont les seules colonies toujours croissantes de l'Algérie. » (Général DUVIVIER.) Malgré leur ton affirmatif, ces pronostics pessimistes sur l'avenir de la colonisation française en Algérie étaient empreints d'une évidente exagération. La moisson sur les enfants issus d'Européens, durant les vingt-trois premières années n'a pas été si impitoyable que des centaines de nos concitoyens, de nos condisciples ne puissent, avec nous, donner un démenti à l'affirmation du savant médecin militaire.

Le paradoxe du général Duvivier est trop empreint des sentiments que les chefs militaires ont bien longtemps affectés vis-à-vis de la colonisation; il émane d'une bouche trop intéressée pour qu'on songe jamais à l'accueillir comme une autorité scientifique.

Toujours est-il que ces cris d'alarme, sans compter

l'opinion conforme de Boudin, ont jeté un jour défavorable sur notre aptitude à vivre et prospérer en Algérie.

Il faut en convenir d'ailleurs, quelques conclusions que nos recherches plus récentes nous permettent d'opposer à ces appréciations hostiles ou préconçues, durant les premières années de l'occupation, les Français n'ont pas fourni des résultats qui fussent propres à faire présager un avenir durable à notre établissement colonial.

En effet, de 1853 à 1856 (impossible de préciser pour la période antérieure, car il n'existe aucun document permettant de calculer leur natalité et leur mortalité particulières), 1,000 Français avaient 41 naissances et 46 décès. Le déficit ne persiste heureusement pas, car, arrivant à 1865, nous voyons les naissances l'emporter; et depuis lors, tandis que la natalité se maintient, la mortalité baisse au point de ne plus compter que 25 à 26 décès par 1,000 habitants.

Et si, à l'heure présente, on compare la mortalité française avec celle des étrangers méridionaux, on la voit rester au-dessous. Durant la période calamiteuse 1873-76, notre mortalité a été inférieure à celle de tous les peuples. Ce fait a une grande valeur si on rappelle que le choléra de 1849 a frappé surtout les Français. Ne prouve-t-il pas en faveur de la race qui résiste ainsi à l'épidémie, puisqu'un des caractères des races non acclimatables est de payer un large tribut aux fléaux épidémiques?

La natalité française, il est vrai, est un peu plus faible; mais, par leurs façons de vivre, leur souci de l'hygiène, les Français savent compenser cette infériorité; depuis 1865, pour 1,000 décès nous avons toujours plus de 1,000 naissances et, à partir de 1873, nous en comptons même plus de 1,400.

Notre accroissement, point capital à rappeler, ne se fait plus exclusivement par l'immigration, il emprunte au bénéfice des naissances avec une progression du meilleur augure. Ainsi, de 1866 à 1872, l'immigration intervenait pour 965 dans 1,000 d'accroissement et l'excédant des naissances pour 35 seulement, de 1872 à 1876, la part des naissances s'élève à 199.

Et si l'on compare le Français algérien avec celui de la métropole, il ne faut pas oublier qu'en France l'accroissement annuel pour 1,000 est de 3,16; en Algérie il est 8,89.

II. — Nous pourrions rééditer les uns après les autres les chiffres recueillis et exposés précédemment, si nous pensions nécessaire d'accumuler les preuves qui justifient nos appréciations touchant l'acclimatement des Français en Algérie. Sans insister davantage, nous avons, ce nous semble, suffisamment fait ressortir le changement profond et si heureux qui s'est opéré au sein de la population française : décimée au début, elle s'est maintenue et, aujourd'hui, elle se montre même supérieure à ce qu'elle est dans la Mère-Patrie.

C'est sur ces avantages que les Français acquièrent en Algérie qu'il convient d'insister, c'est à eux qu'il faut demander les preuves les plus convainquantes.

Une race est acclimatée dans un pays, dit le professeur Fonssagrives (1), quand elle y a conservé : sa force d'expansion ou sa fécondité normale; sa longévité originelle; sa vigueur; son aptitude au travail intellectuel et au travail de la terre.

Interrogeons ces divers points. La force d'expansion, la fécondité française se sont bien accrues et accentuées en Algérie, puisque notre natalité dépasse ici 37, étant en France de 26. La fécondité nous l'avons calculée, elle donne en France 3,08 par mariage et 3,67 en Algérie.

L'aptitude aux travaux intellectuels, au travail de la terre est plus difficile à démontrer par la statistique. C'est cependant un fait certain, facilement appréciable : le Français plus que les autres peuples, est colon, agriculteur. Il réclame sans cesse de la terre et s'élève en plaintes contre l'administration si parcimonieuse dans la concession des terres attribuées. Et quelle facilité à se plier aux exigences du climat, aux conditions économiques! La culture des céréales si longtemps l'unique production de l'ancien grenier de Rome, semble menacée par la concurrence étrangère, le phylloxera menace de détruire la richesse viticole de la France, aussitôt le colon Algérien prompt à se retourner, s'adonne avec passion à la culture de la vigne; celle-ci déjà couvre nos côteaux,

---

(1) *Dict. ency. des Sc. méd.*, art. CLIMAT p. 66.

pas un terrain propice qui, chaque jour, ne soit mis en culture. Dans quelques années la France nous empruntera le vin qu'elle nous a jusqu'ici fourni en abondance.

L'activité industrielle est aussi bien une des formes de l'aptitude au travail, et si elle n'a pu encore mettre en valeur sur place, faute de bras ou de moyens de transformation, toutes les richesses du sol, toutes les matières premières, des tentatives se manifestent, et sur plusieurs points de la colonie, des établissements ont été créés.

Insistons sur l'activité intellectuelle. L'Algérie, sans doute, n'a pas encore enfanté de grands penseurs, de grands savants, des littérateurs ; après cinquante ans d'existence, un pays ne peut prétendre à une suprématie, dans le domaine de l'esprit, alors surtout que les plus âgés de ses enfants sont loin d'avoir atteint le demi-siècle. Mais elle est bien connue la vivacité d'esprit des jeunes algériens , leur facilité à saisir. Nous avons dit le développement merveilleux de l'instruction primaire dans la colonie. Le Français tient le premier rang. Pas d'humble hameau qui n'ait une école fréquentée, pas de ville importante qui ne possède un établissement d'instruction secondaire dont, chaque année, les élèves luttent avec ceux de la Métropole et souvent ils ont le premier rang. Les Facultés, les Ecoles du Gouvernement ont, depuis 20 ans au moins, inscrit sur leurs registres de nombreux Français nés en Algérie.

Les preuves abondent qui dénotent chez le Français l'aptitude à conserver, à développer sur le sol Algérien, toute son activité intellectuelle.

Ainsi, par exemple, les jeunes gens nés dans la colonie ou l'habitant depuis leur enfance, passent une année sous les drapeaux dans les mêmes régiments que les soldats venus de la Métropole. Les chefs de corps interrogés, n'hésitent pas à reconnaître que la moyenne intellectuelle du contingent Algérien est de beaucoup supérieur à celle du contingent Français : nos jeunes conscrits ont au moins l'instruction primaire et parmi eux, il est rare de trouver un illettré.

Il faudrait ne l'avoir pas éprouvé pour ne pas reconnaître que le climat, durant certaine période de l'année, rend le travail de l'esprit plus pénible. Il faut également convenir et c'est là, sans doute, une des influences réelles du climat, que les jeunes Algériens, si prompts à comprendre, si vifs, si ouverts, manquent peut-être de la persévérance qui double le fruit du travail. Bien loin d'être un symptôme d'affaiblissement intellectuel, cette influence mésologique dénote la conservation et même, le développement de nos qualités originelles puisqu'elle est impuissante à les annihiler.

Tous ces arguments à peine indiqués, empruntés aux chiffres statistiques, aux faits sociaux, aux phénomènes psychiques, nous voudrions les résumer dans une formule :

Le Français dont l'acclimatement en Algérie, sujet de controverse, a été longtemps mis en doute, accuse aujourd'hui, et chaque jour davantage, les preuves non équivoques de sa vitalité, de son adaptation sur le sol africain.

CHAPITRE VI

LIMITES DE LA ZONE ACCLIMATABLE

I. — Cette formule, empressons-nous de l'ajouter, exprime une moyenne, puisque les faits et les chiffres sur lesquels nous nous sommes appuyé pour l'établir embrassent l'Algérie entière et non une localité, intéressent tous les Français sans tenir compte des régions françaises dont ils sont originaires.

Ce sont bien là des moyennes, car telles et telles villes, étudiées en particulier auraient, peut-être, dans la balance des décès et des naissances, accusé un déchet; telles autres, un bénéfice supérieur à celui constaté dans nos tableaux pour l'ensemble de la colonie.

L'Algérie n'est pas une unité géographique, sa climatologie présente souvent des différences bien tranchées entre deux points de son immense territoire; les habitants, de leur côté, ceux d'origine française, sont loin d'être une unité ethnique. Sans remonter dans le passé pour rappeler les groupes ethniques qui ont contribué à constituer la nationalité française, cette nationalité présente, compatibles avec son unité, des variétés nombreuses avec leurs caractères anthropologiques, leurs patois ou langues locales, et aussi avec une vitalité, une morbidité propres. N'est-il pas supposable, en raison de ces diversités, que tous les éléments constitutifs de notre race, ne doivent point jouir de facilités égales à vivre sur le sol africain. Etant admis l'acclimatement des Français en général et pris ensemble, les Français originaires d'une province peuvent être réfractaires à l'adaptation spontanée, à côté d'autres nés dans une contrée plus favorisée. Et qui sait si, impuissant à s'établir sur un des points du territoire algérien, tel groupe ne deviendrait pas apte à supporter l'épreuve de l'acclimatement dans toute autre région.

Ces considérations conduisent à rechercher quelle est, en Algérie, la limite des territoires propres à l'acclimatement, quelle est, en France, la limite au delà de laquelle il est imprudent d'appeler les populations destinées au peuplement et à la colonisation de l'Algérie.

Délimiter, en s'appuyant sur des notions scientifiques, les deux lignes devant borner au Sud en Algérie, au Nord en France, la zone acclimatable de notre nationalité, n'est pas chose facile. Aussi, se basant sur des approximations, les uns ont proposé une ligne joignant Bordeaux et Lyon au-dessous de laquelle les populations sont considérées comme pouvant résister au climat africain; les autres ont étendu ce privilége aux habitants des pays situés au sud de la Loire. Ces tracés sont trop imparfaitement délimités, leur direction est trop arbitraire pour pouvoir être adoptés sans discussion.

Ce ne sont pas là des délimitations scientifiques et, d'ailleurs, le problème n'est pas aussi facile que de diriger d'une façon plus ou moins approximative, un trait fictif sur la carte de France; il faut interroger les diversités climatiques de l'Algérie comparées à celles de la région française. La question est très complexe, et si nous en signalons les difficultés, ce n'est pas pour chercher prétexte à nous soustraire à l'obligation de tenter une solution plus ou moins approchée, mais plutôt pour nous justifier si nous ne parvenons pas (ce ne saurait être l'œuvre d'un seul et ce sera surtout l'œuvre du temps qui fournit les observations nécessaires) à fixer définitivement ce point de géographie et d'anthropologie.

II. — D'après la loi formulée par M. Bertillon et acceptée par tous : « une migration rapide ne peut constituer une colonie durable et prospère, que si elle a lieu sur une même bande isotherme. Le succès sera d'autant plus compromis, que l'émigration s'éloignera davantage de cette zone pour se porter vers le Sud. »

C'est la confirmation de cet autre fait qui a frappé les observateurs : il est plus facile à l'homme de s'habituer à un climat froid qu'à un climat chaud. On a vu les indigènes incorporés dans notre armée supporter le climat de Paris, où ils tenaient garnison; ils ont résisté mieux qu'on ne l'eût supposé, aux épreuves des campagnes rigoureuses de Crimée et de France, à la captivité en Allemagne (1).

Résistance à la chaleur est le premier terme, celui relatif à l'individu, qui contribue à l'acclimatement dans un pays ; il faut faire intervenir un second terme relatif celui-là au pays lui-même, et qui marque le degré de salubrité de son climat, nous voulons dire *l'impaludisme.* Ce sont, nul ne l'ignore, les pays chauds qui précisément en souffrent le plus, et si l'ensemble des causes qui constituent l'impaludisme, qui font ses formes, son intensité, sa gravité, nous échappe, il n'est pas douteux que la chaleur en est le facteur le plus actif et le plus puissant.

La chaleur est donc la mesure qui peut être adoptée pour fixer la limite où l'acclimatement peut s'étendre, étant généralement admis qu'il est facile dans la direction des parallèles et difficile pour les peuples qui s'écartent de la ligne isothermique d'origine.

La zone acclimatable isothermique est-elle bien choisie?

Nous ne le pensons pas. Les lignes isothermes en effet, unissent les points où l'on constate la même température moyenne annuelle, il en résulte que cette moyenne est celle de toutes les saisons confondues et non celle particulière à la saison des chaleurs.

Il est une ligne qui donne la moyenne saisonnière des chaleurs c'est la ligne isothère. Avant de développer les considérations qui nous font adopter les lignes isothères et les bandes isothériques pour déterminer d'une façon plus scientifique les limites de l'acclimatement, signalons quelques-unes des raisons pour lesquelles nous repoussons les lignes isothermes.

Ces lignes comme toutes les moyennes qui sérient des faits très dissemblables, ou des extrêmes, expriment un résultat qui n'est pas réel ; dans le cas présent, une température qui n'est celle d'aucune saison.

---

(1) Larrey avait observé en 1812, lors de la retraite de Moscou, une résistance analogue : « Trois mille hommes des meilleurs soldats de la Garde, tant d'infanterie que de cavalerie, presque tous des contrées méridionales de la France, étaient les seuls qui eussent vraiment résisté aux cruelles vicissitudes de la retraite. »

Ainsi en est-il de la vie moyenne, fixée à 40 ans, sans qu'on puisse conclure que ce soit là l'âge normal de la mort, car tout au contraire il est constant que la mort à cette époque, est tout-à-fait exceptionnelle. Pourquoi ces moyennes résument-elles si mal les faits réels? Parce qu'elles sont des compromis entre des valeurs de natures et d'ordres très différents : ici la mortalité des enfants, celle des adultes et celle des vieillards, et là la température de l'été, celle de l'hiver, du printemps et de l'automne.

Pour avoir une confirmation de ces vues théoriques, il suffit de jeter les yeux sur une carte des lignes isothermiques de France. On voit ces lignes s'abaissant de l'Ouest à l'Est; ainsi, pour prendre un exemple: l'isotherme + 11 pénètre en France à Cherbourg et en sort à hauteur de Genève; de même l'isotherme + 12 pénétrant à la Rochelle vient sortir entre Lyon et Valence. Il résulterait, si l'on adoptait la bande isothermique comprise entre ces deux lignes, que la région Ouest de la France se rapprocherait plus que celle de l'Est, des conditions climatériques de l'Algérie.

Or, il n'est pas besoin d'avoir été longtemps en Algérie pour avoir apprécié que les habitants de la vallée du Rhône se plient plus facilement au climat Algérien que ceux des côtes de Bretagne ou des bords de la Manche.

Ces exemples confirment bien nos appréciations sur les lignes isothermes. Elles sont un moyen défectueux de comparaison, par la raison, nous venons de le dire, qu'elles sont un moyen terme entre des valeurs extrèmes très différentes : ainsi le pays entre Besançon et Genève a le même été que les bords de l'estuaire de la Gironde et l'hiver de Saint-Brieuc est aussi doux que celui de Bayonne, Perpignan et de la côte entre Montpellier, Marseille et même Nice (1).

Et en Algérie, sur les hauts plateaux par exemple, le climat est aussi caractérisé par des extrêmes de température : il y neige souvent jusqu'en mars et même avril et mai, et à cette époque on peut voir le thermo-

---

(1) Il y a un point entre Besançon et Genève, où l'*isochimène* de 2 degrés coupe l'*isothère* de 20 degrés, où par conséquent l'été de Bordeaux succède à l'hiver de Dunkerque. (JULES ARNOULD, in *Dict. encyc. des Sc. méd.;* art. FRANCE *(Climatologie).*

mètre descendre la nuit au-dessous de zéro, tandis qu'à midi la température est de 25 à 28 degrés centigrades; à Laghouat, entre 33° et 34° de latitude, il y a des séries de jours de gelée.

Dans le Sahara algérien, la température de l'été s'élève à 45° à l'ombre, les dunes exposées au soleil ont à leur surface en mai et juin, 78° et 80°, et en hiver le thermomètre s'abaisse à 3°, et quelquefois, sous l'influence du rayonnement du sol, jusqu'à — 8°.

Il y a donc lieu de rejeter les lignes isothermes, car elles n'expriment pas la moyenne des chaleurs, et c'est la chaleur qui, supportée ou non, comparable ou non à celle du pays d'origine, traduit la faculté d'acclimatement pour les hommes et limite les zones acclimatables des pays.

Si l'on interroge sur la carte les lignes isothères, on les voit suivre une direction justement opposée à celles des isothermes : s'élever de l'Ouest vers l'Est, en sorte que la région orientale de la France se rapproche davantage de l'Algérie, par sa température moyenne estivale.

Quelle zone isothérique pourrait-on proposer, bornée au Nord par une ligne isothère ayant son tracé en France, et au Sud par une autre ligne se développant en Algérie, au sein de laquelle il faudrait reconnaître aux populations, la faculté de vivre et de se développer.

Il est indispensable, avant de fixer ces limites, de présenter quelques notions géographiques sur la configuration générale de la France et de l'Algérie.

III. — La France se divise en un certain nombre de régions naturelles qui se groupent autour de l'une d'elles qui forme, en quelque sorte, la région centrale appelée le plateau central. Le massif granitique central (1) par-

---

(1) « Au centre s'élève un plateau de granit d'une remarquable symétrie de contours, disposé en forme de triangle. Un côté, tourné vers l'Orient, est limité par la profonde dépression dans laquelle coulent la Saône et le Rhône; un autre côté qui regarde le Sud-Ouest est parfaitement parallèle au cours de la Garonne qui l'accompagne à distance; enfin la troisième face, exposée au Nord-Ouest, est précisément orientée dans le même sens que la partie de la Loire comprise entre Orléans et le confluent de la Vienne. »   (E. RECLUS. LIV. II: *la France* ; page 11.)

tage la France en deux zones de climats offrant une opposition tranchée : le versant nord appartient à l'Europe occidentale; le versant sud est une terre à l'aspect déjà presque africain (E. RECLUS.); ce versant sud présente, dans son climat comme dans certains aspects et quelques productions du sol, expression vivante du climat, des caractères dans lesquels il est difficile de ne pas reconnaître quelque chose d'africain (J. ARNOULD).

L'Algérie, prise dans son ensemble, peut être considérée comme un massif montagneux à deux versants principaux, l'un septentrional, l'autre méridional. Le versant septentrional (région méditerranéenne, Tell) regarde la Méditerranée; le versant méridional (Sahara) s'incline vers les immenses plaines du grand désert africain, avec lesquelles il se confond au Sud. Entre ces deux versants, de vastes steppes d'une altitude moyenne de 700 à 1,100 mètres (région des hauts plateaux), s'étendent sur le faîte déprimé du massif (E. COSSON).

Comment ne pas être frappé par la configuration générale de la France et celle similaire de sa colonie africaine : une arête centrale dont les deux versants ont des caractères climatiques si tranchés. Au nord du massif français, le climat boréal; au sud du massif algérien, la température équatoriale, et sur les versants se faisant face, séparés par le lac méditerranéen, des analogies de climat et de flore.

Si de telles analogies peuvent porter à admettre que cette zone franco-algérienne est celle où doit forcément se produire et réussir l'activité colonisatrice de la nationalité française, comment ne pas persévérer dans cette impression première, quand on constate que cette zone géographique est précisément une zone thermique, celle comprise entre les lignes isothères de 20° et 25°.

Selon Berghaus, l'isothère de 20° part de l'embouchure de la Gironde, passe à Moulins, coupe la Loire, puis la Saône à son confluent avec le Doubs, enfin le Rhin près de Mulhouse. La carte e M. Renou (*Dict. encyc. des Sciences méd.* FRANCE; *Climatologie,* p. 416) reproduit une isothère de 20° un peu différente : légèrement concave, elle s'étend de Lesparre à la rive nord du lac de Genève, en passant un peu au sud de Clermont-Ferrand. L'atlas du *Cosmos* donne un tracé à peu près identique. Nous avons sous les yeux une carte sans nom d'auteur qui se rapproche de celle de Berghaus : l'isothère a son origine un peu plus au Nord, coupe l'île d'Oléron, l'embouchure de la Charente, passe à Guéret, au nord de Dijon, de Vesoul, pour sortir à Mulhouse.

Nous ne saurions décider lequel de ces tracés est le plus exact, mais nous ferons remarquer que le dernier dessine précisément le contour septentrional du grand massif central qui, d'après Élisée Reclus, établit une opposition si tranchée entre les climats septentrional et méridional de la France (1).

Outre cette coïncidence, nous avons pour adopter ce tracé, bien qu'un peu plus septentrional, une raison déterminante : il fait entrer dans la zone acclimatable toute la partie de la Franche-Comté au sud de Vesoul et de Belfort.

Il est parfaitement reconnu en Algérie que les populations franc-comtoises, très nombreuses, y réussissent et se reproduisent très bien. Des villages entiers, des plus prospères, sont peuplés par elles, et nous pourrions citer des familles venues ici avec de nombreux enfants, qui ont fait souche, et ont aujourd'hui, des enfants de la seconde génération nés dans la colonie. Et, remarque non sans importance, les unions contractées en Algérie ont été fécondes non-seulement pour les Comtois ayant épousé des Français du Midi ou des créoles, mais encore quand les deux fiancés sont, l'un et l'autre, originaires de la Franche-Comté.

Ces considérations suffisent, il nous semble, à justifier l'adoption du tracé le plus septentrional.

Déterminons maintenant, la limite méridionale qui, en Algérie, peut, avons-nous dit, être déterminée par l'isohère de 25°.

Cette ligne est figurée dans l'atlas du *Cosmos* (dressé par Vuillemin, sous la direction de Baral, 1867). Malgré les petites dimensions de la carte, on peut suivre la direction suivante : la ligne pénètre en Afrique (ayant passé au nord de Gibraltar pour descendre ensuite dans

---

(1) Sur une carte en relief, on suit cette ligne isothère de 20° contournant les extrémités septentrionales des monts du Limousin, de la Marche, d'Auvergne, du Forez, du Morvan, laissant au-dessus d'elle le plateau de Langres, les monts Faucilles et les Vosges.

le détroit) immédiatement au-dessous de la ville d'Oran, passe aux environs de Mascara, au sud du djebel Ourensenis, pour atteindre Chelala dans la province d'Alger, pénètre dans la province de Constantine, coupe le Hodna, passe au-dessous de Batna, au nord de l'Aurès, pour atteindre Aïn-Beïda et pénétrer en Tunisie au-dessous du 36ᵉ parallèle.

Si l'on étudie les rapports de la ligne isothère de 25° ainsi dessinée, avec les grandes divisions géographiques naturelles de l'Algérie, on voit dans la province de Constantine cette ligne suivre à peu près celle adoptée comme marquant la limite entre le Tell et le Sahara, avec cette différence qu'elle sort d'Algérie à Aïn-Beïda, tandis que le Tell s'étend jusqu'à Tébessa par le 35° 20' de latitude — il y a quelques minutes de différence. Dans la province d'Alger les deux lignes se confondent, sauf vers le milieu où l'isothère est un peu au nord. Dans la province de l'Ouest, l'isothère passant à Oran, laisse au Sud un assez large triangle dans lequel se trouvent Sidi-bel-Abbès, Tlemcen.

Afin de mieux suivre sur la carte les différences entre l'isothère de 25° et la ligne de démarcation entre le Tell et le Sahara, nous allons rappeler le tracé de cette ligne séparatrice, suivant les indications du docteur Warnier.

Elle part du djebel Sidi-Labed à l'Ouest, par le 34° 5' de latitude, passe à quelques kilomètres au sud de Saïda et de Frenda, coupe le Chéliff au tiers de son cours, un peu au-dessous du 36ᵉ parallèle, coupe le Hodna, contourne le versant septentrional de l'Aurès et finit à peu de distance au sud de Tébessa par 35° 20' de latitude.

Malgré les divergences signalées, divergences même assez sensibles dans la partie occidentale de la province d'Oran, nous pensons nous rapprocher, autant que possible, de la vérité en fixant l'extrême limite où la France doit tenter son effort colonial, sur le sommet des hauts plateaux, suivant une ligne qui, administrativement, est celle qui sépare le Tell du Sahara et qui, scientifiquement, est, d'une façon assez approximative, représentée par l'isothère de 25°.

IV. — Cet effort colonial (1) que la France ne saurait
poursuivre au-delà sans danger, peut être tenté par les
populations françaises originaires des provinces situées
au sud de la ligne isothère de 20°.

La zone d'un seul tenant comprise entre les isothères de 20 et 25 degrés, où la Méditerranée est enclavée
comme un lac, et non comme une séparation, est remarquable par les analogies que nous avons indiquées et
dont les observateurs ont été frappés : « la Berbérie
qu'on appelait autrefois les Etats barbaresques, c'est-
à-dire le Maroc, l'Algérie, Tunis et Tripoli, est un pays
comparable à l'Espagne, à la Provence, à l'Italie, à la
Grèce, à l'Asie mineure; mais ce n'est pas là la mysté-
rieuse Afrique des anciens, le pays des monstres et des
merveilles. En un mot on est là dans une presqu'île de
l'Europe dont Hercule, le Lesseps de la Fable, a percé
l'isthme entre Ceuta et Gibraltar. Ce n'est pas la Méditerranée qui sépare les deux mondes, c'est le Sahara, et
cette barrière est plus sérieuse qu'une mer. Ce que nous
avançons là est démontré par l'identité du ciel, des saisons, des sites et des productions sur toutes les côtes de
la Méditerranée. » (Général FAIDHERBE.)

Cette conception philosophique de géographie est un
argument nouveau qui corrobore ceux que nous avons
déduits pour déterminer la zone propice à l'activité colonisatrice de la France.

Est-ce à dire que les populations de cette zone franco-
algérienne puissent s'établir indistinctement sur tous
les points, avec la certitude absolue de vivre, prospérer
et se perpétuer?

Comment l'admettre, si l'on se rappelle que la région
française au sud du massif central présente des aspects
différents, a une climatologie qui n'est pas une, si l'on
se rappelle en outre, que la région tellienne, à côté
d'analogies réelles avec la France, présente des dissem-
blances non moins évidentes.

---

(1) Nous entendons la colonisation véritable, celle qui crée et
qui dure, et non l'occupation de points stratégiques que la France
peut avoir intérêt à porter au-delà, dans le désert, pour assurer la possession tranquille de la colonie, ou de points commerciaux comme ceux que le projet grandiose du chemin de fer
trans-saharien rendra indispensables.

CHAPITRE VII

DESCRIPTION DES CLIMATS COMPRIS DANS LA ZONE ACCLIMATABLE. – DÉDUCTIONS PRATIQUES

I. — Nous ne voudrions pas perdre de vue l'objet de ce travail qui est de relever et interpréter les phénomènes démologiques de l'Algérie, puis, comme conséquence pratique, de déterminer les chances d'acclimater la race française. Il nous paraît cependant nécessaire de résumer, en quelques traits les plus saillants, les faits climatologiques qui se produisent au sein de la zone franco-algérienne que nous venons d'adopter.

Dans la partie française, on rencontre trois climats : le *girondin* à l'ouest ; le *rhodanien* à l'est ; le *méditerranéen* au sud ; enfin le massif granitique central qui forme une région à part où les conditions locales d'altitude, la configuration du sol, modifient profondément les allures de tous les phénomènes qui constituent la climatologie générale de ces latitudes. Ces modifications ont motivé la création d'un type spécial : le *climat auvergnat*, encore mal observé, selon E. Reclus, mais qui serait un des éléments du *climat des montagnes*.

Les divers ouvrages de géographie et de climatologie décrivent dans tous leurs détails les caractères distinctifs de ces climats, ce serait nous placer un peu en dehors de notre voie tracée, que de les reproduire ici. Contentons-nous de rappeler quelques chiffres relatifs aux températures moyennes.

1° *Climat méditerranéen.* — La température moyenne relevée par Ch. Martins, de 182 années d'observations recueillies à Alais, Avignon, Marseille, Montpellier, Nice, Orange, Perpignan et Toulon y serait égale à 14°8 : — la moyenne de l'été 22°6 ; de l'hiver 6°5 ; la moyenne des minima — 11°5 ; celle des maxima 36°3.

2° *Climat rhodanien.* — Ch. Martins lui assigne une température moyenne annuelle de 11° ; moyenne d'hiver 2°5 ; d'été 21°3 ; c'est un climat excessif.

3° *Climat girondin.* — Sa température moyenne annuelle est de 12°7 ; 16° entre la moyenne de l'hiver (5°) et celle de l'été (20° 6).

4° Le *climat auvergnat*, à défaut d'observations thermométriques bien nombreuses, est ainsi caractérisé : « Il est excessif, a des hivers très longs et très froids, et des étés très chauds dans les gorges, bien que les plateaux soient rafrai his par intermittence, au souffle de vents violents et par des matinées et des soirées froides. » (J. Arnould.) Immédiatement à côté de cette description d'un climat de montagne, il est intéressant de placer celle du climat des Hauts-Plateaux algériens. « Ce climat est caractérisé par des extrêmes de température : il neige souvent jusqu'en mars et même en avril et mai, et il n'est pas rare qu'à cette époque, sous l'influence du rayonnement du calorique, le thermomètre descende la nuit au-dessous de 0°. Les alternatives des vents du Nord et du Sud ne contribuent pas moins à la variabilité du climat, aussi dans la flore des hauts-plateaux les plantes européennes les plus généralement répandues, constituent à peu près les quatre cinquièmes du total des espèces. » (E. Cosson.)

Voici, en regard, les chiffres de température qui caractérisent les climats français et ceux de l'Algérie.

Suivant M. Mac-Carthy, l'Algérie présente quatre climats principaux :

1° *Climat de la côte*, qui subit à un haut degré l'influence de la mer, caractérisé par une saison fraîche de novembre à avril (moyenne $+ 14° 5$, maximum 21, minimum 8°), et une saison chaude de mai à octobre (moyenne $+ 22$, maximum 30, minimum 15).

2° *Climat des plateaux intérieurs du Tell*, où l'influence de la mer ne joue qu'un rôle secondaire. Moyenne annuelle $+ 16°$, maximum 35°, minimum 0°.

3° *Climat des steppes*, où domine l'influence continentale.

4° *Climat du Sahara*, dont la moyenne donne pour l'hiver $+ 11° 4$, et pour l'été $+ 33$; moyenne annuelle $+ 21°5$; minimum 0°, maximum $+ 48°$.

La description des climats algériens doit nous arrêter davantage ; les notions en sont moins répandues dans les ouvrages, et nous trouvons une esquisse admirablement présentée par M. E. Cosson, le savant botaniste de l'Académie des Sciences à qui l'Algérie est si familière. Dans une conférence récente faite à l'Association scientifique de France (1), il a indiqué à grands traits la division de l'Algérie en régions naturelles, en s'appuyant sur les données de la statistique botanique, sur celles de la géographie physique et du climat. Nous ne pourrions mie.x faire que d'en présenter le résumé.

Région méditerranéenne. — Elle est séparée de la région des Hauts-Plateaux par une chaine dirigée obliquement du Sud-Ouest au Nord-Est; dans la plus grande partie de la province de Constantine la limite Sud de cette région n'est pas aussi nettement déterminée que dans les autres provinces, les hauts-plateaux y sont caractérisés bien moins par une délimitation géographique, que par l'altitude (700 — 1,100 mètres). La région Méditerranéenne doit à l'influence maritime qui peut s'exercer au loin, en raison du peu d'élévation et de la pente générale du sol, et à la direction des montagnes qui les garantissent des vents du Sud, une uniformité et une douceur de température que l'on retrouve sur les points correspondants de l'Europe et dont ne jouissent pas les autres régions. L'étude de la végétation de cette région et la comparaison de ses éléments avec ceux des contrées européennes du bassin méditerranéen permettent de constater par les chiffres les plus probants, son analogie avec les parties correspondantes du littoral européen. Les données fournies par l'étude du règne animal, ne démontrent pas d'une manière moins évidente, l'uniformité dans les deux continents de la région caractérisée si nettement au point de vue botanique.

Région des hauts plateaux. — Aucune description ne peut donner une idée de la monotonie des vastes steppes de cette région; les étendues immenses de ces plaines n'offrent d'autres accidents de terrain que des ravins creusés par les eaux, que des ondulations généralement couvertes par de grandes graminées du genre *Stipa* particulièrement *l'Alfa* dont elles sont la véritable patrie. Les cours d'eau sont rares, si ce n'est au voisinage des montagnes et vers la limite de la région méditerranéenne; ceux qui sont propres à la région ne sont pour la plupart, que des ravins, des *oueds* ordinaire-

---

(1) Reproduite *in* Revue scientifique du 21 juin 1879.

ment à sec dans la saison chaude et souvent pendant
plusieurs années, aboutissant aux *chotts*, dans lesquels
ils déversent leurs eaux pendant les pluies ou la fonte
des neiges.

Dans la flore des hauts-plateaux, le nombre des plantes vivaces égale ou dépasse même souvent celui des
plantes annuelles, et les plantes européennes les plus
généralement répandues constituent environ les quatre
cinquièmes des espèces.

Région Saharienne. — Elle est séparée au Nord des
hauts-plateaux par la chaîne la plus méridionale de l'Algérie, qui formant une véritable muraille de rochers
presque continus, ne permet l'accès du Sahara que par
des cols, par d'étroites coupures à travers lesquelles
des cours d'eau torrentueux ont creusé leur lit. Au sud,
cette région se confond avec les déserts avec lesquels
commence la région intertropicale proprement dite,
les limites sont plus politiques que naturelles. Le point
extrême soumis à l'autorité française est l'oasis d'Ouar-
gla, sous le 32° de latitude. L'ensemble de cette immense
région est caractérisé surtout par l'extrême rareté des
pluies et leur abondance quand elles se produisent, la
sécheresse de l'atmosphère, des températures extrêmes,
l'absence de grands relèvements montagneux et de cours
d'eau permanents.

II. — Après avoir emprunté à M. Cosson, en le con-
densant, l'exposé des caractères les plus saillants des
trois régions naturelles de l'Algérie, il nous reste à résumer les conclusions que le savant académicien en fait dé-
couler au point de vue de la culture et de la colonisation :
« La partie de l'Algérie réellement appropriée à la colonisation et à la grande culture comprend l'ensemble de
la région méditerranéenne, la région montagneuse inférieure (1) et les points des hauts-plateaux situés au

---

(1) Outre les trois régions naturelles : méditerranéenne, des
hauts-plateaux et saharienne, M. Cosson décrit sous le nom de
montagneuse, une région botanique et non géographique, constituée par les reliefs montagneux qui s'étendent sur le faît déprimé du massif des hauts-plateaux. « Ces reliefs, ainsi que ceux
qui se rattachent géographiquement aux régions méditerranéenne et saharienne, forment de vastes chaînes ou des pics

voisinage des montagnes ou facilement irrigables, et qui, placés dans des conditions d'humidité et d'abri contre les vents, jouissent d'un climat local analogue à celui de la région méditerranéenne elle-même. Par ses étroites affinités avec les contrées du midi ou du centre de l'Europe, cette partie de nos possessions algériennes sera toujours pour les Européens le centre principal de colonisation.

«Dans les Hauts-Plateaux proprement dits, les cultures, si ce n'est toutefois vers la limite de la région méditerranéenne, au voisinage des montagnes et dans les endroits frais ou irrigables, ne peuvent occuper que des espaces relativement restreints.

« Le Sahara algérien, en raison de ses conditions physiques et climatériques si spéciales, est la partie de l'Agérie la moins favorable à la colonisation et aux cultures européennes. »

Ces déductions basées sur la géographie botanique nous apportent un appui précieux, et fort de cette autorité nous nous sentons en mesure de répondre à la question précédemment posée : Non les Français ne doivent pas s'établir indistinctement et au hasard, sur tous les points de la colonie algérienne compris dans la zone géographique limitée au sud par le Sahara ? Ils doivent s'étudier à préférer les points dont les conditions climatiques et les productions botaniques se rapprochent le mieux de celles de leurs provinces. Les Français du midi originaires du climat méditerranéen ont dans le Tell un pays qui ne diffère pas sensiblement du leur. « La région méditerranéenne de la province de Constantine, dit M. Cosson, rappelle surtout la Sardaigne, la Sicile, l'Italie et Malte ; celle de la province d'Alger le nord-ouest de l'Espagne, les Baléares et le midi de la France ; celle d'Oran a les plus nombreux points de contact avec le midi et le sud-est de l'Espagne. »

Par Français méditerranéens, il ne faut pas entendre seulement ceux occupant la zone maritime assez étroite comprise entre Cette et Nice sur laquelle se retrouve

_____

isolés et souvent atteignent une altitude assez grande pour différer notablement par leurs climats et leurs productions naturelles, des parties voisines du pays, et pour pouvoir être considérés eux-mêmes, comme une région naturelle. »

très exacts les attributs du climat méditerranéen. On peut étendre cet avantage à nos concitoyens de la région frontière de l'Espagne et des Pyrénées comprise dans le climat Girondin. Cette région doit au petit bras du Gulf-Stream des caractères plus doux, et une température qui diffère de la partie septentrionale du climat girondin, celle, par exemple, qui confine à Poitiers.

Pour tous ces peuples : Provençaux, Languedociens Béarnais, Gascons, l'établissement en Algérie, sur le littoral, se réduit au petit acclimatement. À l'égal des Espagnols, des Italiens, des Maltais, ils peuvent s'y considérer comme chez eux, et du jour où elles pourront être calculées à part, leur natalité et leur mortalité apparaîtront plus satisfaisantes que celles des étrangers; leur accroissement se chiffrera par un taux au moins aussi élevé.

Les régions montagneuses qui se rattachent géographiquement au Tell, se présentent comme un séjour naturel pour les immigrants originaires des autres parties du climat girondin, pour ceux de la vallée du Rhône au-dessous de Lyon.

Les populations plus septentrionales dont les pays d'origine s'étendant jusqu'aux contours du plateau central suivant le tracé de l'isothère de 20° ne semble-t-il pas qu'on doive les diriger vers les parties montagneuses des hauts-plateaux dont « les arbustes appartiennent à la flore européenne et souvent même à la flore des pays de plaines du centre de l'Europe, *l'altitude compensant la latitude*».

Les parties des Hauts-Plateaux éloignées des confins de la région méditerranénne ou du voisinage des montagnes paraissent difficilement se prêter à la colonisation durable, et à l'acclimatement de nos nationaux.

Mais essayer de créer dans le Sahara autre chose que des postes avancés, ou des stations d'échanges commerciaux, c'est vouloir aveuglément, et de parti pris, se heurter à des impossibilités que la science signale d'une façon si évidente par la statistique, la géographie et la botanique.

III. — Ce serait, plus encore, méconnaître les enseignements de la science que d'appeler en Algérie les populations des pays situés au nord de l'isothère de 20°, et les faire contribuer au peuplement de la colonie, à moins de remédier par les ressources de l'acclimatation, aux causes qui motivent leur exclusion.

Parmi ces populations, les Alsaciens et les Lorrains méritent surtout de nous inquiéter et nous avons un intérêt particulier à connaître leur faculté de résistance au climat africain, puisqu'ils sont toujours nos compatriotes et qu'une nombreuse immigration a été, après les funestes événements de 1870, dirigée sur l'Algérie.

Pour résoudre ce problème à la fois ethnique et national, on ne saurait se fier aux statistiques officielles ou privées, car elles n'ont pas été relevées au point de vue démologique. Il est absolument indispensable, si l'on veut juger quelles ont été les influences immédiatement imputables au climat, de faire personnellement les recherches statistiques dans chacun des villages créés depuis 1871, et peuplés par nos nationaux des pays annexés : relever, par exemple, les naissances, et surtout les décès par âges des immigrants, de leurs enfants nés en Algérie, comparativement avec les décès des colons algériens, avec ceux des colons français autres qu'alsaciens-lorrains, et depuis longtemps fixés dans le pays. Il faudrait en outre, étudier les conditions topographiques de chaque centre peuplé, de leurs environs, afin de pouvoir expliquer les différences qui pourraient être constatées entre les divers centres, les uns ayant mieux réussi à côté d'autres végétant péniblement.

La réponse à ces questions si nombreuses et surtout si complexes, ne peut se déduire ni des relevés ordinaires de l'état civil, ni des documents fournis par les administrations ou les comités protecteurs.

A défaut d'une enquête faite dans les conditions rigoureuses que nous venons d'exposer, il nous semble bien difficile de croire à l'*acclimatement* des Alsaciens-Lorrains, et les appréhensions exprimées, dès 1873, par M. Bertillon et M. Assezat à leur sujet, n'ont pas, croyons-nous, été démenties par les résultats. Peut-être a-t-on signalé la réussite de tel centre, placé dans de meilleures conditions topographiques, peuplé par des colons plus fortunés, mais dans son ensemble, la colonisation alsacienne et lorraine a-t-elle eu le succès qu'en espérait un patriotisme bien intentionné, mais mal conseillé? Nous ne le pensons pas. Et qu'on ne l'oublie pas, pour s'inscrire en faux contre cette appréciation, il ne suffirait pas de faire valoir la réussite de quelques centres, de quelques familles, c'est l'acclimatement de la race, à travers les diverses phases qui le constituent, dont il serait indispensable de fournir la preuve. C'est, en somme, la réussite d'hommes du Nord, leur réussite par voie d'adaptation naturelle, qu'il faudrait mettre en évidence et démontrer ; or les observations recueillies jusqu'ici, les conclusions unanimes de tous les savantsleur sont défavorables. Quand on se rappelle la forte mortalité des Allemands, leur natalité languissante, toutes les preuves accumulées qui font rejeter comme définitif et sans recours, leur acclimatement, on a plus que des présomptions à l'encontre des Alsaciens leurs voisins.

Bien que descendant, d'après M. Lagneau, des Médiomatrices de race celtique, et des Tribocces transrhénans, se rattachant plus aux Germains du sud-ouest qu'aux véritables Germains grand ٰ et blonds du nord-ouest, les Alsaciens appartiennent néanmoins aux races septentrionales, leur pays est bien au-dessus de l'isothère de 20°, et l'on peut, sans crainte de faire erreur, conclure même en l'absence des documents statistiques précis, et scientifiquement présentés, que leur implantation en Algérie ne pourra se faire spontanément, autrement que par voie d'acclimatation.

IV. — Coloniser ne consiste pas seulement à administrer, trafiquer, défoncer la terre, soit pour en extraire les richesses naturelles, soit pour la cultiver ; l'armée après avoir conquis le sol, contribue aujourd'hui à la conservation de la colonie, à lui assurer la tranquillité, sans laquelle est impossible l'implantation durable de notre race en Afrique : être soldat, c'est donc être colon en un sens, et non dans les conditions les moins dangereuses. La vie des camps et ses fatigues, les exercices et manœuvres militaires sont certainement aggravés par le climat, sans oublier que le soldat aide aux moissons, aide aussi, dans les mois les plus périlleux de l'année, à la protection des forêts et à l'extinction des incendies allumés par la malveillance indigène.

Et quand il est bien démontré que le placement des colons ne devrait jamais se faire en dehors d'une sélection rationnelle, sans tenir compte des contrées originelles, et des points à peupler, les mèmes raisons ne s'imposent-elles pas pour le recrutement des troupes destinées à l'Afrique? Exposer des jeunes gens venus du nord de la France, quelques mois à peine après avoir quitté leur patrie, aux ardeurs du soleil de l'été, aux flammes des forèts incendiées, c'est les condamner aux formes les plus pernicieuses de la mal'aria, c'est-à-dire à la mort.

Aussi, tandis que la mortalité militaire de la France (1862-69) est 10,1 pour 1,000 hommes d'effectif, en Algérie elle est de 17,16. En 1873, sans épidémie ni guerre, la mortalité des soldats français (soldats indigènes déduits) a été de 9,66 pour les troupes passagèrement ici, et de 9 pour les corps dits d'Afrique.

Ce sont les chiffres de la mortalité de la première année de service qu'il faudrait connaître, car elle est, dans tous les pays, la plus chargée de décès, on pourrait, en faisant la comparaison, juger quelle est la part imputable à l'acclimatement venant s'ajouter aux causes qui élèvent la mortalité militaire en général.

M. Joanny Périer avait déjà signalé la nécessité de n'envoyer en Algérie que des corps spéciaux recrutés dans des localités distinctes, parmi les populations des départements méridionaux.

Cette recommandation, il faut la renouveler, car la mesure peut ètre appliquée dès demain et, comme le dit avec raison M. Lagneau, « ce *désideratum* pourrait être grandement facilité, si un jour on croyait pouvoir recruter chaque corps de l'armée active dans un groupe de départements voisins, dans une mème région, ainsi d'ailleurs que cela se fait dans divers pays étrangers, et voire mème en France pour l'armée territoriale. »

CHAPITRE VIII

I. — L'acclimatation étant l'art qui intervient pour compléter l'effort de la nature, c'est en avoir déjà signalé une des premières applications, que d'avoir précisé les points à choisir pour diriger et fixer les immigrants français, en vue de leur établissement durable, durable surtout pour leur descendance. En d'autres termes, ayant reconnu dans quelles limites le Français est susceptible de s'établir spontanément par acclimatement naturel en Algérie ; après avoir esssayé de délimiter les régions propices à cet acclimatement, de désigner les populations qui s'y prêteront le mieux, il nous reste à rechercher par quels procédés l'acclimatation peut intervenir, soit pour mieux achever l'œuvre de la nature, soit pour en étendre le bénéfice aux populations moins susceptibles d'en profiter naturellement.

Mais au préalable, et dans le but de mieux établir dans quel sens doit se poursuivre l'industrie humaine, à quel moment son concours devient indispensable, rappelons que toute race déplacée et implantée dans un milieu nouveau subit quatre phases de transformation.

La première et la seconde concernent l'individu immigré et sont constituées par les phénomènes aigus et chroniques de l'endémie. C'est à ces phénomènes morbides, auxquels nul ne peut se flatter d'échapper, qu'est due la forte mortalité constatée au début de toute colonisation.

Cette épreuve a été douloureuse en Algérie : la mortalité était supérieure à la natalité, puis, peu à peu, le phénomène se renversant, après cette décimation par le climat, il s'est formé, et ensuite maintenu par voie de sélection, un noyau de population française qui a donné naissance à la première génération locale.

La façon dont une race supporte ces deux premières périodes n'implique pas la faculté ou l'impossibilité absolue de supporter les deux suivantes. Ainsi, la garnison espagnole arrivant aux Antilles paie un gros tribut à la première épreuve, ce qui n'empêche pas la race espagnole d'y prospérer ensuite. Au contraire, en Egypte, à la Guyane, la première épreuve est peu ressentie, et pourtant elle se termine par l'inacclimatement (BERTILLON). De même la bénignité de la première période ne préjuge pas l'avenir : les Européens méridionaux s'habituent assez bien au climat de l'Egypte, pour y conserver personnellement leur activité physique et intellectuelle, mais sans réussir à faire souche, ils doivent se recruter sans cesse, au dehors.

Il serait donc imprudent de confondre l'acclimatement de l'individu et celui de la race, c'est seulement après avoir surmonté les deux dernières périodes, dont nous allons parler, qu'une race immigrée peut se flatter d'avoir échappé, et d'une façon définitive, à toutes les menaces du climat.

II. — La troisième période attend les nouveaux-nés des colons, lesquels n'ont pas reçu de leurs auteurs les bénéfices de l'acclimatement dont ils doivent subir eux-mêmes, l'épreuve. En Egypte, pas un enfant d'Européen n'échappe, à moins d'être envoyé en Europe pour y être élevé. En Algérie la mortalité infantile est aussi très élevée, elle sévit même sur les populations les plus acclimatables en raison moins de leur facilité à prospérer dans le pays, que du degré de civilisation et d'instruction, qui se traduit par une hygiène meilleure et des soins plus intelligents dans l'élevage des enfants.

Malgré tout, la première génération née dans le pays, loin d'avoir été décimée comme on le pronostiquait, est parvenue à l'âge nubile, et la seconde génération issue d'elle est à la veille d'y atteindre.

A ce moment survient la quatrième épreuve dont nous empruntons la peinture saisissante à M. Bertillon : « Quand le colon a triomphé des trois premières périodes, quand, grâce aux soins, à l'hygiène, ou seulement à une apparente bénignité du climat, les enfants de la première, de la seconde... génération se sont élevés, qu'une certaine prospérité se manifeste, il peut arriver, peu après cet éclair de vigueur de la jeune colonie, un temps d'arrêt, puis bientôt une dégradation évidente : les naissances deviennent moins nombreuses; elles ne sont plus en rapport avec les subsistances, avec l'abondance du travail; elles compensent à peine les décès, ou laissent un déficit; l'activité intellectuelle, l'activité physique baisse; des mercenaires, des esclaves deviennent indispensables pour nourrir cette population étiolée, et des garnisons étrangères pour la garder et la défendre! »

Tel est le point culminant et critique où est aujourd'hui la colonisation française en Algérie. Les Français, pour nous occuper d'eux exclusivement, sont-ils menacés par cette quatrième et dernière crise ? Réduits à leurs propres forces pour l'acclimatement spontané, les Français de la région méridionale ont donné, à notre avis, la preuve scientifique de leur résistance physique, de leur activité intellectuelle. Pour eux, le temps d'arrêt, la dégradation nous paraissent conjurés même pour leurs descendants.

A supposer cette confiance prématurée, même à l'égard des Français méridionaux, pourquoi envisager avec terreur les épreuves futures, quand nous avons les moyens de les conjurer.

Nous avons vu comment, par un choix judicieux des colons à implanter, comment par leur établissement dans des régions se rapprochant de celles où ils sont nés, on pouvait aider les prédispositions naturelles à l'acclimatement. Il est d'autres ressources dont il faut tirer parti en les empruntant à la science appliquée, c'est-à-dire à l'art de l'acclimatation.

I. — Le but de l'acclimatation étant d'adapter le sujet au milieu nouveau dans lequel il se trouve transplanté, son action doit se porter sur l'un et l'autre de ces deux termes, d'où les modifications à faire subir :

1° Au milieu-climat ;

2° A l'organisme du sujet immergé.

Examinons la valeur des différents moyens préconisés pour atteindre ce double résultat.

De tous les procédés qui peuvent agir sur les qualités thermométriques, les conditions telluriques ou atmosphériques du climat algérien, la culture est sinon le plus puissant et le plus immédiat, celui du moins le plus vulgairement connu. C'est une croyance très répandue que la culture avec ses procédés multiples : les défrichements, les plantations, les barrages, les canalisations, les drainages, constitue le moyen le plus efficace de modifier le climat, d'assainir un pays, surtout quand il exhale les miasmes paludéens, et c'est bien le cas ici, où tout le sol, et non-seulement les marais, est producteur de la *mal'aria*.

Viendra-t-on à bout de détruire le germe producteur de l'*impaludisme* sous toutes ses formes, et la culture, ainsi que le pense la croyance publique, comme l'admettent des théories savantes, en viendra-t-elle à bout, de façon à rendre un jour spontané l'acclimatement des nationalités européennes ? Sans doute les travaux successifs et bien entendus de l'agriculture, assainissent un pays, mais sans aller jusqu'à prétendre que l'influence de la culture est moins efficace dans les pays chauds que dans les climats tempérés, toujours est-il que nous ignorons scientifiquement quel procédé sera le plus puissant, le plus prompt à donner des résultats.

Quel genre de plantation, par exemple, est le plus propre à absorber le miasme tellurique ? Toutes les plantations en général sont réputées posséder cette propriété *absorbante*, d'autres plus spécialement, et tour à tour, ont joui de cette réputation. Nous avons entendu le professeur Bouchardat, dans ses cours, vanter les vertus de la vigne; aujourd'hui, l'*Eucalyptus globulus* jouit de la faveur, et sa propriété de détruire la fièvre serait même, suivant le docteur Gimbert (de Cannes), un point acquis à l'hygiène. « Cet arbre qui pousse avec une rapidité incroyable, qui peut absorber dans le sol dix fois son poids d'eau en vingt-quatre heures, qui répand dans l'atmosphère des émanations camphrées antiseptiques, devait à coup sûr jouer un rôle très important dans l'assainissement des contrées miasmatiques. » Et notre confrère relate à l'appui, les nombreux faits d'assainissement obtenus par ce végétal en Australie et surtout en Algérie.

Dans la province d'Alger on a entrepris sur une vaste échelle la culture de l'Eucalyptus (1), et l'enquête récente à laquelle s'est livrée la société de climatologie d'Alger, sous la direction de son secrétaire général le docteur E. Bertherand, aboutit aux conclusions de M. Gimbert.

Aux environs de Philippeville on commence à border les routes avec ce végétal, et la Compagnie du Chemin de fer en a entouré les gares et surtout les maisons de garde réputées les plus malsaines, dans la plaine du Saf-Saf.

Bien avant, dès 1865, des milliers de plants d'Eucalyptus ont été semés sur l'ancien domaine de Salluste (ferme Ferdinand Barrot). Après six années d'existence, un arbre isolé avait atteint un mètre de circonférence au tronc et dix-huit mètres de haut. La hauteur moyenne des arbres d'une allée était de quinze mètres avec près d'un mètre de circonférence. Malgré cette luxuriante végétation, malgré les faits signalés comme probants par les agriculteurs et les médecins, malgré les conclusions de la société de climatologie, peut-être serait-il prématuré de conclure que la culture de l'Eucalyptus arrivera certainement à débarrasser l'Algérie des fièvres

---

(1) La statistique de M. Bertherand évalue approximativement à quinze cent mille pieds, au moins, le nombre des arbres de cette espèce plantés en Algérie depuis douze ans.

paludéennes qui sont sur certains points un obstacle à la colonisation.

A défaut d'une réalisation si belle et si désirable, il est des vertus précieuses que possède, sans conteste, le végétal australien et qui suffisent à encourager sa multiplication. « Les moustiques et surtout les moucherons, écrivait M. Jayerschmidt, propriétaire à Raoutch-Moulats, qui, dans le commencement de mon installation, menaçaient, plus encore que les fièvres, de me faire quitter la place, ont à peu près disparu. Les sauterelles à la dernière invasion, ont paru, au grand scandale de mes voisins, respecter ma propriété, obligées qu'elles étaient dans leur vol de surmonter l'altitude de mes massifs et de s'abattre à 450 ou 500 mètres plus loin. »

Des expériences faites en Corse, dans les régions infestées par la *mal'aria*, sont moins favorables à l'*Eucalyptus*. Le gouvernement a créé à Chiavari, localité située au milieu de plaines insalubres, des établissements agricoles pénitentiaires. Des défrichements ont été opérés, et M. Boitel, inspecteur général d'agriculture, fait connaître dans son rapport publié en 1878, qu'à mesure que les maquis les plus proches des habitations étaient défrichés et couverts en vignes, en prairies et en plantations de toute espèce, l'insalubrité des terres basses diminuait. La vigne, le mûrier, l'Eucalyptus, sont les cultures qui ont produit cette heureuse amélioration du climat. Mais, selon l'auteur du rapport qui nous révèle ces faits intéressants, les feuilles de la vigne et celles du mûrier purifient l'air avec plus d'énergie encore que l'Eucalyptus, sans compter que ces cultures donnent des produits d'une grande importance.

L'Eucalyptus ne vient pas dans tous les terrains comme la vigne; il se multiplie difficilement en Corse, et les vents violents de la mer et de la montagne en brisent un grand nombre dans le jeune âge. C'est un arbre d'ornement qui prospère dans les terrains marécageux où il dessèche le sol et purifie l'air. « Mais, ajoute M. Boitel, il serait dangereux de laisser croire aux défricheurs de maquis que la présence seule de l'Eucalyptus peut faire disparaître toute trace de *mal'aria;* on aura beau dessécher les marais, rectifier les cours d'eau, défricher les landes et planter des Eucalyptus, la *mal'aria* subsistera toujours tant que la charrue et la bêche n'auront pas pris possession du sol et ne l'auront pas recouvert d'une végétation énergique qui, pendant la saison chaude, absorbe et détruit tout le mauvais air, qu'il naisse sur le sol lui-même, ou qu'il soit apporté par le vent, des propriétés voisines non assainies (1). »

Ce n'est pas pour opposer les partisans de l'Eucalyptus à ceux des autres plantations, que nous avons insisté sur les observations de M. Boitel. Notre but a été de les signaler en raison de nombreux traits de ressemblance qu'ont l'Algérie et la Corse. Ici comme là, nous avons des terres basses, malsaines et des régions élevées moins éprouvées, et si l'on cite en Corse, Chiavari devenu une oasis au milieu d'une région empoisonnée, ne pouvons-nous rappeler Bouffarik, aujourd'hui si fertile et si sain, après avoir été le tombeau d'une nombreuse génération.

Mais à quel prix a-t-on obtenu ces merveilleuses métamorphoses? A Chiavari, par exemple, il fallut capter toutes les sources, régulariser le cours des ruisseaux, dessécher et combler les parcelles marécageuses situées près de la mer. Et l'on ne parle pas des existences dépensées, des millions enfouis.

Ne faudrait-il pas aussi tenir compte du temps, car si la culture peut, la chose n'est pas douteuse, modifier la climatologie, assainir complètement une contrée, cette réalisation exige des années.

Oui, certes! il faut remuer le sol algérien, le bouleverser pour en détruire les germes morbides, le planter, le couvrir d'une végétation appropriée, et cette œuvre d'assainissement et de colonisation, commencée il y a un quart de siècle, il faut la poursuivre sans relâche. Mais, qu'on y songe aussi, l'Algérie a un territoire presque aussi vaste que celui de la France, et à peine a-t-elle un peu plus de deux millions et demi d'habitants (y compris les indigènes).

Combien d'années faudra-t-il pour défricher, drainer, canaliser une pareille étendue avec si peu de bras?

II. — Dans combien d'années verrons-nous, fait ac-

---

(1) Voir : l'*Année scientifique (1878)*, de L. FIGUIER.

compli (aura-t-il jamais un commencement d'exécution ?) le projet du commandant Roudaire, destiné à rétablir une mer intérieure en Algérie, laquelle, au dire de son promoteur, modifierait sensiblement le climat de notre possession africaine.

Le général Faré, rapporteur de la commission de l'Académie des Sciences chargée de l'examen de ce projet, ne met pas en doute les avantages hygiéniques qui résulteraient de l'établissement, au nord du désert, d'une mer intérieure comprenant 13,230 kilomètres carrés des trois chotts. Le climat comme la fertilité du sol en recevraient, dit-il, la plus heureuse influence. Mais le projet de M. Roudaire n'a pas eu que des approbateurs. Au sein même de l'Académie, MM. Dumas et Daubrée, membres de la commission, loin de s'associer aux conclusions du rapporteur, ont fait des réserves sur le fond de la question, sur la convenance, l'utilité et même la possibilité de créer cette mer saharienne, et, au point de vue de l'assainissement, ils considèrent comme des hypothèses les prévisions de l'auteur.

Citons encore parmi les adversaires : MM. H. Brocart, Naudin, Pomel, sénateur de l'Algérie, et, plus récemment, M. Ed. Cosson qui, dans sa conférence à la Sorbonne, conclut formellement que, loin d'améliorer les conditions hygiéniques, la mer saharienne rendrait le pays inhabitable, qu'elle n'amènerait aucun changement dans le climat général de l'Algérie et de la Tunisie, et « que, si cette mer existait, elle serait un tel danger pour les intérêts français, qu'il faudrait la combler (1). »

_____

(1) « Pour nouer des relations commerciales avec l'est du Sahara, ajoute M. Cosson, et attirer les caravanes dans la partie méridionale de la province de Constantine, ce qu'il faudrait surtout, c'est creuser des puits, créer des oasis ou faire des plantations qui serviraient de lieu de halte et de campement sur la route du Souf à Ghadamès et établir des postes qui assureraient la sécurité de cette route trop souvent exposée aux incursions des maraudeurs. Le prolongement du chemin de fer de Philippeville-Constantine jusqu'à Biskra et de là jusqu'à Tougourt et El-Oued, serait le complément le plus utile de l'ensemble des progrès déjà obtenus et de ceux dont la réalisation serait bien loin d'entraîner, comme la création de la mer intérieure, d'énormes sacrifices sans compensation réelle. »

Alors qu'une œuvre de cette nature et de cette importance est le sujet de pareilles controverses, ce serait afficher une prétention trop difficile à justifier, que d'émettre une opinion personnelle. Mais, dans une exposition qui traite des modifications que le génie humain peut introduire dans un pays, c'était la place naturelle de rappeler une entreprise dont la solution, à supposer les objections écartées, est d'ailleurs trop lointaine pour que l'acclimatation des Français puisse attendre et compter sur une échéance aussi indéterminée.

Avec une telle perspective, est-il sage de se fier aux résultats des travaux publics et de l'agriculture?

La prudence ne commande-t-elle pas de pratiquer concurremment les procédés d'acclimatation dont les résultats, plus immédiats, sont aussi plus certains et efficaces?

CHAPITRE X

PROCÉDÉS D'ACCLIMATATION : HYGIÈNE. — CROISEMENTS

I. — Ces procédés qu'il nous reste à passer en revue, et dont l'action est immédiate, doivent agir sur l'individu non-seulement dans son organisme, mais encore dans sa descendance.

Les premières modifications auxquelles doit se plier tout sujet immigré, doivent porter sur ses habitudes, son régime, qu'il faut conformer aux exigences du climat nouveau.

Puisqu'en Algérie c'est la chaleur dont il faut combattre les influences débilitantes, principalement pendant les quatre mois de l'été, une première recommandation est de surveiller attentivement la diététique : éviter la spoliation sudorale ou du moins ne pas l'activer par l'ingestion des boissons froides ou glacées, prises sans mesure ; elles engendrent l'inappétence et la dyspepsie pour ne soulager que momentanément la soif. Comment ne pas s'élever contre l'usage immodéré des boissons alcooliques ; leur consommation dans certaines classes, est véritablement effrayante !

Mille autres recommandations de l'hygiène se présentent à l'esprit, et l'expérience même vulgaire, en a reconnu l'efficacité : l'habitat, le genre de vie, le vêtement, l'alimentation, etc. Le colon, l'ouvrier, occupés à leurs travaux dangereux, le citadin lui-même échapperaient à bien des chances de mort, s'ils surveillaient plus attentivement les moindres actes de leur vie, la façon de s'alimenter et de boire, s'ils évitaient, par exemple, de dormir le jour en plein air, et la nuit, les fenêtres ouvertes à la fraîcheur humide.

Nul ne met en doute l'importance de ces préceptes de l'hygiène usuelle, leur connaissance est devenue banale ; combien peu songent à les écouter, à leur obéir. Il semble même qu'on affecte de les méconnaître, tant sont rares ceux qui par les journées chaudes, savent commander à leur soif, qui ont la précaution de s'habiller de manière à pouvoir supporter les brusques transitions de température. Non ; on aime mieux se laisser aller à satisfaire la soif, se vêtir de toile quand la laine est reconnue préférable. « Un manteau ne m'a jamais été aussi utile qu'en Egypte, » écrit M. Aubert-Roche. Les Algériens soucieux de leur santé pensent comme lui, portent, comme il le recommande, de la laine sur la peau et se préservent avec soin des refroidissement nocturnes, auxquels on devient singulièrement sensible dans notre pays où les sauts de température sont si brusques et fréquents. Et puisqu'il s'agit du vêtement, il est permis de se demander si les soldats exposés dans les moindres actes de leur vie active, aux rayons du soleil africain ont le costume le mieux approprié et surtout la coiffure la plus propre à les protéger !

L'oubli de ces recommandations n'est pas la cause qui influe le moins sur la mortalité algérienne. Elle aggrave les épreuves de l'acclimatement pour les hommes venus d'Europe. Si dans leur propre pays, — et cette réflexion ne s'applique pas aux Français seuls, mais encore et surtout, aux autres Européens — ils vivaient ainsi en contradiction affectée vis-à-vis des préceptes hygiéniques, ils ne résisteraient pas à leur propre climat.

Si les Parisiens, par exemple, se livraient au cœur de l'hiver, sans précaution aucune, sans souci du vêtement et de l'alimentation aux exercices en plein air, aux bains froids, etc., etc., la pneumonie, les rhumatismes et toutes les affections *a frigore* décimeraient bientôt la population de la capitale. Serait-il exact de conclure que les Parisiens ne sont pas acclimatables chez eux ? Ainsi en est-il en Algérie, où trop facilement on se joue avec le climat cependant plus insidieux que celui des pays du Nord, et l'on met sur le compte de leur non-acclimatabilité, le tribut élevé que les Européens paient à la mort.

Nous avons, à propos de la mortalité du premier âge, essayé de faire ressortir la part qui peut être attribuée aux préjugés et aux vices de l'alimentation, et de dégager celle véritablement imputable à l'acclimatement.

A tous les âges de l'existence il y aurait certainement à démêler la mortalité dont le climat n'est nullement responsable.

Eh bien! ce tribut prélevé inutilement par la mort, l'hygiène bien conduite peut le réduire dans de plus fortes proportions qu'on ne le croit communément.

Et les préceptes de l'hygiène n'ont pas uniquement action sur l'individu, ils peuvent étendre leur influence profonde, durable, sur la race en atténuant chez les auteurs, les causes de dégénérescence.

II. — Pour agir plus sûrement sur la descendance — tel est le but final de toute colonisation, car il ne suffit pas d'un séjour de quelques années dans un pays, pour qu'une race puisse s'y croire adaptée, elle doit se perpétuer pendant plusieurs générations — il faut se croiser avec les aborigènes, ou avec les populations n'ayant à supporter que les épreuves du petit acclimatement. L'étude des migrations anciennes le démontre par tous les faits.

C'est à ce prix seulement que se constituent les colonies durables ; il suffit de rappeler l'une des lois précédemment empruntées à M. Bertillon : « les croisements avec les races aborigènes, s'ils sont eugénésiques, favorisent et accélèrent l'acclimatement, tandis que la sélection séculaire qui les suit le consolide. »

De toutes les méthodes d'acclimatation, de tous les procédés destinés à agir, ou sur le milieu, ou sur le sujet, le croisement est le plus fécond, celui qui doit être tenté le premier, et duquel on peut espérer les résultats les plus prochains, « car, dit M. Flourens, pour obtenir par le climat ou par la nourriture ce que l'homme peut obtenir par le croisement, il faut une longue série de siècles ».

Or la France ne peut se baser sur des espérances séculaires, dès aujourd'hui il faut qu'elle assure sa possession au Nord de l'Afrique, l'éternité de son nom et de sa race.

Une seconde considération, non moins urgente, impose l'obligation à la France de recourir au mode d'acclimatation qui s'appuie sur le croisement, c'est la formation sur le sol algérien d'une race blanche faite d'éléments nationaux dont nous avons étudié la vitalité et la résistance particulières.

Les combinaisons entre ces divers éléments sont déjà un fait accompli, chaque jour davantage elles se multiplient, aussi loin d'y faire obstacle, est-il sage de les encourager, mais de telle sorte que, basées sur les faits et non sur les inclinations sentimentales d'un patriotisme étroit et dangereux, les alliances aboutissent à créer, pour ainsi dire de toutes pièces, des types résistants, à créer aussi une race Franco-Algérienne.

Pour réaliser ce double résultat, il faut imiter l'œuvre des paysans Russes s'avançant à la conquête des dernières régions boréales. Ces Slaves se croisent avec les femmes finnoises, samoyèdes, et grâce à l'infusion du sang *ougrien*, leur progéniture peut résister aux frimas. La résistance aux climats chauds et miasmatiques étant plus difficile à acquérir, négliger ici ce qui réussit si bien aux populations septentrionales, c'est bénévolement exposer la colonisation à des mécomptes incalculables.

Posons les données du problème : la nouvelle race blanche qui se forme en Algérie est composée de Français maîtres et conquérants, à côté d'eux, d'une population étrangère dont le nombre s'accroît annuellement au point d'atteindre presque, aujourd'hui, le chiffre des Français. Ces étrangers sont, pour la plupart, originaires du midi de l'Europe ; les races septentrionales (Allemands, Polonais) y comptent aussi d'assez nombreux représentants.

A côté de ces populations immigrées d'origines différentes, vivent les indigènes qui se divisent, sans entrer dans les détails et ne tenant compte que des groupes les plus importants, en Berbères, Arabes, Israélites et Nègres.

La solution du problème est de découvrir, en tenant compte des aptitudes particulières à chaque élément, de leur fécondité propre, quels mariages réussiront le mieux, et doivent être encouragés.

Et, comme nous le disions, à côté du problème *ethnique* surgit une question politique qui a bien sa valeur, et dont l'anthropologiste ne peut ni ne doit méconnaître les exigences : l'Algérie est une colonie française ; c'est l'or et le sang de la France qui ont arraché ce pays aux barbares, il est bien juste que tous les efforts tendent à maintenir le nom français sur la terre africaine. Le sang français doit en conséquence être la mise première, afin que l'infusion des autres sangs produise non-seulement une race vivace, mais encore une nationalité *franco-algérienne*.

La question se résume donc à trouver les alliances et les mariages qui conviennent aux Français, pour obtenir une descendance destinée à prospérer et à se maintenir par voie d'acclimatement pur.

L'exemple des Slaves se croisant avec les femmes finnoises, samoyèdes, et sans sortir de notre sol, l'exemple des blonds du Nord s'alliant aux bruns de la Lybie, donne, en premier lieu, à admettre la nécessité de mêler le sang français aux sangs arabe, berbère, israélite, de rechercher en même temps si ce mélange ne présente pas à côté d'avantages, de graves inconvénients; puis, étant donné les origines mixtes des Espagnols, des Italiens, des Maltais, on sent la nécessité de nous mélanger à ces peuples dont l'acclimatement ne peut plus être contesté, mais sans oublier que la prudence commande de ne pas laisser le nom et le sang français être engloutis par le flot du cosmopolitisme.

CHAPITRE XI

CROISEMENT AVEC LES INDIGÈNES

———

I. — L'assimilation des indigènes, la fusion des races vaincues avec la race conquérante ne préoccupent pas d'aujourd'hui. Au lendemain de la conquête, on peut dire, cette recherche s'est imposée, et, depuis lors, elle a été agitée, à maintes reprises, dans la presse, au sein des corps élus et dans les conseils du gouvernement. C'est dire assez que la question a été envisagée surtout au point de vue politique, sans se préoccuper des connaissances démographiques, que nous estimons cependant devoir intervenir, si l'on veut fixer les termes précis de la question, et lui apporter une solution qui s'inspire de l'observation et de la déduction scientifiques.

L'absence d'un terrain déterminé, la confusion des termes, sont causes des doutes et des controverses qui subsistent encore sur ce point.

Ainsi, on parle des musulmans comme s'ils étaient une race unique et non plusieurs races, bien tranchées par leurs caractères ethniques, que l'administration a le tort de ne pas chercher à distinguer dans les recensements de population. Il faudrait aussi s'entendre sur ce mot l'assimilation des indigènes. Veut-on dire que, par leur contact avec nous, par suite de leurs relations avec les Européens, ils peuvent devenir, dans une certaine mesure, assimilés aux idées de progrès, de civilisation, enclins à nous emprunter quelques-unes de nos habitudes, de nos mœurs, quelques-uns de nos procédés agricoles et industriels ?

Veut-on, au contraire, entendre une fusion complète avec les races européennes, fusion ne consistant pas seulement dans l'adoption d'usages civilisés, alors qu'ils ne contrarient pas trop leurs coutumes et leurs préceptes religieux, mais caractérisée par des mariages fréquents, l'éducation des enfants en commun, en un mot, une absorption telle que, dans un ou plusieurs siècles, l'empreinte musulmane ait disparu ne laissant subsister que le génie des races civilisées de l'Europe?

C'est faute de s'entendre sur le sens précis du terme assimilation, que les arguments invoqués en faveur de la tendance de l'Indigène à s'y plier paraissent insuffisants.

Ainsi, très favorable à l'idée que l'Arabe peut s'assimiler, M. Allan qui a fait au palais du Trocadéro en 1878, une conférence si intéressante sur l'Algérie, appuie son opinion sur ce fait : « que, dans beaucoup de fermes européennes, ils remplissent, à la satisfaction des colons, les emplois de serviteurs ».

Il ajoute : « Ceux qui sont propriétaires vivent en bonne intelligence avec nous, empruntent à nos colons leurs charrues et leurs procédés de culture. En définitive, les Arabes en contact avec la civilisation européenne se civilisent. Ils commencent, il est vrai, par nous emprunter nos défauts, mais ils ne tardent pas à s'assimiler nos qualités et notamment l'amour du travail, l'ordre, l'esprit de prévoyance qui leur font habituellement si complètement défaut. »

Pour étayer son opinion, M. Allan citait l'autorité de M. Hardy, ancien directeur du jardin d'acclimatation d'Alger qui, dans une brochure récente, s'exprime ainsi : « Le contact des Européens amènerait bientôt les indigènes à modifier leur système de culture; ils produiraient plus et mieux, ainsi que cela se passe déjà parmi ceux qui sont mêlés à nous depuis quelque temps. Dans toute la Mitidja, ils vivent dans la meilleure harmonie avec les colons. Ils ont adopté l'emploi de nos instruments aratoires : ils labourent maintenant plus profondément et ensemencent d'après nos procédés.

» Les moins fortunés empruntent aux colons leur charrue, leur herse, leur chariot, *et jamais ceux-ci ne leur refusent*. Ils ne font plus leurs transports à l'aide de bêtes de somme. Beaucoup sont fermiers partiaires chez les propriétaires européens. Lorsqu'ils ont à se rendre à certaine distance, ils vont rarement à pied, ni sur une monture quelconque; ils se servent de nos voitures publiques et des chemins de fer. Ce n'est pas chez les populations indigènes qui sont journellement en contact avec nous que sont nés les ferments de révolte et d'insurrection; c'est au loin, dans l'intérieur, chez

ceux qui ne nous connaissent pas et qui ont conservé
leur sauvagerie native. Leurs préjugés se dissipent bien
vite, alors qu'ils trouvent un profit immédiat dans leurs
relations avec nous, et, en ne heurtant pas leurs croyances, ils sont bientôt avec nous. »

A ces citations multipliées à dessein, car elles émanent d'hommes familiers avec les questions algériennes,
et résument au mieux les arguments qu'affectionnent
les partisans de l'assimilation des indigènes, il serait
facile d'objecter : si l'assimilation doit simplement tendre à la fréquentation des races, à la bonne entente, à
l'échange des services, nul ne songera à la contester.
Mais il nous semble que, scientifiquement, il ne suffit
pas de cette assimilation, par à peu près; c'est la péné-
tration des races, leur fusion entière qu'il faut envisager.
Or, aucun des arguments cités ne la fait entrevoir, aucun n'en fournit d'exemple probant, et ce silence est
déjà une présomption contraire à la fusion des indigènes
avec les Européens, et à la formation, à une échéance
plus ou moins éloignée, d'un type issu de ces deux éléments.

C'est le moment de rappeler que, sous le titre d'indigènes, de musulmans, on confond des races très dissemblables : les Arabes proprement dits, venus d'Asie,
et les Berbères ou Kabyles, plus nombreux et surtout
établis de date plus ancienne.

Cette distinction étant faite, il reste à rechercher si la
fusion est possible avec l'une ou l'autre de ces branches
musulmanes. M. Allan, il est juste de le reconnaître,
n'y a pas manqué et, frappé par leurs mœurs et institutions municipales analogues aux nôtres, il estime que
les Kabyles sont « non-seulement assimilables, mais
assimilés », et que, bien supérieurs aux Arabes, ils
sont « les soutiens naturels de la colonisation ».

Cette conclusion, très acceptable dans ces termes,
n'implique pas davantage, même en faveur des Kabyles, pris en particulier, la fusion complète par pé-
nétration, dont nous voudrions maintenant discuter la
possibilité en nous basant sur l'observation et sur les
faits démographiques.

II. — Précisons, l'ayant signalée en passant, quelle
est la composition des populations indigènes que nous

avons trouvées en Algérie et qui continuent à vivre à nos côtés, sous notre domination, d'une façon plus ou moins intime, avec une soumission plus ou moins résignée.

Ces indigènes musulmans, désignés dans le langage courant, sous le terme générique d'Arabes, n'appartiennent pas tous à la race arabe. Il faut distinguer, les Arabes proprement dits, venus de l'Asie 700 ans après Jésus-Christ, qui conquirent le nord de l'Afrique et le convertirent à la religion musulmane (1), des Berbères qui, sont plus nombreux et sinon autochtones, du moins plus anciennement établis.

---

(1) Les remarquables travaux de notre concitoyen M. E. Mercier, interprète à Constantine (*Histoire de l'établissement des Arabes dans l'Afrique septentrionale*), démontrent que l'invasion arabe du VIIe siècle fut une conquête superficielle et ne laissa derrière elle qu'une dynastie, celle des Aghlébites, qui fut renversée au commencement du Xe siècle.

La race berbère occupait tout le pays : villes, plaines et montagnes du Tell, hauts-plateaux et déserts, et l'islamisme répandu chez elle se réduisait à quelques pratiques, quand, vers le milieu du XIe siècle, se produisit l'invasion arabe hilalienne. Alors seulement l'élément arabe s'introduisit en Afrique. Ce ne fut plus, comme au VIIe siècle, une conquête brillante et éphémère, mais bien l'arrivée d'une population nouvelle, à l'état de flot envahisseur, repoussant la race indigène, l'enserrant au milieu d'elle, la disjoignant et finissant, avec l'œuvre des siècles, par l'absorber. Les aborigènes se retirèrent dans le sud, dans les montagnes du Tell et dans les cantons reculés du littoral.

Ce mouvement fut achevé vers le XIVe siècle et, dès lors l'unité du peuple berbère fut rompue.

L'esprit remuant et indiscipliné des Arabes plongea bientôt le pays dans la plus complète anarchie, et, en réduisant à néant la puissance des empires berbères, prépara l'avènement de la domination turque (1515), qui se maintint jusqu'au débarquement des Français (1830).

Il résulte de cet exposé qu'il y a deux faits historiques distincts : la conquête arabe du septième siècle et l'immigration arabe du onzième. Ce dernier événement était généralement ignoré, et l'on croyait que la population arabe qui habite l'Afrique septentrionale descendait de ces fameux conquérants qui, après avoir parcouru à différentes reprises le pays, se jetèrent sur le continent européen et virent arrêter, à Poitiers, l'essor de leurs exploits. Ceux-là ne laissèrent en Afrique qu'une trace éphémère, tandis que l'immigration hilalienne, *qui ne fut pas une conquête*, eut les résultats lents, mais certains que nous avons indiqués.

Cette distinction est nécessaire, car non-seulement des caractères distinctifs de race et d'origine les séparent, mais encore des usages et des institutions politiques bien différentes. Sans entrer dans de longs détails dont la place n'est pas ici, nous rappellerons que les Berbères (Kabyles, Chaouïa, Beni-M'zab) entrent dans la composition des races algériennes, pour une proportion de 75 pour cent, que leur organisation est démocratique, fédérative, tandis que les Arabes ont un état social aristocratique et théocratique, et sont dans la proportion de 15 pour cent seulement. Les caractères moraux ne diffèrent pas moins : le Kabyle est actif, propriétaire individuel, industrieux, monogame; l'Arabe est indolent, nomade, contemplatif, polygame , etc. Au point de vue des caractères physiques, les différences sont aussi tranchées. Mais un caractère commun les rapproche : Arabes et Berbères sont musulmans-orthodoxes, et cette communauté superficielle est sans doute cause de la confusion qui fait dénommer Arabes, tous les indigènes (sauf les Israélites) soumis à la domination française.

Envisagée au point de vue démographique, la fusion doit tenir compte de ces distinctions, et dans l'étude des croisements entre Français et indigènes, il faut rechercher leur possibilité avec les deux grands éléments : Berbères et Arabes.

On peut admettre a priori, que le Berbère qui, à son origine, a eu une infusion de sang d'hommes venus du Nord (le caractère blond se retrouve chez les Kabyles par voie d'atavisme), qui jouit d'institutions politiques électives, qui, par la monogamie, est accessible à la vie de famille, se mèlera plus facilement aux Français que les Arabes venus de l'Asie; le Kabyle prend volontiers du service dans l'armée française , d'où l'opinion de M. Aucapitaine : « Dans cent ans, ils seront Français. »

Nous sommes loin de partager cette espérance, surtout à échéance si rapprochée. A ne tenir compte que de la différence des religions, ce sera longtemps encore un obstacle à la fusion des Français avec les Berbères et les Arabes musulmans, et cette raison suffirait à justifier la boutade du maréchal Pellissier : « Faites bouillir dans une même marmite un Arabe et un Français, vous verrez les deux bouillons se séparer. »

Voyons les faits : les mariages entre Français et Musulmans ont atteint en 47 années le chiffre de 53, ceux des Musulmans avec les Européens-Étrangers 67, soit 120 sur 7,031 mariages croisés et sur 44,816 unions totales contractées en Algérie de 1830 à 1877 inclus. Tandis que les Français s'allient 53 fois avec des Musulmans, ils le font 6,681 fois avec les étrangers-Européens.

Ces chiffres officiels ne spécifient pas si les alliances ont été contractées avec des Berbères ou des Arabes, mais leur rareté suffit à mettre en doute notre fusion prochaine même avec l'élément berbère.

Ces faits statistiques sont aisément corroborés par les faits s.ivants : le gouvernement élève dans les établissements d'instruction secondaire, mêlés à nos enfants, de jeunes indigènes de toutes races et de toutes positions sociales. La plupart parviennent à acquérir une assez bonne instruction primaire, quelques-uns poussés vers les études médicales, obtiennent le diplôme d'officier de santé, d'autres passent par l'école de Saint-Cyr pour servir comme officiers dans l'armée française.

Parmi ces jeunes gens élevés à notre contact, parlant et écrivant notre langue, combien en est-il qui embrassent nos mœurs, nos usages, et vivent de notre vie ? On aurait peine à citer quelques unités, les autres retournent bien vite aux mœurs paternelles, se marient avec des femmes Arabes, et conservent, vis-à-vis d'elles, les procédés de claustration jalouse ; ils n'adoptent même pas le costume européen, et ce qu'ils s'assimilent le mieux ce sont encore les vices de notre civilisation.

Si les fils nés sous notre domination, élevés par nous, se laissent si difficilement pénétrer par notre civilisation on s'étonnera moins de voir les pères, dépourvus eux d'instruction, y être moins accessibles encore. Les grands chefs arabes si souvent exhibés à Paris avec leurs costumes d'apparat et leurs décorations, ont si peu emprunté à la civilisation parisienne, que retournés chez eux, ils reprennent leur existence habituelle. Ce n'est pas le progrès des sciences, l'éclat de notre littérature et des beaux-arts — tout cela est pour eux lettre close — qui les a surpris ou émerveillés, c'est la facilité des mœurs, l'éblouissement du luxe, le raffinement du vice.

Dira-t-on que si l'indigène s'est montré jusqu'ici réfractaire à notre assimilation, s'il recherche peu notre alliance, comme nous recherchons peu la sienne, la cause en est dans la différence des religions?

Sans doute l'obstacle existe, il est puissant.

Il retardera au-delà d'un siècle, croyons-nous, malgré la prédiction de M. Aucapitaine, l'unification des deux races, mais il pourrait céder avec le temps. On voit bien aux Antilles, le croisement facile et fréquent des Espagnols avec les habitants de couleur noire. Là aussi, la différence des religions existe, et l'Espagnol est plus accessible que le Français aux préjugés religieux, et ces rapprochements étaient qualifiés crimes par le père Labat, en 1700. Mais, tandis que l'Espagnol et le Portugais ont du penchant pour la race nègre, le Français des Antilles s'y montre réfractaire, comme le Français en Algérie.

Il est des affinités de races qui dominent et régissent les raisons d'antipathie ou d'attraction, et contre lesquelles les résistances et les objurgations du fanatisme religieux sont impuissantes. L'Espagnol, en effet, a du sang africain par deux fois infusé dans les veines ; ainsi s'explique son affinité avec le nègre, en dépit des préjugés de la foi dont, plus que nous, il est esclave.

Le Français lui n'est pas fait de sang africain, ou si dans les régions envahies par les Sarrasins, il a pu en rester quelques vestiges, ils sont très clairs-semés, aussi le Français se montrera-t-il plus longtemps, pour ne pas dire toujours, réfractaire à la fusion. A supposer d'ailleurs, la religion l'unique obstacle, il serait facile de le faire tomber en empêchant le contact du Musulman algérien avec l'Orient, car le pèlerinage de la Mecque entretient l'esprit fataliste, les préjugés superstitieux, la suprématie du *marabout*, les plus grands obstacles à notre domination et à notre fusion, sans compter, à un autre point de vue, qu'il aide au développement des maladies qui déciment le peuple arabe.

III. — Deux causes autrement puissantes que la différence des religions peuvent expliquer le petit nombre de croisements avec les indigènes, et permettent de prédire qu'à l'avenir ils ne seront guère plus fréquents : ce sont la *syphilis* et la *sodomie*. La morale et l'hygiène auraient trop à faire pour l'extinction de ces deux vices endémo-constitutionnels , aussi l'acclimatation par le croisement avec les Indigènes-Musulmans nous paraît-elle une utopie irréalisable.

Serait-ce, d'ailleurs, une tentative à recommander, à encourager, et le nom français gagnerait-il, même au point de vue de la durée de notre établissement colonial, à fusionner avec les populations indigènes?

L'histoire des colonisations est assez riche de faits pour éclairer la question : les Etats-Unis d'Amérique, où le métissage est presque nul, ont une colonisation et une civilisation plus avancées que le Mexique, le Brésil et les républiques du Sud. Le climat, la fécondité du sol, sont pourtant en faveur de ces dernières contrées; il semble que le métissage leur ait fait perdre ce que la nature leur avait donné en partage. A Saint-Domingue et Haïti, où l'immigration ne vient pas vivifier la population métisse, la décadence est rapide (1). « Ceux, dit Agassiz, qui mettent en doute les pernicieux effets du mélange des races, et sont tentés, par une fausse philanthropie, de briser toutes les barrières placées entre elles, devraient aller au Brésil. Il ne leur serait pas possible de nier la décadence résultant des croisements qui ont eu lieu dans ce pays plus largement qu'ailleurs. Ils y verraient que ce mélange efface les meilleures qualités soit du blanc, soit du noir, soit de l'Indien, et produit un type indescriptible dont l'énergie physique et mentale s'est affaiblie. »

Il est bien difficile, avec de telles appréciations empruntées à l'histoire des autres pays, aux autorités les plus sérieuses, d'augurer favorablement d'une race métisse franco-musulmane.

L'avenir de la colonisation française en Algérie n'est, en aucune manière, liée à la nécessité de nous assimiler les indigènes en nous fusionnant avec eux; elle n'est pas plus liée d'ailleurs à la nécessité de les refouler ou de les exterminer. Nous pouvons vivre et prospérer à côté d'eux, utilisant leur travail et leur main-d'œuvre, mais sans nous prêter à la création d'une race déclassée, pétrie de vices et d'orgueil, qui ne conserverait pas les qualités des Arabes ou des Kabyles, mais qui, en revanche, hériterait, en les exagérant, de leurs vices organiques ou sociaux.

___

(1) DALLY, in *Dict. encyc. des Sc. méd.*, art. CROISEMENT.

On ne peut le nier, comparés aux Européens, Arabes et Berbères sont certainement de races inférieures et surtout de races dégénérées. Quelle différence entre nos Arabes et leurs ancètres qui ont conquis l'Espagne, couvert ce pays de monuments, témoignages d'une civilisation avancée dont l'empreinte est restée si profonde. Où sont les sciences arabes, où sont leurs savants? Et, dans un siècle ou deux, que seront-ils? combien seront-ils? car c'est un fait indiscutable, le peuple arabe tend à disparaître d'une façon régulière et rapide.

A notre arrivée, en 1830, la population indigène était évaluée à trois millions d'habitants. Les deux derniers recensements officiels, à peu près réguliers, donnent en 1866 : 2,652,072 habitants, et en 1872 : 2,125,051; le déchet en 42 ans a été de 874,949 habitants, soit une moyenne de 20,000 décès par an.

Durant la période 1866-72, avec le typhus, la famine, l'insurrection, la diminution a été bien plus effrayante encore : en six ans il y a eu disparution de 527,021 indigènes; c'est une moyenne non plus de 20,000 décès annuels, mais de 87,000!

On serait fort empêché de décider si, depuis lors, la progression a continué ou si elle tend à décroître. Le recensement de 1876 enregistre 2,462,936 indigènes musulmans, avec un bénéfice de 337,884 habitants sur l'opération antérieure; mais ces chiffres, bien qu'empruntés aux documents officiels, ne méritent qu'une créance bien limitée (1).

---

(1) D'après un recensement fait en 1875 et publié dans le gros volume *Statistique générale de l'Algérie — 1872-1875;* il existait seulement 2,171,690 Musulmans, le recencement de 1876 en compte 2,462,936; admettre que dans l'espace d'une année ils aient accru de près de 300 mille âmes, eux qui ne se recrutent par aucune immigration, c'est une *exagération tellement monstrueuse* qu'elle ne se discute pas.

Cet exemple montre avec quelle réserve il faut user des statistiques officielles sur les Musulmans, et nous, justifie d'avoir renoncé à étudier leurs mouvements de population sur les seuls documents qui existent.

Les Indigènes israélites ne paraissent pas avoir été mieux traités. Nous avons signalé la décroissance de 1.487 habitants que leur attribuent les deux derniers recensements (entre 1872 et 1876) sans y ajouter foi, vu la fécondité bien connue et la faible mortalité des Juifs Algériens. Entre 1875 et 1876, on leur reconnaît une augmentation de 200 âmes. Cette faible différence d'une

La preuve en est dans les chiffres suivants, fruits de recherches personnelles faites à Constantine, de toutes les villes de l'Algérie, celle dont la population indigène est la plus nombreuse et la plus dense, et qui, par cela même, se prête le mieux à des recherches contradictoires.

Dans les huit dernières années : 1872-79, nous avons relevé dans cette localité 4,667 naissances et 8,202 décès. De ce dernier chiffre, il convient de déduire un certain nombre de décès extérieurs : beaucoup d'indigènes venant des environs, et même d'assez loin, mourir en ville ou à l'hôpital; on peut évaluer à un septième l'augmentation produite par la mortalité étrangère. Cette réduction faite, il resterait encore 7,000 décès pour 4,667 naissances, soit 150 décès pour 100 naissances, proportion un peu supérieure, mais s'éloignant assez peu de celle indiquée par M. Vallin qui, nous l'avons signalé, constate 123 décès pour 100 naissances musulmanes.

Un déchet aussi considérable (nous pouvons ajouter qu'il se reproduit régulièrement chaque année) suffit à démontrer que les relevés officiels sont dépourvus d'exactitude, et que les indigènes, loin de se relever depuis les calamités de 1867-71, sont menacés d'une disparition inévitable, prochaine. Elle sera le fait non du refoulement, ou autres mesures de *politique humaine;* elle est due tout entière à des causes indépendantes de notre volonté, qu'énumérait dans les termes suivants notre ami et ancien collègue du Conseil général, M. J, Vinet :

« Le peuple arabe meurt, il périra. Il tombe sous les coups d'une loi supérieure à la volonté humaine, loi implacable dans ses effets, puisqu'elle ne souffre aucune exception. C'est la loi qui fait le vide dans l'Amérique du Sud; qui le fait actuellement en Tunisie; en Algérie, où cependant des efforts immenses ont été accomplis pour en enrayer les effets; aux Indes, enfin, où elle s'exerce sur la plus vaste échelle.

« Cette loi, qui fait disparaître les peuples arriérés, surgit dès que se créent les relations commerciales avec

_____

année à l'autre, n'est pas admissible, puisque par le seul excédant des naissances sur les décès, les Israélites bénéficient de 7 à 800 habitants par an, en moyenne.

le monde civilisé; et elle frappe aussi bien s'il y a colonisation, comme en Algérie, que s'il n'y a pas peuplement européen, comme aux Indes et en Tunisie.

» Ce qui tue le peuple arabe, ce sont ces relations fréquentes qui mettent les populations fatalistes en face de populations à initiatives individuelles et organisées pour les affaires, qui ouvrent aux échanges, des pays dont les indigènes refusent de prendre les habitudes, les procédés et les institutions rendus nécessaires par ces échanges mêmes, qui enfin, en multipliant les rapports, multiplient aussi la fréquence des épidémies, sans que les individus veuillent adopter les règles d'hygiène, de nourriture et de médication enseignées par la science moderne.

» Le peuple arabe meurt des conséquences de ses relations commerciales avec le monde civilisé. Il meurt de rester immobile dans son fatalisme et ses préjugés, quand tout progresse autour de lui. »

Il meurt, pourrait-on ajouter, de ses vices et de ses dépravations.

Non, certes non, le peuple français n'a aucun intérêt à compromettre ses qualités natives, sa supériorité morale, en se mêlant avec des races corrompues, au sang vicié.

Et si, par une sorte de répulsion instinctive, ce n'était chose heureusement existante, on ne saurait trop énergiquement s'opposer à notre mélange avec les indigènes, dont les qualités les moins discutables sont la malpropreté, la mauvaise foi, l'habitude du vol, en un mot, toutes les dépravations physiques et morales.

IV. — Pour achever ce qui a trait au croisement avec les indigènes, il reste à parler des Israélites algériens. L'adaptation de la race juive aux pays tropicaux n'est plus à démontrer, et, en Algérie, elle se manifeste avec une vitalité merveilleuse, supérieure à celle des Européens méridionaux (1). Notre fusion avec les Israélites français, pour être avantageuse, serait-elle désirable?

---

(1) On croit communément que les juifs appartiennent à une race unique dispersée dans toutes les parties du monde. C'est une erreur. Les juifs d'origine sémitique se sont répandus, en Espagne et en Portugal, d'où persécutés ils ont pénétré en

A interroger les unions de cette nature contractées depuis la conquête, nous en trouvons 30; c'est peu, même auprès des 120 mariages musulmans; mais ceux-ci sont au nombre de 2 millions et demi, les juifs indigènes ne dépassant pas 35,000 âmes.

L'Européen a donc plus de tendance à s'unir aux Israélites qu'aux Musulmans; mais combien il y a loin des alliances journalières entre les diverses nationalités européennes!

Sans aller jusqu'à préjuger que, par la suite, les mariages entre Européens et Israélites seront plus fréquents, il faut convenir que la différence de religion n'est pas tranchée comme avec les Musulmans, car la religion juive est celle de nombreux Européens; de plus la famille israélite habite la ville, plus exposée, dès lors, aux chances de promiscuité dont les villes sont l'occasion; enfin, pour l'avenir, le meilleur adjuvant sera la naturalisation française donnée aux Israélites algériens: ils sont électeurs comme nous, leurs enfants fréquen-

---

France, dans les provinces du midi, et jusque dans l'ancienne Lorraine et l'Alsace.

A côté de ces Juifs, Espagnols ou Portugais représentants les les plus purs ou les moins mêlés des Hébreux de Palestine, de race syro-arabe ou sémitique, il y a les Juifs Allemands, très nombreux à Paris et dans nos provinces de l'Est, qui tout en professant le judaïsme ne sont nullement de race juive ou hébraïque. Ils descendent des Germains, des Slaves et des Tatars convertis au judaïsme du sixième au neuvième siècle de notre ère. Leur arrivée en France daterait du quinzième siècle, époque à laquelle ils auraient été en partie chassés de l'Empire d'Allemagne; ils durent, à la suite de cette immigration, se mêler avec leurs coreligionnaires de race sémitique.

Tandis que les juifs orientaux ont les yeux noirs, le nez courbe, le visage allongé, étroit, le profil arqué; les Juifs allemands se distinguent par les yeux bleus, la chevelure plus ou moins blonde, indice de leur origine germanique. (Voir LAGNEAU, in *Dic. ency. des Sc. méd.*, FRANCE (ANTHROPOLOGIE).

En Algérie, les juifs indigènes sont d'origine orientale, mais l'immigration a introduit d'assez nombreux juifs venant des provinces de l'Est avant et surtout depuis la perte de l'Alsace-Lorraine. Les juifs algériens se distinguent d'ailleurs par cette particularité que, même entre eux, la langue parlée est non la langue hébraïque familière aux lettrés seuls, mais l'arabe ou le kabyle, en un mot la langue vulgaire du pays qu'ils habitent. Ils parlent avec une intonation qui leur est propre, aisément reconnaisable.

tent nos écoles et, à leur vingtième année, ils passent un an sous les drapeaux, non pas dans la colonie, mais dans la métropole.

Ces relations incessantes avec nous, la communauté des droits et des charges feront peut-être que la génération née depuis l'occupation française, se sentira davantage portée à s'allier avec les Européens.

Mais il ne faut pas méconnaître que l'Israélite étant très attaché à sa religion, il ne se croisera guère — et à cet égard la jeune génération partage les préjugés de l'ancienne — qu'avec les Européens nés dans le judaïsme ou disposés à l'embrasser. C'est d'ailleurs le caractère commun aux juifs de tous les pays, vivant au milieu des autres populations, sans se mêler, sans adopter leurs us et coutumes, et conservant, outre leur manière de vivre, une alimentation particulière.

D'un autre côté, l'Européen éprouve peu d'attraction pour l'alliance avec le Juif, à cause de sa vie sédentaire, confinée dans d'étroits logis ou de petites boutiques, qui développent les maladies contagieuses dues à l'encombrement et à la promiscuité : les ophthalmies, les affections cutanées, la scrofule, etc., etc.

En résumé, le croisement avec l'élément israélite de notre population indigène est, au point de vue démographique, avantageux ; mais en fait, s'il n'est pas impossible, si même il se produit avec plus de fréquence que celui avec les musulmans, il ne s'annonce pas comme un mouvement social, fréquent, nécessaire, comparable à celui qui attire les unes vers les autres les nationalités européennes du midi.

CHAPITRE XII

CROISEMENT ENTRE RACES EUROPÉENNES

I. — Le terme croisement ne doit pas seulement s'entendre des unions entre individus de races différentes, profondément séparées, mais encore des unions entre individus appartenant à des types de même race avec des caractères anatomo-physiologiques sensiblement distincts. Il est donc permis de qualifier croisement l'union des Français avec les peuples des nationalités européennes voisines, bien que ces groupements historiques et géographiques ne répondent pas aux variétés primitives, aux caractères distincts et héréditaires qui constituent la race (1).

C'est précisément parce qu'il s'agit ici de types et non de races, qu'il n'y a pas à appréhender et combattre la création d'une race métisse européo-algérienne, comme nous avons combattu celle d'une race métisse franco-musulmane.

Le mélange des populations étrangères de l'Europe méridionale avec nous, sur le sol algérien, peut éveiller des préoccupations politiques plutôt que soulever des objections anthropologiques.

Nous aurons plus loin à insister sur le côté politique de la question; mais quand même des objections d'ordre scientifique pourraient se faire jour, il ne faut pas perdre de vue qu'en Algérie, le croisement ne sera pas le seul moyen d'accroissement de la population, le seul procédé d'acclimatation des peuples européens. L'immigration sera toujours une source vivifiante, et, loin de la tarir, tous les efforts doivent tendre à accroître son débit et élargir son courant.

---

(1) Le mot race, dans la bouche des gens du monde, est appliqué aux peuples modernes dans un sens faux : il n'y a pas de race française, ou de race italienne, ou de race espagnole; les peuples français, italiens, espagnols ont été formés par la réunion et la fusion de plusieurs races, entendues dans le sens de types humains héréditaires.

En somme, il s'agit moins d'une étude théorique, d'une controverse anthropologique, que d'un fait existant : le croisement journalier du peuple français avec les peuples italiens, espagnols et maltais. Quelles en seront les conséquences ?

II. — Dans la première partie de l'ouvrage, nous avons signalé la fécondité merveilleuse et la résistance vivace des races latines originaires du bassin européen de la Méditerranée. Ces races sont placées dans les meilleures conditions pour réussir en Algérie ; non-seulement elles n'ont, pour se maintenir ici, qu'à subir le petit acclimatement, car elles proviennent de bandes isothermes et limitrophes ayant les plus grandes analogies climatiques et botaniques avec la côte africaine, mais de plus, les éléments dont elles sont formées leur ont donné la faculté de résister au climat algérien, toutes ayant retenu à travers les siècles, les vertus de l'organisme africain dont elles ont reçu l'héritage.

Les Espagnols sont les produits croisés avec des races africaines (Ibériens, Syro-Arabes et Maures) ; les Italiens (la plupart de ceux qui débarquent en Algérie, sont originaires de l'ancien royaume des Deux-Siciles) ont, par les Ligures, les Carthaginois, les Sarrasins, les mêmes origines mixtes que les Espagnols ; les Maltais, qui ont conservé quelque chose des mœurs, du genre de vie et même de la langue arabe, si bien qu'on les appelle des Arabes chrétiens, sont issus de mélanges analogues. Les alliances contractées avec ces nationalités doivent donner aux Français l'immunité pour prospérer en Algérie. C'est à cette fusion qu'il faut pousser. Bien moins chimérique que celle avec les Arabes, elle s'est spontanément réalisée dès les premiers jours de l'occupation. Dans quelle proportion, il est difficile de le déterminer pour l'Algérie entière, puisque nos mariages avec les étrangers sont donnés en bloc. Mais, dans l'étude particulière à notre ville natale, nous avons fait la part de chaque nationalité, et, sans revenir sur les résultats longuement exposés (page 103), il peut être intéressant de rappeler que les Espagnols se marient plus souvent avec les Français qu'entre eux, que les Italiens se marient aussi fréquemment et les Maltais un peu moins, quand ils sont originaires d'Europe, et assez souvent quand ils sont nés en Algérie. Si nous rappelons, en outre, que ces trois nationalités méridionales s'allient 318 fois avec nous et 568 sans croisement, on reste convaincu qu'il y a là, au lieu d'un fait fortuit, l'obéissance insconsciente sans doute, mais naturelle, à un besoin, à une loi sociale.

Ces mariages mixtes deviennent chaque jour plus fréquents; ils le deviendront davantage par la suite, quand le nombre des enfants, nés en Algérie, et parvenus à l'âge du mariage, seront plus nombreux. Français, Italiens, Espagnols, Maltais, élevés en commun, rapprochés dans les écoles ouvertes gratuitement à toutes les nationalités, s'uniront sans peine, car les enfants issus d'étrangers perdent beaucoup de la rudesse, surtout de l'ignorance de leurs ascendants, et ceux issus de mariages mêlés auront encore moins de répugnance pour un croisement nouveau avec les similaires de l'un de leurs parents.

Les Français ne sont pas seuls à gagner à ces croisements, les autres races méridionales étrangères ne manqueront pas d'acquérir à ce mélange, des qualités nouvelles; la mortalité de ces nationalités est excessive, et l'on peut dire qu'elles nese perpétuent que par leur fécondité inépuisable. C'est sans doute un phénomène naturel qu'une natalité élevée entraîne une mortalité correspondante, mais on sait avec quel oubli des soins de propreté ou d'hygiène usuelle, sont élevés les enfants étrangers. Les Français, au contraire, comprenant mieux le sentiment de la famille, sont plus attentifs aux soins qu'elle inspire, et en retour de la fécondité acquise, ils apporteront la conservation qui diminue la mortalité.

Avant un siècle, grâce à l'acclimatation par voie de croisements européens, il se sera créé ici, une race nouvelle, vivace et brillante, attachée indissolublement au pays, sans arrière-pensée d'attachement ou de retour à la patrie étrangère des ascendants. Pour que chez cette race devenue autochtone, le sang et le nom français prédominent, il faut pousser aux alliances avec les races européennes du midi, de telle sorte que l'homme, plutôt que la femme, de nationalité française recherche le croisement. Il y a à cette préférence une raison scientifique et une raison politique. La raison politique veut que, dans la race issue de croisements, la nationalité française se conserve, et c'est par les hommes que ce résultat est acquis. Les enfants nés d'une française et d'un étranger, sur le sol algérien, ont au cœur l'amour de la France, les leçons maternelles le leur inspirent, l'instruction en commun fait le reste; mais le titre de Français suit le père, il est donc plus avantageux de voir le croisement recherché par nos garçons et non par nos filles. Et d'ailleurs, les considérations scientifiques sont loin d'être en antagonisme avec l'intérêt politique et colonial de la France. Il est reconnu par l'expérience sur les animaux, que l'amélioration par le croisement s'effectue par la voie des mâles; ceux-ci ont le privilége de transmettre plus sûrement, plus complètement que les femelles, les caractères de leur race, de mieux supporter les épreuves de l'importation, et les femelles, de leur côté, communiquent à leur progéniture plus de dispositions à l'acclimatement.

Ainsi donc, le Français se croisant par les hommes, étendra, en la conservant, sa nationalité, et il empruntera pour sa descendance aux filles du midi, de plus grandes facilités pour s'adapter au climat africain.

Il se trouve justement (il suffit, pour le constater, de reprendre les résultats des croisements énumérés dans la première partie de ces recherches), que les jeunes gens français, plus souvent que les jeunes filles, recherchent les mariages croisés, et que les jeunes filles espagnoles, italiennes et même maltaises — et c'est surtout vrai pour celles qui sont nées en Algérie — considèrent comme un honneur d'être recherchées par un Français, et n'épousent un compatriote qu'en désespoir de cause.

Sur 456 croisements, nous avons vu l'époux français 278 fois. — A n'envisager que les unions avec les étrangers du midi, nous comptons avec les Espagnoles : 91 époux français, 70 avec les Italiennes et 38 avec les Maltaises, tandis que les filles françaises n'épousent que 36 Espagnols, 63 Italiens et 20 Maltais.

III. — Le croisement n'existe pas seulement quand l'union conjugale se fait entre époux de nationalités différentes, il existe encore entre Français du nord et Français du midi. Les caractères de ces populations ne sont pas moins tranchés que les différences climatiques entre les deux régions extrêmes de la France occupées par elles. Et, de même qu'il y a plus d'analogie entre Alger et Marseille qu'entre Marseille et Dunkerque, bien qu'au compas il y ait à peu près la même distance, on peut, avec non moins de raison, affirmer qu'il y a, entre un Italien et un Espagnol, un Basque ou un Provençal, moins de différences qu'entre ceux-ci et un Breton ou un Normand.

C'est que les populations du midi de la France ayant par les origines, par les mélanges à la suite des invasions, les plus grandes ressemblances avec les peuples voisins, on peut admettre des facilités analogues d'acclimatement pour les colons originaires des départements du sud, du sud-ouest et du sud-est, qui ont été peuplés par les races ibérienne, basque et ligure. Le séjour en Algérie pour ceux de nos concitoyens ayant ces origines se réduit au petit acclimatement; ils peuvent se développer sans croisement, et, à le supposer nécessaire, ils n'y répugnent pas en raison des affinités de races avec les Italiens et les Espagnols.

Quant aux Français du nord, il est suffisamment acquis qu'ils ne peuvent échapper à la nécessité de s'allier par croisements. En s'alliant avec les Français du midi, ils obtiendront certainement des produits eugénésiques, capables de résister au climat africain, tout comme en s'unissant avec les Italiens, les Espagnols et les Maltais.

Les unions des hommes du nord seront plus eugénésiques encore contractées avec les créoles français de la première et de la seconde générations, acclimatés déjà au pays et par eux-mêmes et par leurs parents.

IV. — Par Français du nord nous entendons ceux des régions situées au-dessus de l'isothère de 20°, prise comme limite septentrionale de la zone isothère franco-algérienne, au sein de laquelle peut se mouvoir et se développer l'acclimatabilité de la nationalité française. Mais on ne saurait méconnaître qu'au dessus de cette ligne déterminée par des considérations géographiques et des observations thermométriques, il existe des îlots de populations, qui se sont maintenus ayant conservé leur personnalité à la suite des invasions et incursions

dévastatrices, des occupations plus ou moins longues
qui, depuis les époques les plus reculées, ont si souvent
parcouru le sol français.

Ainsi, à ne s'occuper que des races méridionales, l'occupation Liguro-Ibérique, les invasions Basque et Sar-
rasine, [ont laissé dans le nord et l'est, des traces et des
empreintes telles que, dans certains centres, les caractères physiques, souvent même les mœurs et les coutumes se sont conservés, grâce à la tendance à s'isoler, à
se perpétuer sans mélanges, avec les agglomérations
qui les entourent.

On pourrait citer la ville des Sables-d'Olonne située
un peu au Nord de l'isothère de 20° dont la population
diffère notablement de la population circonvoisine ; elle
aurait été fondée, suivant Roget, baron de Belloguet,
par des pêcheurs Basques ou Espagnols ; on pourrait
également citer Granville et Boulogne-sur-Mer, où beaucoup de femmes d'artisans et de bourgeois ont paru à
M. de Quatrefages présenter des caractères anthropologiques de la race Basque ou Ibérienne, par leur cheveux noirs, leur peau un peu brune, la forme gracieuse
de leur cou et de leurs épaules et la vivacité de leurs
yeux. Quelle que soit l'origine, Ibérienne, Basque ou
Espagnole de ces petites populations, elles semblent
différer notablement des populations circonvoisines. La
délicatesse des traits et la grâce des Granvillaises les
font distinguer, en général, des femmes du voisinage.
Dans l'Est de la France, sur un point plus septentrional,
dans le Val d'Ajol, près de Plombières, M. de Saulcy et
le docteur Baur, disaient à M. Broca, qu'il existait des
habitants considérés, par les autres paysans, comme
des descendants des Sarrasins, ne se mariant qu'entre
eux, et se faisant remarquer par leurs yeux et leur cheveux de couleur très foncée.

D'autres fois l'imprégnation de la race conquérante
est dans les pays conquis, plus diffuse et disséminée.
Ce ne sont plus alors des groupes restés distincts, évitant de se mêler, c'est l'ensemble de la population qui a
conservé les caractères et les priviléges ethniques. Le
sang Espagnol, suivant Audiganne et Richon, se remarque dans l'ancienne Franche-Comté, en Lorraine, à
Thionville, où l'on observe des femmes au teint basané,
aux cheveux noirs, aux yeux grands noirs et expressifs,

aux traits fins et de même dans l'ancienne Flandre, provinces occupées par les Espagnols au seizième siècle (1). C'est aussi à la longue domination Espagnole, aux mélanges qui en ont été la conséquence, qu'est dû l'heureux développement des habitants de la Franche-Comté en Algérie, la prospérité de leurs nombreuses colonies disséminées dans toutes les agglomérations urbaines et rurales.

L'infusion profonde du sang romain parmi les populations des bords de l'Océan jusqu'à Vannes et peut-être Lorient, peut également expliquer la vitalité de nombreuses familles Nantaises à Madagascar et à Bourbon, tandis que les gens de Saint-Malo et de Normandie y présentent le cachet de l'épuisement physique le plus manifeste.

Il est difficile de refuser à des hommes du Nord chez lesquels se retrouvent si bien les caractères imprimés par les races méridionales, la faculté de s'acclimater en Algérie, difficile de ne pas reconnaître qu'ils ont dû conserver intact le bénéfice de leur sang méridional sous une latitude élevée à côté de leurs voisins aborigènes non favorisés.

Aussi quand au point de vue du peuplement, se présente la question pratique de déterminer si les habitants de tel pays, de telle région, sont susceptibles ou non, de vivre et se développer en Algérie, il faut, et cette considération nous paraît primordiale, interroger la situa-

---

(1) Nous avons eu bien soin de citer le nom des auteurs qui ont signalé ces faits, sans toutefois donner avec détails, l'indication de la source précise et le titre des ouvrages. C'était d'abord pour ne pas alourdir le raisonnement sous une succession de citations érudites, et surtout parce que nous avons voulu échapper à l'apparence d'une érudition qui pût paraître personnelle. Les rares loisirs d'un praticien, sa modeste bibliothèque, sans compter l'éloignement de tout centre savant et de toute bibliothèque publique, peuvent le justifier de n'avoir pas recouru, lui-même, aux sources premières. Par bonheur, nous avons eu l'inappréciable avantage, en rédigeant ce chapitre d'avoir sous les yeux, au moment de son apparition, l'article FRANCE (ANTHROPOLOGIE) *Dict. ency. des Sc. méd.* — de M. le docteur G. LAGNEAU. Si l'on veut bien se reporter à cette monographie si complète, pleine de la plus profonde érudition on y trouvera tous les faits que nous lui avons empruntés, avec les titres d'ouvrages et les noms d'auteurs, en un mot toutes les indications bibliographiques.

tion géographique et les conditions du climat d'où ils proviennent, puis il n'est pas moins nécessaire de faire entrer en ligne l'origine des races, leurs mélanges dans le passé, enfin, à côté de ces notions ethnologiques, de faire intervenir celles tirées de la langue et des idiomes patois.

Sans avoir la prétention d'approfondir ces questions nombreuses et si complexes, car il faudrait être versé dans toutes les branches des sciences anthropologiques il nous semble permis, étant connues les races qui ont contribué à former la nationalité Française, d'affirmer que les pays occupés par les races Ibère, Ligure, Aquitaine et Basque, sont précisément celles dont les habitants actuels peuvent s'établir en Algérie sans autre épreuve que celle du petit acclimatement. Il suffit de regarder sur une carte les aires géographiques occupées par les peuples appartenant à ces races.

La race Celtique, — élément ethnique le plus nombreux de la nation Française — occupant la vaste région s'étendant de la Garonne à la Seine, de l'Océan atlantique aux Alpes, ne jouit pas d'un pareil privilége. Elle peut sans doute, suivant les régions que déterminent les particularités climatiques et les lignes isothères sur lesquelles nous nous sommes étendu, prétendre à l'acclimatement, mais à la condition de rechercher avant de s'y fixer, des points présentant des analogies avec sa patrie originelle, et plus sûrement encore, en recherchant les alliances parmi les races françaises ou étrangères, descendant des Ibères et des Ligures (1).

_____

(1) Martin et Folley (*Hist. Stat. de la coion. Alg., 1851,* pages 204-209) étudiant les entrées et les décès à l'hôpital militaire du Dey, de 1832 à 1868, suivant qu'ils provenaient du Midi, du Centre ou du Nord de la France, ont reconnu que, par rapport à l'effectif, la zone Sud fournit le plus de malades, et la zone Centrale le moins, et qu'eu égard aux malades, la zone Centrale fournit le plus de décès et la zone Sud le moins. Les Français de la zone centrale seraient donc de tous, les moins souvent malades, mais une fois atteints ils meurent en plus grand nombre. On aurait des observations analogues si on interrogeait l'élément civil non-seulement dans les hôpitaux, mais aussi dans la clientèle privée. Il nous a paru également que la morbidité plus abondante des populations méridionales, ne correspondait pas à une mortalité analogue, à une mortalité aussi forte que chez les peuples du Centre et du Sud.
De ces faits il semblerait ressortir, comme le dit M. Lagneau,

Quant aux races septentrionales (Galates, Cimbres, Kimmériens, Belges, etc., qui paraissent pouvoir être rapprochées ethnologiquement, sous la dénomination générale de races Germaniques) venues dans nos contrées occidentales soit en traversant le Rhin, soit par mer, dont les premières migrations remontent aux temps préhistoriques, elles sont absolument réfractaires à l'acclimatement sur la terre africaine ; l'histoire en a laissé des preuves et la colonisation contemporaine de l'Algérie, les a amplement confirmées. M. Onésime Reclus à son retour d'Algérie, disait à M. Topinard avoir vu d'anciennes colonies Allemandes très prospères ; les émigrés s'y marient avec des créoles ou acclimatés et donnent de bons rejetons. Cette prospérité de la race Germanique, dans les conditions où elle a été observée par notre savant géographe, n'est pas le résultat de *l'acclimatement,* mais bien celui de *l'acclimatation* par le croisement des Germains avec les enfants du pays, ou les colons déjà acclimatés grâce à leur origine méridionale. Bien loin d'être contraire aux déductions ci-dessus, l'observation de M. Onésime Reclus ajoute une grande autorité et donne une force nouvelle à nos conclusions que nous résumons en ces termes : Pour les peuples du Nord en dehors des croisements, il n'y a pas le moindre espoir de se maintenir, de se perpétuer en Algérie.

V. — Resterait à étudier la répartition des langues et patois parmi les peuples susceptibles d'acclimatement et à faire intervenir les langues parlées comme indice de leur faculté à s'implanter avec succès, sur le sol africain.

---

que les descendants des Ibères, des Aquitains et des Ligures du midi de la France, ainsi que ceux de l'Espagne, et de l'Italie seraient fréquemment, mais légèrement malades en Algérie ; qu'au contraire, les descendants des Celtes de la région Centrale de notre pays, seraient rarement, mais gravement malades.

Ces documents corroboreraient en outre notre conviction plusieurs fois exprimée, que Basques, Provençaux, Languedociens, Corses, sont susceptibles de prospérer en Algérie, d'y coloniser avec succès au même degré que les Italiens, les Espagnols et les Maltais.

Sans nier l'utilité de l'étude comparative des idiomes patois, sans méconnaître leur valeur *anthropologique*, les déductions à en tirer ont une importance, il nous semble, secondaire auprès de celles empruntées à la climatologie, à la latitude, à l'ethnographie.

« Le Français, dit M. Littré, n'est qu'un membre particulier de la grande formation romane. Le vaste pays qui s'étend des Alpes et des Pyrénées à l'Océan et au Rhin, et qui était la Gaule des anciens, ne forma pas du latin une seule langue; il en forma deux : l'une que l'on nomme le provençal ou langue d'oc, et qui est au-delà de la Loire, et l'autre le français ou (langue d'oil ou d'oui) en deçà de la Loire. »

La répartition géographique de ces deux langues n'est pas sans rapport avec les immigrations venues des pays transrhénans par le nord-est des Gaules. Les populations du midi restées plus ou moins à l'abri de ces immigrations, parlent la langue d'oc, celles du nord, la langue d'oil.

Quelles que soient les limites assez difficiles à préciser, en raison de la zone intermédiaire dans laquelle on parle des dialectes et des patois mixtes, résultant du mélange, en diverses proportions de l'une et de l'autre de ces deux langues, quelle que soit la limite qui sépare ces deux langues, la langue d'oc comprenant en France : le languedocien, le provençal, le dauphinois, le lyonnais, le savoisien, l'auvergnat, le limousin, le périgourdin, le gascon et le béarnais, c'est parmi ces populations de la langue d'oc qu'il faut chercher celles propres à l'acclimatement.

Parmi les peuples de la langue d'oil, il s'en trouve qui pourraient réussir en Algérie, par voie d'adaptation naturelle ou acquise, mais pour les déterminer, les notions linguistiques doivent céder le pas aux influences géologiques, topographiques et ethniques.

VI. — En lisant dans le dictionnaire de Littré (complément de la préface) l'admirable exposé de la formation et du développement de la langue française, qui nous fait assister à la décomposition du latin dans les quatre langues romanes : l'italien, l'espagnol, le provençal et le français, l'esprit échappe difficilement à un enchaînement de réflexions auxquelles nous voudrions essayer de donner un corps.

Il s'est produit sur le sol Algérien ce phénomène, que les quatre langues romanes sont d'un usage courant.

Les nationaux italiens et espagnols ne sont pas seuls à pratiquer leurs langues maternelles; ces langues sont comprises, sinon parlées et connues grammaticalement, par les Français eux-mêmes, et, réciproquement, la langue française est parlée, écrite même par les Italiens et Espagnols, par ceux surtout nés dans la colonie, car ils fréquentent, même parmi les classes pauvres, les écoles primaires ouvertes gratuitement dans les moindres agglomérations. A ces derniers la langue française est même plus familière que celle de leurs parents. Il n'est pas jusqu'au provençal, idiome mort historiquement parlant, qui ne soit resté vivace parmi les habitants originaires de l'ancienne Provence; parlé par ceux-ci, il est saisi par les Français des autres provinces.

En un mot, il existe ici une entente, une compréhension générale, à défaut de connaissance approfondie, des quatre compartiments de la langue romane.

La conquête de l'Algérie par la France, l'immigration abondante des Provençaux et des Etrangers du midi de l'Europe, ont produit d'une façon inattendue, en dehors, il est permis de le dire, de toute préparation, un phénomène linguistique en sens en quelque sorte inverse de ce qui est advenu au latin, quand après avoir effacé les idiomes indigènes de l'Italie, de l'Espagne et de la Gaule, il devint la langue littéraire une pour ces trois grands pays.

Ce phénomène vaut sans doute la peine d'être signalé, non pas qu'il entre dans notre esprit de poursuivre les déductions jusqu'à présager la reconstitution, dans un avenir plus ou moins éloigné, d'une langue synthétique faite d'anciens éléments dissociés. Si d'ailleurs, ce qui n'est qu'une échappée de l'esprit, une association d'idées surnageant à une lecture attrayante, méritait d'être approfondi, il ne faudrait pas négliger, à côté des éléments importés, les langues berbère et arabe parlées par les indigènes et enfin le langage maltais, dialecte non écrit, mélange d'arabe et d'italien.

De plus, il s'est formé un jargon connu sous le nom de *sabir,* composé sans règle, ni principes, de mots empruntés à toutes les langues importées ou indigènes, parlées en Algérie, véritable argot produit du caprice individuel et du hasard, mais bien compris de nous Algériens de toutes nationalités, par une sorte d'affiliation qui résulte du séjour en Algérie.

Ce ne serait pas moins se laisser entraîner à des déductions paradoxales ou imaginatives, que prêter une valeur à ces deux faits : usage répandu des quatre langues romanes, création d'un argot polyglotte algérien, au point de présager ou le germe futur d'une langue algérienne, ou la reconstitution en faisceau, des quatre langues romanes.

A défaut d'autres considérations faciles à tirer de l'étude des lois qui président à la formation ou à la transformation des langues, il suffirait pour éloigner ces hypothèses, d'insister sur d'autres faits comme ceux-ci : les étrangers désapprennent l'usage de leur langue, sinon entre eux, du moins dans leurs relations fréquentes et forcées avec nous ; leurs enfants nés dans le pays n'apprennent d'autre langue écrite que le français et abandonnent, même en famille, la langue paternelle ; les Francais, enfin, comprennent les langues étrangères, mais ils les parlent rarement et, à l'exception de ceux à qui leur profession en fait une nécessité, ils les écrivent encore bien moins.

CHAPITRE XIII

DESIDERATA DE L'ÉTUDE DES CROISEMENTS EN ALGÉRIE

L'étude scientifique des croisements européens en Algérie, touche à bien d'autres questions dont la solution doit être ajournée, faute de documents.

Combien, par exemple, ne serait-il pas intéressant de rechercher, la viabilité, la vitalité des métis issus des unions internationales, leur fécondité comparées à celles des enfants nés, à côté d'eux, de parents français; de connaître si le croisement du Français avec les autres peuples (en spécifiant avec quels peuples, du midi ou du nord de l'Europe) est *eugénésique;* en d'autres termes, si les métis de premier sang sont capables de constituer, à eux seuls, une autre race croisée subsistant par elle-même sans le secours des deux races mères?

Les produits croisés offrent-ils une proportion d'infirmes (idiots, aliénés, aveugles, bègues, pieds-bots, etc.), supérieure à celle observée parmi les enfants issus de Français?

Si, pour satisfaire à cette série d'interrogations, les documents statistiques fournis par l'administration, et les données des registres de l'état civil, sont insuffisants, on peut avancer que bien des renseignements utilisables trouveront place sur les bulletins de naissances, de décès, de mariages, quand ils seront dressés conformément aux décisions du Congrès démographique de Paris, puis centralisés, dépouillés, et interprétés dans un bureau analogue à celui que la ville de Paris vient de confier à la direction si autorisée de notre savant démographe le docteur Bertillon.

Alors, et preuves en mains, on pourra discerner si le croisement est indispensable pour le Français, sinon pour tous, du moins pour ceux de telles et telles régions; si la génération algérienne est plus vivace issue de mariages internationaux, et si elle est enfin susceptible de produire une seconde génération féconde à son tour.

Il serait superflu d'insister pour faire ressortir combien une telle étude fournirait de données applicables à la colonisation française en Algérie.

A défaut de chiffres, plusieurs de ces questions peuvent, à notre avis, du moins dans une certaine mesure, être résolues par l'observation personnelle, car elle a pu s'exercer sur une génération entière, déjà nombreuse, née sur le sol. Quelque répugnance que nous puissions éprouver à l'égard des affirmations ne s'appuyant pas sur des nombres, il est, ce nous semble, facile de constater, que les jeunes Algériens nés d'un parent français et d'un parent italien, espagnol ou maltais, supportent mieux que ceux provenant de père et mère français, les épreuves de la première enfance. Nous ajouterions volontiers qu'ils sont moins éprouvés que les fils d'Etrangers; la raison a été déjà signalée : les étrangers élevant leurs enfants sans souci de l'hygiène usuelle et des soins de propreté, alors que les Français comprennent mieux le sentiment de la famille et pratiquent mieux les soins qu'elle inspire. Si donc par croisement notre fécondité doit s'accroître, nous apporterons en retour, une conservation plus grande.

Quant à la fécondité des métis franco-étrangers, elle nous a frappé : enfants nombreux, bien portants, avec une mortalité des plus faibles, indice d'une meilleure résistance au climat. Ces faits, nous ne les avançons pas à la légère; ils gagneraient comme valeur scientifique à être appuyés par des chiffres, mais notre conviction profonde, bien sincère, est que les faits que nous avons en vue ne sont pas isolés, mais constituent un phénomène certain, constant, qui certainement a dû frapper tous nos confrères, chacun dans le cercle particulier ouvert à son observation.

D'autres questions, non moins intéressantes, pourraient être également résolues, non plus avec les chiffres fournis par les actes de l'état civil, mais par le moyen de mensurations, et autres procédés d'investigation employés par les sciences anthropologiques : tels les caractères anatomiques.

Les types croisés sont-ils intermédiaires ou participent-ils de l'une des nationalités plus que de l'autre?

Quels caractères persistent, quels sont modifiés?

Enfin, à côté de ces caractères physiques, il y aurait

des recherches à poursuivre sous le rapport intellectuel et moral, touchant la valeur des métis comparés aux individus de race pure : accusent-ils des aptitudes intellectuelles qui manquent à leurs parents, sont-ils supérieurs à leurs concitoyens issus de parents français?

Au point de vue moral, les statistiques judiciaires pourraient renseigner sur la fréquence des crimes et des délits.

Nous n'oserions pas, comme pour la fécondité et la vitalité, avancer une appréciation qui ne s'appuierait pas davantage sur des nombres, mais dont l'observation est trop délicate pour que tout esprit imbu des principes scientifiques, n'hésite pas à la formuler, même en l'entourant de réserves et de restrictions.

CHAPITRE XIV

CONSÉQUENCES POLITIQUES DES CROISEMENTS

I. — La question des croisements qui prête à des études si nombreuses pour l'anthropologiste, ne mérite pas moins de fixer l'attention des hommes politiques.

La fusion des éléments étrangers avec notre nationalité est-elle de nature à menacer la possession française? Est-elle, au contraire, destinée à annihiler ce que peut avoir de dangereux pour nous la présence, en nombre si élevé, des étrangers sur le sol Algérien?

Pour répondre à ces questions d'ordre politique que soulève le croisement de nos concitoyens avec les peuples Etrangers, c'est à la statistique démographique que les gouvernants doivent réclamer les moyens d'appréciation et de contrôle.

Immigration des populations Européennes de nationalité étrangère, croisement de ces populations avec les Français, sont deux questions parallèles, connexes, qu'il faut envisager ensemble, et nous allons essayer sinon de les résoudre, du moins de les éclairer en rappelant quelques chiffres et basant sur eux nos appréciations.

Le recensement de 1876, le dernier où l'on puisse emprunter, est, il est vrai, de date un peu ancienne, depuis lors, des faits nouveaux ont pu se produire (pour en signaler un, l'immigration Espagnole s'est, paraît-il, encore accentuée à la suite des inondations dans la province de Murcie), mais i s ne sauraient avoir modifié d'une manière bien sensible, les résultats fournis par le dénombrement de 1876.

A cette date la population Européenne fixée en Algérie comprenait 155,727 Français et 155.735 Etrangers de toutes nationalités. Et, comme parmi ces derniers, ce sont les originaires du midi de l'Europe dont l'importance numérique est à craindre, rappelons qu'Espagnols, Italiens et Maltais sont au nombre total de

132.489. Il est utile d'insister sur ces chiffres, car ils affirment un premier fait, c'est que les Français sont, à eux seuls, aussi nombreux que tous les Etrangers réunis, et non inférieurs en nombre comme on le dit et écrit assez généralement. En second lieu, les populations dont l'immigration est incessante et plus nombreuse, qui par leur voisinage et de la métropole et de colonie, pourraient à un moment éveiller des craintes ou bien des difficultés, ces populations, on le voit, comptent réunies 23,246 habitants de moins que les Français.

A supposer ces chiffres modifiés depuis trois ans, par suite des malheurs de l'Espagne, par suite aussi de la misère en Italie qui produit un courant analogue vers l'Est (l'immigration Maltaise par contre, est devenue à peu près nulle), il ne faudrait pas négliger, ni perdre de vue l'immigration Française qui est loin de se ralentir : les ravages du phylloxera en France et comme conséquence, le développement donné à la culture de la vigne et sa réussite en Algérie, ont accéléré plutôt qu'arrêté l'immigration de nos concitoyens. Dès lors il est présumable que les proportions ci-dessus n'ont dû être modifiées que dans des limites fort restreintes, avec ce correctif que les colons français qui, volontairemen tou non, pour une cause ou une autre, débarquent en Algérie y viennent avec l'intention d'y créer un établissement définitif; tandis que les étrangers poussés par la misère peuplent les chantiers des travaux publics, et véritables pierres qui roulent, n'ont pas de domicile fixe et de détermination arrêtée. Le chômage, les fatigues, la maladie, ont un terrain tout prêt pour leur moisson cruelle.

La conclusion de ces faits s'impose : la population Française est numériquement en état de tenir tête aux populations étrangères en général, en particulier à celles du midi de l'Europe. La statistique, et c'est là son utilité dans un pays qui se crée et se forme, donne la vérité réelle, elle ne l'amoindrit pas, elle ne l'exagère pas. Elle la fait mieux apprécier encore par les proportions, en établissant qu'au total de la population européenne de l'Algérie, les Français contribuent pour 50 p. 100, les Espagnols 30, les Italiens 8, les Maltais 5, les Allemands 2, et 5 les autres nationalités disparates, confondues. Un nouveau fait se dégage alors, le danger à appréhender, ne pourrait provenir que des Espagnols, avec ces deux aggravations qu'ils affectionnent la province d'Oran où ils sont 55,877 et que , dans cette même province, les 55,296 Français sont en face de 71,341 Étrangers.

La situation se précise davantage et grâce au concours de la démographie, à la lumière faite par ses investigations, législateurs et administrateurs connaissent le point où doivent porter leurs efforts.

II. — Mais la situation réelle n'est pas encore éclairée sous toutes ses faces, il ne suffit pas de connaître une population dans son *état statique*, il en faut suivre les mouvements. Le premier qui s'offre est l'accroissement absolu de la population, dont voici la marche : durant la période de 1872-1876, les Français se sont accrus de 26,126 habitants, les Espagnols de 21,144, les Italiens de 7,408, les Maltais de 2,708 et les Allemands de 789.

Sous ce nouvel aspect, le danger apparaît encore du côté des Espagnols; c'est donc dans ce sens que doivent s'exercer la clairvoyance et les prévisions des hommes politiques.

Recherchons maintenant comment se fait l'accroissement de ce peuple.

Ce serait une erreur de s'imaginer que l'immigration contribue seule à augmenter le nombre des Espagnols ; ils ne sont pas tous des nomades comme ceux qui, depuis quelques années, débarquent dans la province d'Oran, il en est, et ils sont nombreux, qui depuis l'occupation de l'Algérie, implantés et fixés définitivement, ont créé sur tous les points de la colonie des établissements commerciaux ou financiers importants, des exploitations agricoles sérieuses et prospères. Cette partie stable de la population qui a adopté nos mœurs, est celle dont la natalité nous est déjà apparue si riche. Qu'on en juge par des faits plus récents : En 1877 les naissances se sont réparties de la façon suivante: Français 52,82 p. 100, Espagnols 32,52, Italiens 8,06, Maltais 4,47, Allemands 1, autres nationalités 1,13.

Les naissances seraient donc non pas l'unique et la meilleure source, mais une de celles où s'alimente la population Espagnole dans son développement progressif en Algérie. C'est un résultat précieux à retenir, car il y a, aux yeux de celui qui connaît l'Algérie, une différence et une différence profonde, entre l'étranger venu de sa patrie et celui né dans la colonie. Celui-ci n'est étranger que de nom, issu de parents établis depuis longtemps en Algérie, attachés au sol par leurs intérêts, élevé avec les Français, devient Français. La patrie paternelle lui est d'ailleurs souvent fermée, le père l'ayant quittée pour échapper aux charges, parfois à des pénalités, le plus souvent pour éviter le service militaire. L'enfant étranger algérien appartient sans retour à la colonie.

Et puisque l'Espagnol doit surtout préoccuper, il faut rappeler que par suite de traités internationaux, les jeunes gens de cette nationalité nés en Algérie, doivent une année de service dans notre armée tout comme les jeunes gens Français. Depuis quatre années la législation est en vigueur, nos fils et ceux nés de parents Espagnols servent ensemble, dans les mêmes régiments, soumis, bien entendu, aux mêmes obligations, aux mêmes règlements et à la dicipline militaire. Bien loin de chercher à s'y soustraire, en quittant la colonie, les jeunes Espagnols acceptent avec fierté, cette communauté de charges avec les Français. Les chefs de corps sont unanimes à reconnaître leur bonne volonté, leur soumission, leur satisfaction de marcher sous notre drapeau; dans les rangs ils ne se distinguent pas des Algériens Français.

A qui fera-t-on croire que ces jeunes hommes n'ayant jamais connu la patrie paternelle, qui ont appris à aimer et servir notre drapeau, retenus d'ailleurs ici par tous leurs intérêts, puissent être considérés comme des étrangers, et au jour de complications européennes, comme des ennemis?

Tous ces faits nous paraissent devoir grandement affaiblir les appréhensions que peut faire naître le développement des nationalités étrangères à nos côtés, celui des populations Espagnoles en particulier.

III. — Le croisement de ces étrangers avec nous est-il susceptible d'aggraver la situation, en sera-t-il au contraire, l'atténuation?

La question vaut la peine d'être étudiée dans tous ses détails.

Quand l'union internationale a été contractée par un

Français avec une fille étrangère, les enfants naissent français, c'est notre nationalité qui s'accroît non-seulement de nom, mais d'une façon effective et aux dépens, l'on peut dire, de la nationalité étrangère. Lorsqu'une fille française consent à épouser un étranger, il faut que celui-ci ait les façons de vivre, les manières, l'instruction, les relations d'un Français de sa condition. Il a gardé sa nationalité étrangère pour un motif ou pour un autre, le plus souvent par suite de cette habitude et par cette sorte de religion qui fait qu'on hésite à se naturaliser, comme on ne cherche pas à embrasser un autre culte que celui sous lequel on a été inscrit. L'Etranger, qui vit de la sorte, n'est pas plus un étranger vis-à-vis de la France, que n'est un catholique pratiquant celui qui, quelques jours après sa naissance, n'en pouvant mais, a été fait catholique. L'amour du sol natal n'est pas plus un lien pour celui-ci, que le culte baptismal pour celui-là.

Les enfants nés d'une mère française et d'un père étranger, s'attachent à la patrie maternelle ; il faut bien l'ajouter, si beaucoup à leur majorité, n'ayant que l'amour de la patrie française, ne réclament pas la naturalisation, c'est un peu par la force de l'habitude que nous venons de signaler, beaucoup aussi parce que, conservant la nationalité étrangère, ils échappent à des charges que, devenus Français, ils auraient à supporter.

L'obligation pour les Espagnols du service militaire, les éloignera peut-être moins de la naturalisation.

Interrogeons maintenant la statistique. Elle nous répond tout d'abord, que les croisements avec les étrangers sont plus recherchés par nos garçons que par nos filles. Les jeunes gens et les jeunes filles nés en Algérie y sont également portés par la raison qu'élevés ensemble, par des maîtres français, ils se considèrent les uns les autres, comme des compatriotes.

Et puisque l'intérêt politique exige qu'on s'occupe surtout des Espagnols, rappelons combien ceux-ci recherchent l'alliance française. Nous l'avons vu dans la première partie de l'ouvrage ; non-seulement les Espagnols sont de tous les étrangers ceux qui se marient avec des Français le plus fréquemment, mais encore ils se marient plus souvent avec nous (leurs filles surtout) qu'entre eux. On pourrait signaler en outre de nombreux croisements d'Espagnols avec des Italiens, plus rarement avec des Maltais.

Ce sont là autant de faits qui tendent à effacer la nationalité espagnole, à atténuer par conséquent, dans une très large mesure, les appréhensions que peuvent faire naître son chiffre élevé, sans cesse croissant, et son agglomération dans une de nos provinces extrêmes voisine de sa patrie européenne.

L'exposé assez développé sur lequel nous avons cru nécessaire de nous étendre, permet d'apprécier l'importance que peut avoir le phénomène social connu sous le nom de croisement, de conclure s'il se produit en Algérie dans des conditions favorables, au point de vue de la possession et des intérêts politiques de la France.

Si, au point de vue anthropologique, le croisement est envisagé comme une des formes les plus fécondes que l'industrie humaine puisse adopter pour aider à l'acclimatement de notre race, il apparaît comme une mesure politique excellente pour corriger ce que la notion de nationalité peut avoir d'incompatible avec celle de race.

C'est donc un phénomène social à encourager, et la raison politique bien loin d'être en antagonisme avec les exigences scientifiques, leur apporte au contraire, un concours précieux.

Les distinctions de nationalités ne répondent pas à celles de races. Les limites qui séparent les peuples, tracées par des événements historiques, imposées souvent par la force des armes, sont impuissantes à empêcher les affinités de races. Elles se font sentir même à distance; ainsi la France a, de tout temps, exercé une influence très notable, au point de vue intellectuel et commercial, sur les républiques hispano-américaines. Par leur éducation et leurs aptitudes naturelles, les habitants de l'Amérique latine éprouvent pour la France, pour ses productions littéraires, artistiques et industrielles, un goût tout particulier qui se manifeste par des échanges et des transactions suivies.

Ces influences attractives sont plus sensibles, elles se manifestent sur une plus large échelle en Algérie où, mis en contact, Français du midi, Espagnols, Italiens, Maltais, que rapprochent les origines et les mélanges ethniques, ont été instinctivement entraînés à la fusion.

Ici, sur un terrain neutre en quelque sorte, bien qu'indissolublement lié par la conquête et l'amour filial de tous les Algériens sans exception, à la fortune de la France, sur ce terrain neutre, les éléments ethniques communs à plusieurs pays voisins, trouvent une pente propice à leur attraction.

C'est un phénomène tout à l'opposé de celui qui paraît devoir prédominer dans la vieille Europe où, sous le nom de principe des nationalités, on travaille à dissocier des éléments communs, à grouper et asservir sous le même despotisme, des éléments dissemblables (1).

Ce phénomène social qui se manifeste sur le sol algérien, outre qu'il est conforme aux notions scientifiques de races, aboutira à affermir la domination française par la formation d'une race (d'une race véritable, scientifique) algérienne-française, formée de sangs communs, en état de résister au climat africain, et de faire plus durable que n'ont été celles des Romains, des Carthaginois ou des Vandales, la colonisation française au nord de l'Afrique.

IV. — Ce travail de rapprochement des races, si avantageux pour la réussite de notre possession, si nécessaire pour aider à notre acclimatement, ne saurait être abandonné à lui-même, et les législateurs ont des mesures à prendre pour le favoriser, pour en activer la marche.

Interdire l'accès de nos ports à l'immigration étrangère, l'enrayer par des mesures restrictives, serait une

---

(1) « Prétendre réunir tous les Germains en un seul Etat, tel est le principe fondamental du pangermanisme, dont les promoteurs sont les Prussiens, descendants des Prusses ou Borusses anciens habitants des bords de la Vistule, en grande partie d'origine slave. Or non-seulement les descendants des Germains sont disséminés en Russie, en France, en Amérique et maints autres Etats ; mais, même en Allemagne, ils sont intimement liés ou juxtaposés à des descendants de Celtes, de Slaves, à des représentants de diverses autres races. Dès lors prétendre réunir dans un Etat germanique les descendants des Germains, c'est en même temps comprendre dans cet Etat de nombreux peuples de races différentes.

La théorie panslavique ne repose pas sur des bases scientifiques plus solides que celle du pangermanisme. »

(LAGNEAU. — *Loc. cit.*)

pensée insensée si ce n'était entreprise matériellement impossible. Dans un pays en formation, fermer une des sources d'accroissement de la population serait contraire à tout bon sens, à tout principe colonisateur. L'élément étranger est d'ailleu... indispensable pour certains labeurs qui exigent des populations acclimatables, sobres, dures au travail; leur main-d'œuvre est pour nos travaux publics, si pénibles sous le ciel africain, aussi nécessaire que celle des indigènes pour les travaux agricoles. Mais les portes étant largement ouvertes à tous nouveaux-venus de l'étranger, il reste à rechercher les moyens les plus propres à les retenir, puis à les naturaliser.

Dans cette voie, des tentatives ont déjà été faites. Pour avoir le droit de commander au cabotage sur le littoral, le marin étranger, outre la justification, par examen, de connaissances pratiques, est tenu d'adopter la nationalité française. Cette exigence a obligé de nombreux Espagnols et Italiens à réclamer la naturalisation.

Il s'agirait de poursuivre dans ce sens. Au lieu d'accorder l'électorat municipal, comme actuellement à tous les patentés, propriétaires ou fermiers de nationalité étrangère, pourquoi ne pas en favoriser ceux-là seuls dont les fils se seront naturalisés. Car, s'il est difficile d'exiger d'hommes d'un certain âge, d'abandonner leur nationalité d'origine, il serait plus facile de l'obtenir de leurs enfants, nés sur le sol algérien.

Au sein des conseils généraux siégent bien des musulmans nommés par l'administration, sous prétexte que les intérêts des indigènes qui contribuent aux impôts, ont besoin d'être défendus. L'assimilation serait logique si l'on accordait aux seuls étrangers dont les fils se sont faits Français, ou bien dont les filles ont épousé un Français, le privilége de désigner à l'élection, un ou deux représentants qui siégeraient dans l'assemblée départementale. Aux étrangers de cette catégorie, on pourrait réserver le droit de prendre part aux adjudications de travaux publics; à eux seuls les fonctions honorifiques ou salariées.

Les concessions ne sont accordées qu'aux Français, c'est peut-être une nécessité politique à maintenir, ce serait peut-être aussi un moyen d'encourager des naturalisations plus fréquentes, que de faire miroiter aux

Étrangers la promesse d'étendre à eux ou à leurs enfants la concession gratuite de terres.

Dès aujourd'hui, on pourrait en favoriser les jeunes Espagnols qui ont accompli leur année de service militaire, avec obligation, puisque la clause du mariage existe, de se marier avec des jeunes filles françaises. Il y aurait là un excitant pour les jeunes gens d'autres nationalités non astreints par les conventions internationales, à servir dans les rangs de l'armée française. Acheter par une année passée sous les drapeaux, la faculté de posséder une certaine étendue de terre labourable, capable de les nourrir, serait une sorte de spéculation qui pourrait tenter les jeunes gens de familles nombreuses et sans fortune.

Et dans l'attribution ainsi faite des terres domaniales, rien ne serait plus naturel et plus facile que de les accorder, par exemple, aux Espagnols dans la province de Constantine, aux Italiens dans celles d'Alger et d'Oran, de façon à rompre l'agglomération de nationaux sur un même point.

Dans cette suite de réflexions, de mesures esquissées au courant de la plume, sans recherche de liaison, nous ne saurions élever la prétention de les estimer toutes indiscutables, pratiques et réalisables. Il faut y voir des indications plutôt que des propositions.

Ce n'est pas au chercheur, à celui qui essaie de présenter les phénomènes démologiques et sociaux sous leur jour exact et véritable, qu'incombe l'obligation de fournir des solutions en se substituant aux législateurs dont la mission est de prévoir et de réaliser.

Quelles que soient les mesures que la connaissance des choses et l'expérience inspirent à ceux qui ont mission de gouverner notre colonie, il est une pensée dominante qui doit les guider : rechercher les moyens les plus pratiques d'attirer à nous les étrangers, d'en faire des citoyens français, et, comme corollaire, une fois le flot étranger pour ainsi dire endigué, appeler ici une immigration française nombreuse en la détournant du courant américain.

Pour détourner l'émigration qui quitte les ports français, pour la diriger vers les ports algériens, il faut offrir à ceux qui s'expatrient ce qu'ils vont chercher au-delà de l'Océan : le régime civil, de libres institutions.

L'Algérie est enfin, mais d'hier seulement, en possession de ce régime colonisateur. La période d'étude et de travail préparatoires touche à sa fin. Le Parlement est disposé à accorder à celui de ses membres dont le nom demeurera attaché à la transformation de notre chère colonie, toutes les mesures législatives, tous les crédits, tous les pouvoirs indispensables pour mener à fin cette œuvre civilisatrice.

Ce sera l'honneur du gouvernement républicain de l'avoir comprise, de l'avoir poursuivie sans arrière-pensée, avec le désir sincère de réussir; ce sera bientôt sa gloire de l'avoir réalisée en faisant de l'Algérie une France nouvelle.

V. — En résumé, la Démographie fournit de précieux documents à la solution des questions les plus vitales que soulève la colonisation; nous allons les rappeler et les condenser sous forme de propositions concises :

L'accroissement continu des populations étrangères du midi de l'Europe, même celui des Espagnols, n'est pas aussi inquiétant que pourraient le faire supposer les données brutes, non raisonnées de la statistique.

Le croisement de ces races, nos unions avec elles, seront un correctif à l'accroissement des Etrangers qui n'empruntent pas à l'immigration seule, mais pour une part aussi, à leur riche natalité algérienne.

Bien loin de combattre les alliances internationales, l'intérêt politique de la France est de les favoriser, d'y contribuer par ses garçons; — l'instruction libéralement étendue à tous, sans distinction de nationalité ou d'origine, une éducation patriotique qui inspire à tous les enfants le respect et l'amour de la France, enfin des mesures d'ordre politique et administratif achèveront ce que la nature a si bien commencé : la création d'une race Franco-Algérienne!

CHAPITRE XV

—

L'ÉTAT CIVIL DE 1876 A 1878

———

Au moment d'achever cette étude et d'en déduire les conclusions générales, nous recevons une publication officielle résumant les renseignements statistiques des actes de l'Etat-civil pendant la période triennale 1876-1878. Nous allons les résumer moins pour leur valeur intrinsèque, car ils sont reccueillis d'après les mêmes errements, et embrassent une courte période, qu'à cause de leur date récente. Leur intérêt est de laisser consta-ter s'il s'est produit ou non, des changements dans la marche des divers phénomènes étudiés dans la pre-mière partie de l'ouvrage, et sur lesquels sont basées les diverses considérations scientifiques, politiques et administratives que nous venons de développer dans la seconde.

1° Etat de la population

Il n'a pas été opéré de recensement général durant cette période; il n'y a donc d'autres modifications à apporter au chiffre de chaque population tel qu'il a été arrêté au dénombrement de 1876, que celles résultant des naturalisations.

Les demandes en vue d'obtenir la nationalité française sont loin de se ralentir; pendant les trois années, 835 ont été accueillies, cela porte à 4,029 les étrangers ou indi-gènes admis depuis le Sénatus-consulte de 1865. Le nombre des indigènes devenus Français est à noter: 211 seulement jusqu'en 1873, l'année 1878 en inscrit 428. Le nombre aurait ainsi doublé depuis cinq années; mais quand on songe à leur population totale dépassant deux millions et demi d'habitants, on reste une fois de plus édifié sur le peu d'empressement des Indigènes à se mêler à nous. Les renseignements ci-après relatifs aux mariages viendront confirmer cette appréciation et rassurer sur l'éventualité, peu souhaitable d'ailleurs, de notre fusion avec eux.

2° Mariages.

Les célébrations de mariages ont atteint le chiffre de 7,720 dont 3,602 entre *Français ;* 925 entre *Français* et *Etrangères ;* 335 entre *Françaises* et *Etrangers ;* 2,817 entre *Etrangers ;* 22 entre *Européens* et *Musulmanes ;* enfin 19 entre *Musulmans* et *Européennes.*

Par cette énumération on voit ce phénomène rester ce qu'il était, d'après toutes nos recherches précédentes : les Français se mariant entre eux contribuent pour la moitié des unions conjugales, si l'on ajoute leurs unions croisées, il reste constant que le Français conserve en Algérie sa nuptialité supérieure à celle des autres peuples. Les alliances avec les Etrangers sont plus recherchées par nos garçons que par nos filles, et si 335 de celles-ci perdent notre nationalité, nous y appelons 925 filles étrangères, c'est encore une acquisition de 590 pour le nom Français. Ainsi sont confirmées par les faits les plus récents, les considérations que nous avons fait valoir dans le précédent chapitre, au sujet de nos alliances continuelles avec les peuples du midi.

Il y a lieu, une fois de plus, de faire ressortir combien il est regrettable de rencontrer sans cesse dans les relevés administratifs la catégorie des Etrangers ne spécifiant nullement combien de fois nous nous croisons avec les populations Espagnole, Italienne, Maltaise, etc. Ces résultats comparés à ceux de la période triennale antérieure, dénotent le même nombre à peu près, de mariages de filles Françaises avec des Etrangers, tandis que les mariages contractés par nos garçons avec les filles Etrangères ont eu une augmentation très sensible.

Les unions avec Musulmans continuent à figurer comme une rareté, auprès de celles entre Européens ; il paraîtrait pourtant qu'elles tendent à devenir plus fréquentes, mais nous ne sommes pas à la veille de redouter la formation d'une race métisse franco-musulmane. Il eût été bon de décomposer le groupe des Européens afin de pouvoir apprécier si les Français, plus ou moins que les autres peuples, sont les époux des mariages avec indigènes. De même quelques détails sur l'état social et professionnel des conjoints Européens et Musulmans qui se mêlent ainsi, seraient du plus haut intérêt; il ne serait pas moins instructif de signaler si ces unions sont plus fréquentes à la ville qu'aux champs, en territoire civil ou de commandement, de la part d'Européens nés en Algérie ou en Europe, de Musulmans instruits ou ignorants, élevés ou non dans nos écoles, au contact de notre civilisation.

3° Naissances.

Il est né durant la période: 34,671 enfants Européens, 17,701 garçons et 16,970 filles. Il y a une augmentation de 3,141 naissances sur les trois années précédentes. Une augmentation aussi sensible est due à un accroissement de population; elle n'indique pas moins le progès continu de la haute natalité Algérienne. La natalité Française en particulier, qui nous touche tant, ne paraît pas être en décroissance, car dans l'augmentation signalée, nous bénéficions de 1,586 naissances et les Espagnols de 1,469.

Les garçons continuent à être plus nombreux que les filles, phénomène constant depuis notre établissement en Algérie, mais dont l'intensité un peu inférieure à ce qu'elle était au début, reste stationnaire. De 1876 à 1878 il y 104 garçons pour 100 filles, il y en avait 103 précédemment (1873-1877) et 117 aux premières années (1830-1853).

Parmi les 34,671 naissances de la période en étude, les Français en ont 18,113; les Espagnols 11,246; les Italiens 2,889 et les Maltais 1,572. Il en résulterait donc que si l'accroissement de la population Espagnole se fait par une immigration continuelle, elle emprunte aussi, pour une bonne part à sa natalité et au bénéfice de ses naissances sur les décès.

Nous ne saurions trop insister sur cette particularité qui permet d'envisager avec moins d'appréhension, l'extension du peuple Espagnol auprès de nous, ses enfants algériens étant destinés à devenir des soldats dans notre armée et fort probablement des époux pour les jeunes filles Françaises.

La vie de famille si imparfaite aux premières années est devenue celle de l'Europe à en juger par le nombre de plus en plus restreint des naissances illégitimes. Sur les 34,671 naissances générales Européennes, 31,668 sont légitimes, et parmi les 3,003 enfants illégitimes, 1,237 seulement sont restés non reconnus. C'est-à-dire que sur 1,000 naissances 87 seulement sont illégitimes, à peu près la proportion constatée en France, mais pour mieux apprécier la valeur de ce résultat si consolant à enregistrer, il suffira de rappeler que dans la période 1871-1874, les Européens comptaient en Algérie 92 illégitimes sur 1,000 naissances générales et au début (1831-1840) 165.

Ce pas immense fait par la moralité confirme un fait déjà signalé : tandis que l'illégitimité depuis le commencement du siècle, s'est accrue de près de moitié en France, en Algérie elle décroît rapidement, indice incontestable d'une société bien assise et d'une matrimonialité qui se maintient.

La statistique officielle continue à ne pas se préoccuper des naissances multiples, quant aux mort-nés elle en donne simplement le total, sans distinguer leurs sexes, état civil (*légitimes, illégitimes*) et nationalités.

4° Décès.

Les décès de la population civile se sont élevés à 28,630, obtenus en retranchant des 32,159 décès européens enregistrés dans toute la colonie, 2,047 décès militaires et 1,482 mort-nés ne figurant pas aux naissances. L'excédant des naissances sur les décès est donc de 6,041, soit une moyenne de 2,000 par an. Les temps sont heureusement passés où la population Algérienne ne couvrait pas ses décès, ou bien les balançait à peine par ses naissances.

Malgré le peu d'étendue de la période, le chiffre des décès prêterait à d'intéressantes recherches, si la publication fournissait des détails sur les sexes, les nationalités et surtout les âges. A ce dernier point de vue on signale la proportion considérable des décès d'enfants en les évaluant à 56,12 pour cent chez les Européens, et à 66 chez les Israélites, mais on ne dit pas jusqu'à quel âge est comptée l'enfance. Ce renseignement dont l'importance pourrait être capitale, est réduit dans ces conditions, à une valeur fort restreinte.

Bien qu'incomplets et surtout dépourvus de détails analytiques, les renseignements ci-dessus résumés offrent un intérêt manifeste. Ils témoignent — et les faits datent d'hier — que l'Algérie loin de rétrograder, se maintient dans la voie d'amélioration et de progrès où nous l'avons vue s'engager depuis une vingtaine d'années, après des débuts véritablement faits pour éveiller des appréhensions et susciter des doutes au sujet de l'acclimatement des Européens.

Chaque jour apporte sa preuve : ce n'est donc pas un éclair de vigueur passagère qui a brillé sur notre jeune colonie ; celle-ci atteint une véritable période d'état, mieux encore, de progression continue, et loin d'être menacée d'un temps d'arrêt ou d'une dégradation consécutive, elle enregistre un chiffre de naissances de plus en plus élevé et de décès en régulière décroissance.

Notre fierté patriotique pourrait avoir quelque raison de s'exalter, mais plus soucieux des résultats positifs et de leurs conséquences, nous les enregistrons parce qu'ils donnent un appui précieux aux considérations politiques que nous ont inspirées les mouvements de population, en particulier ceux des mariages.

Les Français sont, chaque année davantage, portés aux unions avec les populations méridionales par leurs garçons. Ils se protègent de la sorte contre les inconvénients pouvant résulter de la présence d'un fort contingent étranger, et pratiquent, par voie d'inclination et de sélection naturelles, le procédé le plus efficace pour fortifier le sang Français, pour l'adapter au climat et par suite, assurer à la France la possession durable, car elle se fera par l'implantation de la race, de sa belle colonie algérienne.

CHAPITRE XVI

CONCLUSIONS GÉNÉRALES

I. — Sans prétendre avoir épuisé toutes les questions dont l'ensemble constitue le problème algérien, nous croyons du moins, avoir présenté et discuté une série de faits démographiques suffisants pour démontrer qu'ils offrent aux législateurs et administrateurs une base sérieuse et scientifique pour diriger l'avenir par la connaissance du passé et du présent.

Ainsi, après avoir suivi l'accroissement de la population, puis essayé d'établir sur quels points et par quelles races il serait prudent à l'avenir, de procéder au peuplement de la colonie, nous avons étudié les alliances dont la nécessité s'impose pour fortifier notre race et annihiler l'importance de l'élément étranger; et enfin, nous avons indiqué les procédés destinés à assurer à la nationalité française une descendance vivace, féconde, capable de rendre féconde et durable la colonisation française au nord de l'Afrique.

Pour compléter cette œuvre à peine ébauchée, ce ne serait pas trop d'exiger des documents plus nombreux, plus précis et surtout plus analytiques. La pénurie des statistiques officielles n'est plus à dénoncer; telles qu'elles ont été et sont encore relevées et publiées, elles offrent des ressources insuffisantes aux investigations les plus patientes et les plus attentives. Nous avons pu, mais en complétant par des recherches personnelles, les chiffres officiels, étudier la collectivité algérienne par *catégories physiologiques* (groupes sexuels, d'âges); — par *catégories sociales* (célibataires, époux et veufs); — et simultanément par *groupes ethniques*, distinction généralement oubliée dans les relevés administratifs et pourtant si primordiale dans un pays où la population est composée d'éléments cosmopolites. Combien ne serait-il pas désirable, pour mieux connaître la population algérienne, pour apprécier ses aptitudes et ses tendances, d'en étudier encore les mouvements par *divi-*

sions géographiques (départements, arrondissements);
— et *topographiques* (littoral, vallées, hauts plateaux,
déserts, sol palustre, etc.).

Un programme aussi vaste aujourd'hui irréalisable,
il serait facile, nécessaire d'en fai. e l'œuvre de demain.

Par *les conditions topographiques*, se dégagerait comment s'accroissent, comment se comportent vis-à-vis
de la naissance et de la mort, les populations vivant sur
les points plus ou moins distants de la mer, plus ou
moins élevés au-dessus de son niveau, voisines ou éloignées de cours d'eau et d'eaux stagnantes.

Les divisions géographiques, administratives, sont
moins naturelles, et cependant les recherches démographiques, par départements, s'imposent, en raison des
différences topographiques et climatiques qui caractérisent les trois grandes divisions administratives, en raison surtout de la répartition différente, on pourrait dire
sympathique, qu'affectionnent les divers groupes nationaux. Les Espagnols vivent pressés, supérieurs aux
Français par le nombre, dans l'ouest, assez nombreux
au centre, clairsemés à l'est; les Maltais affectent une
allure tout opposée; les Italiens, les Français surtout,
bien que répartis d'une façon plus uniforme, n'habitent
pas chaque province en nombre égal. Il en résulte avec
une marche différente des phénomènes natalité et mortalité, d'autres variétés caractérisées par la fréquence
des mariages et les combinaisons par croisements,
recherchés par chacune des catégories nationales.

D'une province à l'autre varient également les configurations géologiques et partant les phénomènes météorologiques et thermométriques. Il en est un exemple
frappant dans la province de Constantine où la limite
sud de la région tellienne se confond avec celle des
hauts-plateaux, alors qu'elle est nettement tranchée
dans les provinces d'Oran et d'Alger.

L'intensité de la chaleur, la fréquence, la durée des
pluies, la sécheresse ne se distribuent pas d'une façon
uniforme dans les trois divisions du territoire. Ce sont
là des raisons assez puissantes pour encourager l'étude
des populations par provinces, envisagées dans leurs
mouvements sociaux et leurs groupements ethniques.

Les divisions plus ou moins arbitraires adoptées
pour les besoins de la surveillance et de l'administra-

tion, sont découpées par tranches perpendiculaires à la Méditerranée ; au contraire les divisions naturelles du sol et du climat affectant une direction parallèle au littoral, figurent dans chaque province, plusieurs bandes échelonnées s'élevant de la mer, pour s'abaisser ensuite vers le désert : sahel, région tellienne supérieure, région montagneuse, hauts-plateaux cultivables et colonisables, hauts-plateaux impropres à la culture et à la colonisation européennes, région saharienne.

II. — Les documents nécessaires à cette étude complète manquent en ce qui concerne le passé, pour l'avenir, il serait facile de les obtenir, mais on voit avec quelle minutie, quels scrupules, devraient être colligés les renseignements indispensables. L'administration seule serait à même de les fournir, car ils doivent constituer un tout formé d'éléments comparables et par les procédés d'investigation, et par leur exposé méthodique et scientifique.

Sans doute les recherches spéciales tentées par les travailleurs et les savants sur chaque point du territoire, doivent contribuer à éclairer le problème de notre acclimatement, de notre colonisation ; elles sont dignes de tous les encouragements, car seules elles peuvent faire connaître et apprécier les particularités locales si fréquentes. Mais où trouver les documents primordiaux, base indispensable aux travaux individuels ? Dans les archives communales ? elles n'existent pas ; dans les registres de l'état civil ? c'est un travail long, fastidieux, souvent sans résultat.

Si l'administration fournissait par divisions administratives et naturelles, les documents statistiques qui intéressent chaque groupe national de la population dans son état et dans ses mouvements, les travailleurs ne manqueraient pas qui éclaireraient ces chiffres, et feraient valoir leurs conséquences en les contrôlant sur place. Et pour que les travaux des savants isolés puissent converger en une action commune, pour que les efforts personnels ne se disséminent pas en pure perte, il est indispensable que tous s'appuient sur des documents groupés d'après un même modèle.

Telle serait la mission qui incomberait à un bureau de statistique démographique : centraliser les documents recueillis sur tous les points, les publier dans des cadres détaillés et uniformes, afin de mettre aux mains des chercheurs un canevas que chacun remplirait et vivifierait de son expérience locale.

L'utilité de la statistique n'est plus à démontrer, et, dans une société qui se forme, où les faits sociaux se présentent sous des aspects, inusités dans les pays de la vieille Europe, elle s'impose si bien, que l'administration, dès les premières années de la conquête, a publié des états de situation et des volumes de statistique.

Ces publications sont fort compactes, mais tandis que les objets et les choses y tiennent grande place, les hommes en occupent une bien restreinte et mesurée.

Pour vulgariser l'Algérie, et permettre d'apprécier quels ont été, depuis cinquante ans, la marche et les progrès de la colonisation, c'est un procédé excellent de publier les millions par lesquels se chiffrent les importations et les exportations; d'énumérer le nombre et les pavillons des navires que mettent en mouvement ces échanges commerciaux; de compter le nombre d'hectares chaque année défrichés et consacrés aux cultures les plus productives : céréales, vignes, etc.; d'énumérer le nombre de têtes de bétail élevées et exportées. A un autre point de vue, il est intéressant de citer quels effectifs ont été nécessaires pour conquérir, pacifier et enfin garder cette terre devenue française; utile de montrer l'œuvre de Justice, le développement des travaux publics, les routes ouvertes, les ports construits, les phares allumés, les lignes ferrées pénétrant dans l'intérieur et, peut-être dans un avenir plus ou moins éloigné, traversant les immensités du désert saharien.

Oui, certes! de tous ces résultats, il faut faire un véritable étalage, les divulguer par une large publicité, les répandre en France où l'on a de l'Algérie une idée si incomplète et si fausse. Que l'administration emploie tous les moyens pour proclamer de quel intérêt est pour la France la possession, à deux pas de ses côtes, d'une grande et riche colonie, quels bénéfices matériels, quels avantages moraux elle tire de sa conquête.

Mais la logique, d'accord avec l'intérêt national, veut qu'on ne mesure pas discrètement un des côtés de la lumière, qu'on la fasse luire toute grande lorsqu'il s'agit de distinguer comment nous Français, nous vivons, nous nous accroissons sur la terre africaine, comment nous y mourons, comment vivent et meurent à côte de nous, les nationalités étrangères, les peuples conquis, comment nous nous mêlons avec ces éléments, et quelles conséquences heureuses ou fâcheuses, peuvent résulter de ces alliances.

Puisqu'on a senti le besoin de tenir sévèrement à jour le grand-livre de notre négoce, de notre agriculture, de nos industries naissantes, pourquoi ne pas tenir avec la même rigueur le grand-livre des profits et pertes de l'acclimatement...., la statistique humaine?

Démontrer que notre race possède les qualités nécessaires pour se développer en Algérie, et y vivre sans une immigration incessamment renouvelée; ou si, au contraire, notre maintien paraît impossible, démontrer que nous ne créons et ne fondons ici, que pour le profit des seules nationalités étrangères du midi de l'Europe, n'est-ce pas édifier la France sur l'utilité de sa conquête? Proclamer l'Algérie colonie française par la vitalité des Français, est un titre aussi enviable que celui de grenier où, comme autrefois Rome, la France peut s'alimenter, de cellier grâce auquel avant dix années, elle pourra combler les vides creusés chez elle, par le phylloxera!

III. — Dire que la comptabilité humaine a été tout-à-fait négligée, serait une exagération contraire à la vérité. Elle a sa place dans les publications officielles, volumes compactes ou brochures, place étroitement mesurée, mais remplie par un certain nombre de faits qui renseignent sur les mouvements de population.

La démographie intervenant pour scruter ces faits, les vivifier par ses procédés d'investigation et les conséquences qu'elle en tire, met en évidence l'ensemble des faits généraux ou particuliers qui touchent au peuplement, à la colonisation, et édifie la France sur les avantages qu'elle tirera de sa conquête de 1830. Trop longtemps elle a été jugée, exécutée serait mieux dire, par cette boutade d'un publiciste connu : « l'Algérie est un boulet au pied de la France. » A cette appréciation il est facile d'opposer les chiffres des statistiques commerciales et agricoles; ils prouvent amplement que la France a plus de profit à posséder sa colonie, à conserver ce débouché, qu'à être allégée des charges qu'elle lui impose.

Mais le meilleur argument, c'est à la statistique humaine de le faire valoir, en démontrant que, de tous les avantages dont la France sera redevable à l'Algérie. — et jamais peut-être n'a-t-on songé à lui en faire honneur, — le plus précieux c'est d'avoir ouvert un débouché à l'émigration française.

L'émigration française! Il semble que l'on évoque un mythe, tant est enracinée profondément la croyance qui du Français fait un peuple peu disposé à s'expatrier, très attaché à sa patrie parce qu'il l'aime et trouve sur son sol fécond, un aliment suffisant à son activité. Ce préjugé est doublé d'un autre, non moins tenace à extirper : le Français n'est pas colonisateur.

Eh bien! le Français s'expatrie : 20,000 par an, au moins quittent le sol gaulois, ce n'est pas un malheur, mais le malheur est qu'ils se dirigent vers les pays étrangers; ce sont des enfants perdus (1). L'Algérie en reçoit un certain nombre, elle en recueillait, il y a quelques années, environ 10 pour cent; depuis 1870 la proportion s'est sensiblement accrue, sous l'influence d'événements plusieurs fois signalés.

Avec tous les avantages que lui donnent sa proximité de l'Europe, la rapidité des voyages et des commu-

---

(1) Le pays basque et le littoral méditerranéen, d'après M. Vallin, fournissent l'un et l'autre, annuellement, plus de 3,000 colons français à la Plata, à Montevideo, au Chili, à la République argentine. De 1866 à 1872, la population des trois départements Hautes et Basses-Pyrénées, Landes, a diminué de 20 p. 100, et dans celui des Basses-Pyrénées, en 1871 et 1872, plus du tiers des jeunes gens inscrits sur les listes de recensement a manqué à l'appel.

C'est à près de 2,000 par an qu'Elisée Reclus évalue le nombre des Basques français ou espagnols qui émigrent, et il porte à 12,875 le nombre des émigrants basques et béarnais partis de Bordeaux en l'année 1872.

L'Algérie ne voit aucun de ces émigrants, qui ont tous les caractères, toutes les qualités de la race ibérique pour résister au climat africain. Ils le supporteraient autrement que les Alsaciens et moins décevante, on peut l'affirmer, serait leur implantation parmi nous.

Les hommes aujourd'hui à la tête du gouvernement algérien quand ils auront achevé les modifications, réalisé les réformes que réclame impérieusement la colonie, voudront sans doute consolider leur œuvre, couronner leur mission, en recherchant les moyens d'attirer ici, la forte émigration des départements pyrénéens.

nications, les facilités de rapatriement, l'Algérie est appelée à remplir une mission analogue à celle des colonies anglaises vis-à-vis de leur métropole : les émigrants continuent avec elle les précieuses relations d'échange et de concours qui, sans préjudice pour les colonies, sont une source de richesse, d'influence et de puissance pour la Mère-Patrie.

L'émigration d'ailleurs, loin d'être un phénomène social désastreux pour le pays où elle se manifeste, lui est au contraire favorable, parce qu'elle accélère d'autres mouvements. Toute émigration considérable reconnaît, il est vrai, comme cause première des souffrances physiques ou morales : oppression politique, intolérance religieuse, service militaire pénible, aversion pour un gouvernement tyrannique, ou bien encore, un sol improductif, une série de mauvaises récoltes, des misères, etc., etc. Puis quand, motivée par une cause ou une autre, la migration a trouvé un sol favorable, « elle devient, dit M. Bertillon, une habitude pour ainsi dire physiologique du pays qui la fournit, et alors un phénomène de biologie sociale des plus singuliers s'y manifeste : la natalité n'est plus seulement, comme ailleurs, en relation avec la production et avec la mortalité du pays, mais encore l'émigration, après avoir été le *résultat* d'une forte natalité, en devient la *cause*, entretient et stimule cette natalité exubérante ».

Les émigrants laissent, par leur départ, des places vides qui sollicitent de nouvelles naissances.

L'émigration française, faible en comparaison de celle de l'Angleterre, de l'Allemagne et même de l'Italie, n'a pas été rendue nécessaire par une natalité exubérante, qui amène une plénitude et une gêne, car malheureusement celle de notre France est une des plus faibles de l'Europe. Mais combien la natalité française serait stimulée, s'il s'établissait un courant émigratoire abondant se dirigeant vers une terre voisine, française comme l'Algérie. Au lieu du mouvement rétrograde qui la fait descendre à 25 (c'est 40 en Allemagne), nous la verrions se relever, égaler celle de nos rivaux.

Le résultat se manifesterait bien vite, impossible d'en douter, à moins de supposer le Français incapable d'un pareil effort et fatalement condamné à un mouvement de recul dans son développement. Or, la preuve du contraire est éclatante sur le sol africain où, après un demi-siècle à peine, avec des débuts inquiétants, nous avons atteint, non plus le taux de 26 comme en Europe, mais celui de 37, et la progression n'a pas dit son dernier mot! Pareil phénomène, témoignage palpable de la vitalité de notre sang national, s'était déjà produit au Canada où 10,000 Français, émigrés de 1663 à 1760, sont devenus aujourd'hui plus d'un million de Franco-Canadiens, et cela malgré les persécutions, les malheurs qui suivirent la conquête anglaise, et l'émigration d'un grand nombre d'entre eux dans les Etats-Unis.

Notre multiplication, nullement contrariée ici, se manifestera avec plus d'énergie et d'intensité, sous l'égide de nos institutions, sous la protection de nos lois, dans un pays véritable image de la patrie, où la terre ne fait pas défaut, où les sources de travail et de production, loin d'être taries, réclament des bras et des débouchés.

La décroissance de la natalité française a fait jeter le cri d'alarme aux démographes et, à leur suite, aux législateurs, à tous ceux qui, par position ou patriotisme, s'inquiètent des destinées de la patrie française. Il faut enrayer cette rétrogradation, telle est la conclusion : « arrêter notre déclin, n'est pas assez, ajoute M. Bertillon, en présence des nations rivales dont le croît est aujourd'hui trois ou quatre fois le nôtre, il ne suffit plus qu'il s'arrête ; il faut qu'il remonte la pente descendue, il faut une restauration de notre natalité. »

Cette restauration, c'est à l'Algérie que la France en sera redevable.

IV. — Le mouvement rétrograde qui a saisi la natalité française, a pour conséquence un faible accroissement de *3* par an et par *1,000,* si attristant comparé à celui de *12* et *15* par an et par *1,000* de nos rivaux, les Teutons et les Anglais.

Ceux-ci débordent de toutes parts par leurs émigrations, ils étendent leur domination et dispersent par toute la terre leur nom et leurs enfants. L'émigration tient leur natalité en haleine et leur accroissement est trois à quatre fois plus considérable que le nôtre.

La possession de l'Algérie permet-elle d'espérer pour notre nationalité une augmentation qui nous mette de niveau avec nos voisins et nos émules? La statistique nous fournit la réponse. Notre accroissement de *3* par an et par *1,000* en France, s'est ici élevé à *8,89* dans une période défavorable, pour atteindre, dans les années normales, *11,28*, c'est-à-dire le taux des Allemands en Europe.

Voilà deux faits à retenir entre tous : natalité plus vivace, accroissement plus rapide de la population; ils déterminent nettement la situation de la colonie algérienne vis-à-vis de sa métropole française.

A-t-elle pourtant été méconnue, délaissée, exploitée la malheureuse Algérie! Si elle a pu résister à l'indifférence, aux expérimentations auxquelles l'ont tour à tour soumise les gouvernements, c'est que sa vitalité matérielle ne le cédait pas à la vitalité de ses habitants.

Aujourd'hui quel horizon s'ouvre devant elle, n'étant plus condamnée à rester champ de manœuvre, — un anachronisme — à former un royaume arabe — monstruosité éclose dans un cerveau monstrueux, — mais à devenir une terre française, une nouvelle France !

Après avoir été une conquête de la civilisation sur la barbarie, voici qu'à la veille de dédommager la mère-patrie de ses sacrifices matériels et pécuniaires, l'Algérie apparaît comme une sorte de fontaine de Jouvence où la France va retremper sa natalité· languissante, son accroissement en décadence.

Cette comparaison plus consolante et surtout plus exacte, vaut bien celle du publiciste aux yeux duquel l'Algérie n'était qu'un boulet au pied de la France.

Qu'a-t-il fallu pour réduire cette boutade à sa juste valeur? l'étude consciencieuse des faits démographiques, leur interprétation raisonnée et impartiale, enfin la comparaison constante avec les faits analogues constatés dans la mère-patrie.

Ce rôle de la démographie destinée à mettre dans les mains de l'homme les moyens de fortifier de plus en plus les conditions favorables mises par elle en lumière ; d'affaiblir peu à peu les défavorables une fois signalées, ce rôle vient d'être démontré avec la dernière évidence, par le professeur Bertillon (1) auquel il faut emprunter et

---

(1) *Dic. ency. des Sc. méd.* art. FRANCE (*Démographie*), p. 558.

emprunter sans cesse, soit qu'il rassemble les faits et les interprète avec sagacité, soit qu'il dévoile sans faiblesse, leurs conséquences décevantes ou encourageantes. « Aujourd'hui, dit-il en terminant sa démographie de la France, les premiers renseignements de la démographie ouvrent à l'homme une voie plus précieuse encore, car elle découvre les influences qui peuvent entraîner les groupes sociaux entiers, dans des voies fortifiantes ou énervantes, pousser les nations à leur développement ou à leur décadence! Voilà ce qui ressort nettement de l'ensemble de mon œuvre, et tout particulièrement de la présente monographie sur la population Française. »

Et nous aussi, au moment de tracer la dernière ligne de notre travail, s'il n'y a pas présomption à le citer à côté de l'œuvre de notre illustre maître, quelle serait notre légitime satisfaction, quelle précieuse récompense à ces longs mois de labeur, si nous avions suffisamment fait ressortir de la présente monographie sur la population algérienne, les influences qui poussent l'Algérie dans les voies fortifiantes, fortifiantes et pour elle-même, et pour la patrie française bien-aimée, au sort de laquelle nous tous Algériens sommes et resterons fidèlement, filialement attachés.

FIN